コンテキスト

「場合によりけりです」

- 経験
- 直感をうまく利用
- 実践で鍛える
- 高度に行う

直感 ⇔ ルール

- 達人になってから
- システム思考
- さまざまな分野の交通項

初心者から達人への道

ドレイファスモデル
- 達人
- 熟練者
- 上級者
- 中級者
- 初心者

道具のワナ

デザイン

Lモード — 線形・順を追う
Rモード — 非線形

共有バス

メモリ記憶

認識 ← 予測
想像 ↑ ↑ 感覚
感覚

脳の構造

自分でできる脳の手術
神経の可塑性

Rモードへの転換

描く
見ることを学ぶ
キーボードから離れる

歩く
つかまえる
気づき
ヒントを手に入れる

RモードからLモードへの流れ

Rモードの解放を自動化

問題解決

バッグ
ハードウェアのバグ
フィードバックによる修正

リファクタリング・ウェットウェア
達人プログラマーの思考法と学習法

Andy Hunt 著
武舎 広幸
武舎 るみ 訳

O'REILLY®
オライリー・ジャパン

本書で使用するシステム名、製品名は、それぞれ各社の商標、または登録商標です。
なお、本文中では ™、®、© マークは省略している場合もあります。

Pragmatic Thinking and Learning
Refactor Your "Wetware"

Andy Hunt

The Pragmatic Bookshelf
Raleigh, North Carolina   Dallas, Texas

PHOTO CREDITS

Portrait of a wizard, 1977, marker on cardboard by Michael C. Hunt.

Man with hat, 2007, pen and ink by Michael C. Hunt.

Portrait of Henri Poincare, public domain image courtesy of Wikipedia.com.

Portrait of John Stuart Mill, public domain image courtesy of Wikipedia.com.

Photo of labyrinth at Grace Cathedral copyright Karol Gray, reprinted with permission.

Photo of labyrinth etched in marble copyright Don Joski, reprinted with permission.

Photo of plunge sheep dip copyright 1951 C. Goodwin, reprinted under the terms of Creative Commons Attribution 3.0.

Photo of Mark II engineer's log courtesy of the U.S. Naval Historical Center.

Screen shot of PocketMod courtesy of Chad Adams, reprinted with permission.

Diagram of affinity grouping copyright Johanna Rothman and Esther Derby, reprinted with permission.

Figure of representational system predicates courtesy of Bobby G. Bodenhamer, at www.neurosemantics.com, reprinted with permission.

Pencil illustrations by the author.

Except as noted, remaining photographs courtesy of iStockPhoto.com.

© by Andy Hunt. Title of English-language original: Pragmatic Thinking and Learning, ISBN1-934356-05-0.

© 2009 O'Reilly Japan, Inc. Authorized translation of the English edition © 2008 The Pragmatic Programmers LLC. This translation is published and sold by permission of The Pragmatic Programmers LLC., the owner of all rights to publish and sell the same.

本書は、株式会社オライリー・ジャパンが The Pragmatic Programmers LLC. の許諾に基づき翻訳したものです。日本語版についての権利は、株式会社オライリー・ジャパンが保有します。

日本語版の内容について、株式会社オライリー・ジャパンは、最大限の努力をもって正確を期していますが、本書の内容に基づく運用結果については責任を負いかねますので、ご了承ください。

妻と子供たちへ
そして、心の中の未来像を実現したいすべての方へ

日本語版に寄せて

　皆さん、こんにちは！　拙著『*Pragmatic Thinking and Learning: Refactor Your "Wetware"*』の日本語翻訳版『リファクタリング・ウェットウェア——達人プログラマーの思考法と学習法』に「はしがき」を書く機会をいただき光栄です。

　私にはすでに著書が数冊あり、我々が創設した Pragmatic Bookshelf 社からも 100 冊前後を出版してきましたが、この本は別格です。自分自身の脳という、この上なく私的な「テクノロジー」を扱った本なのですから。日本の読者についてはさまざまなことを思い描いています——おそらくプログラマーや技術分野の管理職で、私が現代のソフトウェア開発者として直面してきたのと同じ難問に直面しているだろう、いや、私とはまた違った経験をしているかもしれない、と。

　この本の基盤となる考え方は「コンテキスト」。人間の思考方法の重大な欠点(バグ)は、コンテキストの重要性をないがしろにすることです。文化、地理、言語のすべてが、より広範なコンテキストの一環なのです。

　この本を書いているとき、コンテキストにかかわる面白い違いを発見しました。そのひとつが、ヨーロッパでは小学校でマインドマップの使い方を教えているのに私の国アメリカでは教えておらず、小学校卒業後も教わる人がほとんどいないということです。また、この本の 2 章「脳の構造」では「GM が行っているのは美学の追究」というロバート・ルッツ氏の言葉を紹介しましたが、この「美学の追究」を最初に行ったのは日本です。単なる偶然の一致かもしれませんが、私の見る限り日本文化は他の国の文化よりもデザイン、調和、バランスの問題に敏感です。

　とはいえ、こうした文化や言語の違いがあっても人間の心身の構造は万人に共通なのですから、この本が皆さんの仕事にも生活にも役立ってくれることを願っています。

　最後に、翻訳者のお二人にお礼を申し上げたいと思います。コンピュータ言語の

学習なら私も得意で、あれこれマスターしてきましたが、母語の英語以外、自然言語は物にできずにきました。翻訳者がいなければ読者の皆さんは私のわかりにくい英語に四苦八苦させられたことでしょう。

　日本の読者の皆さんにこの本を楽しみながら読んでいただければ幸いです。

Andy

Andy Hunt
The Pragmatic Programmers, LLC
Raleigh, NC
April 2009

賞賛の声

読者の未来を変えてしまう「触媒」です。
　　　　　——パトリック・エルダー（アジャイルソフトウェア開発者）

この本の具体的な手順に従えば、私たちの最高の財産——脳——の効率や創造性を高めることができます。著者の言うことを実践すれば、頭の回転が速くなり、仕事の効率も上がり、学習能力もかつてなく向上します。
　　　　　——バート・ベイツ（「Head Firstシリーズ」の著者のひとり）

学習能力を磨くのに役立つ本を以前から探していましたが、この本ほど効果的なものは読んだことがありません。学びの「達人」になってさまざまな技能を向上させ、楽に素早く学ぶことによって仕事の効率を上げるのに有益な最良の方法が紹介されているのです。
　　　　　——オスカー・デル・ベン（ソフトウェア開発者）

私はコンテキストの重要性を説明してくれる本が大好きですが、この本もそういう本で、コンテキストがなぜ重要なのかがわかります。（私にとっては何度も「目からウロコ」となった）ドレイファスモデルから、経験による訓練が功を奏する理由（ロッククライミングの話）まで、著者はユーモアとデリカシーをもって解説しているので、読みながら学ぶとともに、学んだ内容や自分の考えを整理することができます。
　　　　　——ジョアンナ・ロスマン（コンサルタント、著述家、講演者）

賞賛の声

さまざまな分野の読者に役立つ、わかりやすく合理的な本。とても面白かった！
——パトリシア・ベナー（カリフォルニア大学サンフランシスコ校行動科学・社会科学部教授）

昨夜 β 版を読み終えました。以前に同じ内容で著者が行った NFJS（No Fluff Just Stuff）でのプレゼン（とサラブレッドを群れで動かす話）がとても面白かったので、それが本になるなんてすばらしいことです。どれも私の人生を劇的に変えてくれました！
——マット・マクナイト（ソフトウェア開発者）

楽しみながら読み、多くのことを学びました。申し分のない本です。
——リンダ・ライジング（国際的に活躍している講演者、コンサルタント、オブジェクト指向の専門家）

まえがき

ようこそ！

この本をお買い求めくださり、ありがとうございます。これから皆さんと一緒に認知科学、神経科学、そして心理学の概念が飛び交う世界へと旅立ちます。我々の脳の驚くべき働きを知り、学習・思考能力を向上させるために、脳をどう「攻略」していけばよいかを見ていきましょう。

この本のねらいは、皆さんの「ウェットウェア」の「リファクタリング」——つまり、頭脳の再設計と再配線——によって仕事の能率アップを図ることです。ですから、この本はプログラマーにも管理職にも「知的労働者」にも「オタク」にも「思索家」にも、あるいは単にもっと頭がよくなりたいと思っている人にも、役に立つでしょう。

私はプログラマーですから、この本に出てくる例の多くはソフトウェア開発の世界に関わるものですが、プログラマー以外の方々も心配はいりません。実は、プログラミングは「難しくてわけのわからない言語を用いてソフトウェアを書いていく作業」とはほとんど関係はないのです（もっとも、我々プログラマーはそうした作業に妙な愛着を持っていますが）。

プログラミングとは、要するに問題解決なのです。創造性、創意工夫、発明の才能が必要とされる作業です。どんな職業でも独創的な問題解決を迫られる場面はあるでしょう。しかし、プログラマーが人間の豊かで柔軟な思考力を、杓子定規で融通の利かないコンピュータのデジタル世界に落とし込もうとすると、人間とコンピュータ、双方の「能力」が発揮されるだけでなく、双方の「最悪の欠点」まで表面化させてしまうのです。

プログラマーであれ、ソフトウェアに不満たらたらの一般利用者であれ、すでにこう感じているのではないでしょうか——ソフトウェア開発というものは、人間が

これまでに考え、実行してきた試みの中でも最大級の難関に違いない、と。複雑なソフトウェア開発に、プログラマーは日々最大限の努力を強いられていますし、問題が発生した場合には、騒ぎが大きくなり、マスコミを賑わすことにさえなりかねないものです。宇宙船をはるかかなたの惑星に衝突させてしまったり、莫大な費用をかけて開発し貴重な測定装置や実験材料を満載したロケットを爆発させてしまったり、なんと「0ドル」を請求する督促状を自動発行して消費者に迷惑をかけたり、はたまた、飛行機が客を空港に残したまま出発してしまったり。

とはいえ、(ある意味) うれしいニュースもあります。上で紹介したような事態は、どれも我々プログラマーの仕業なのです。プログラマーはプログラミングを必要以上に難しくしてしまいがちです。コンピュータ業界がこれまでたどってきた発展の経緯も災いして、ソフトウェア開発者に必要な、もっとも基本的でもっとも重要な技術を我々は見失ってしまっているのです。

うれしいニュースとは、そうした事態はただちに改善できるという事実です。どう改善すればよいのか、それを手助けするのがこの本の役割です。

プログラマーがプログラムを作る過程で図らずも作り出してしまう欠陥や誤り、すなわち「バグ」の数は、ここ40年あまり変わっていません。プログラミング言語や、プログラミング技術、プロジェクト管理手法などの進歩にも関わらず、バグの発生率はほぼ横ばいのままなのです[†]。

これは恐らく、我々プログラマーがお門違いのところに注力してきたということなのでしょう。前述のとおり、技術的側面が大きく変化してきたにも関わらず、常に変わらずにいたものがあります。我々開発者、すなわち人間です。

ソフトウェアは、統合開発環境などの道具(ツール)によって設計されるのではなく、プログラマーの頭の中で考え出され、作り出されるものなのです。

> **ソフトウェアはプログラマーの頭の中で創造される**

アイディアや概念は、チームのメンバーの間で共有され、それに関して意見の交換が行われます。そして、このチームには、ソフトウェアの開発を依頼した人々も含まれています。我々はこれまで長年にわたって、言語やツール、開発手法といった基本技術に投資してきました。この年月は有益な時間ではありましたが、別の段階に進むべき時は来ています。

目を向けるべき時が来ているのです。チーム内、チーム間の社会的相互作用という難問に、そして、昔ながらの平凡な思考法というさらなる難問に対して。孤島のように周囲から独立したプロジェクトなど、ひとつもありません。ソフトウェアは

[†] ボブ・バインダーから入手したケイパーズ・ジョーンズの研究成果に基づく。

孤立した状態では構築も実行もできません。

フレデリック・ブルックスは画期的な論文『銀の弾などない——ソフトウェアエンジニアリングの本質と偶有的事項』[Bro86] で、こう論じています。「ソフトウェア製品は、アプリケーション、ユーザー、法律、プラットフォームといった文化的基盤に深く組み込まれている。こうした文化基盤はどれも絶えず変化するため、ソフトウェア製品も変化せざるを得ない」。

ブルックスのこの見解に従うと、我々は社会という大渦巻きの真っ只中に放り込まれることになります。この社会では多数の当事者間、多数の勢力間で複雑な相互作用が起こり、絶え間なく変化が続いています。このような状況で、今もっとも必要とされている能力は次の二つだと考えられます。

- 意思疎通能力（コミュニケーション）
- 学習・思考能力

コミュニケーション能力を向上させる取り組みはコンピュータ業界でもいくらかは行われています。特に、アジャイルな手法（コラムを参照）は、チームの構成員間、および顧客・開発チーム間のコミュニケーションの改善に力を入れています。また、簡便で効果的なコミュニケーションに対する自覚が高まり『Presentation Zen: Simple Ideas on Presentation Design and Delivery』[Rey08] のようなコミュニケーションの重要性を説いた本が突然ベストセラーになったりしています。悪くない滑り出しと言えるでしょう。

しかし、学習・思考能力についてはどうでしょう。コミュニケーションの能力に比べると難題です。

プログラマーには学習が欠かせません。耳にタコができるほどよく聞かされる新技術に関するものだけでなく、アプリケーションの対象分野、移り気なユーザーの動向、チームメンバーの習癖、変化の激しいコンピュータ業界の動向、進行中のプロジェクトの動向といったことも知っていなければなりません。学習、さらに再学習が、絶えず必要なのです。そうした学習の成果を、新旧の問題への取り組みに日々生かさなければなりません。

「学習能力の改善」「思考能力の向上」と言葉で唱えるのは簡単なのですが、学習も思考も、その能力は、人から教えてもらえるわけではなく、自分で学習しなければなりません。「改善」や「向上」の可否は「個人に依存する」能力なのです。どう学習すればよいのか、批判的思考法、創造性、発明の才能といった「思考」にまつわる能力はどう身につければよいのか。こうした「意識を拡張する技術」「アタマをよくする技術」は、自分で「学習」しなければなりません。一般的には、先生

> **アジャイルな手法とは**
>
> 「アジャイルな手法（agile methods）」という言葉を作ったのは、2001年2月に会合を持ったソフトウェア開発の第一人者17人です。この17人の中には、エクストリームプログラミング（XP）、Scrum、Crystal、そしてもちろん我々が提案しているプラグマティックなプログラミング手法など、各種の開発手法を考案・提唱した人々が含まれていました。
>
> アジャイルな手法は、プランを重視する伝統的な手法とは数々の重要な点で異なっています。特に、厳格なルールを決めず、古めかしいスケジュールも廃し、リアルタイムのフィードバックに重きを置いています。
>
> アジャイルな手法については、この本のさまざまな箇所で言及しています。というのも、この手法のアイディアや実践方法の多くが、認識力を高めるための習慣によくなじむからです。

と生徒の関係を「先生が教えるもの」として捉えることが多いのですが、本当は「先生が教える」のではなく「生徒が学ぶ」のです。学習は常に生徒に依存するものなのです。

この本が読者の皆さんの学習能力と実践的な思考能力の増強に大いに役立つと信じています。

「プラグマティック」なプログラミング手法

『達人プログラマー——システム開発の職人から名匠への道』[HT00]やプラグマティック・ブックシェルフ社で出版されたものなど、私がこれまでに出版したどの本を読んでも、プラグマティック[†]という単語に特別な意味を持たせていることに気づかれると思います。プラグマティズム（実用主義）の真髄は、ほかの誰でもない、**自分**にとって有用なことをすることです。

そこで、まず、人は十人十色だという点をしっかりと心に刻み込んでください。本文で引用した研究結果は、多くが大勢の人々を対象にして行われたものですが、そうでないものもあります。引用資料も千差万別で、MRIによる脳の機能検査で立証された科学的な事実や概念的な理論があるかと思うと、迷信じみた言い伝えや

---

† pragmatic。「実用的」「実際的」「実利的」などの意。

> ## ウェットウェア(wetware)とは？
>
> wet・ware || wet we(ə)r | 語源　wet + software
> 　名詞、滑稽表現。人間の脳細胞もしくは人間の思考方法。特に、コンピュータシステムに類似するものとして、もしくはコンピュータシステムとの対比において見た場合に用いる。
> 　つまり、コンピュータを基準にして類推した「人間の思考方法」。

「○○さんはこのやり方で試してみて、うまくいった」といったような体験談もあります。

　脳について論じるときには特に言えることですが、多くのケースで下敷きとなる科学的根拠が不明である、それを知り得ないといった場合が多いのです。しかし、心配することはありません。効果があるものは「プラグマティック」なわけですから、皆さんに検討していただくためにこの本で紹介してあります。こうしたアイディアの多くが皆さんの役に立つのではないかと思っています。

　とはいえ、頭の配線がまったく違っている人もいます。そして、皆さんもそのひとりかもしれません。それはそれでよいのであって、私のものも含めてどんなアドバイスであろうと盲従すべきではないのです。代わりに、偏見のない広い心でこの本を読んでください。私の提案を試してみて、なにが自分にとって効果的かを見定めてください。

> 流されるのは死んだ魚だけ

　人が成長するに従って、周囲の環境や状況が変わっていき、自分の持つ習慣や手法も変えていかなくてはなりません。人生、変わらないものなどひとつとしてないのです。流されるのは死んだ魚だけ、と言うではありませんか。ですから、この本はほんの手始めと考えてください。

　この本では、私自身がこれまでに見つけたプラグマティックなアイディアや手法を紹介します。あとは皆さん次第です。

コンテキストを考慮する

　すべては互いにつながっています。物質の世界であれ、社会のしくみであれ、皆さんの心の奥底の考えであれ、コンピュータの確固たるロジックであれ、すべてがひとつの巨大な、相互につながった現実の組織を形作っているのです。孤立した状

態で存在しているものはありません。すべてがこうした組織の一部であり、周囲の状況や文脈——コンテキスト——の一部分なのです。

　不便なことに、これが現実なのであって、そのために些細な物事が意外に大きな影響を及ぼす場合があります。逆に「一大事！」と思われていたことが、結果的にはそれほどの影響を及ぼさずに終わってしまうことも多いのです。入力に比例した形で出力が得られるとは限らない、「不釣り合いな影響」こそが非線形な組織の顕著な特徴です。皆さんがまだ気づいていないといけないので念のために書いておきますが、**現実の世界は明らかに非線形です。**

　　なんであれ、単独で取り上げて見ようとしても、宇宙のほかの一切合切に結びついていることがわかる。
　　　　　　——ジョン・ミューア著『はじめてのシエラの夏』（1911 年）

　この本では、あまりにも些細であるために、影響を及ぼすことなどとてもとてもあり得ないと思えるような行為について色々な箇所で取り上げています。たとえば「あることを頭の中で考えること」と「それを声に出して言うこと」、あるいは「ある文を紙に書くこと」と「それをキーボードからコンピュータに入力すること」といった行為について、そしてそうした行為の違いについて論じています。従来型の理論によれば、いずれもまったく同じ行為のはずです。

　ところがそうではありません。使っている脳の回路がまるで違うのです。思考自体によっても影響を受ける回路が異なり、また、どう考えるかによっても影響を受ける回路がまったく異なっているのです。皆さんが考える内容は、脳という組織の残りの部分からも、身体全体からも、切り離されているわけではありません。**すべてがつながっています。**これは一例にすぎませんが（そして脳についてはあとの章でさらに詳しく論じますが）、相互に影響しあっている組織について考えることの意味を、その重要性の一端を感じ取っていただきたいのです。

すべては互いにつながっている　ピーター・センゲはその画期的な著書『最強組織の法則——新時代のチームワークとは何か』[Sen90] で、「システム思考（システムズシンキング）」と銘打って、我々が生きているこの世界の事象を捉えるための新たな視点を提唱しました。「システム思考」では、ある物を、独立したひとつの物としてではなく、複数の組織の接続点として捉えようとします†。

---

† システム思考については『なぜあの人の解決策はいつもうまくいくのか？』（枝廣淳子ほか著、東洋経済新報社）も参考になります。

木を例にとって見ると、木は目の前の地面に立っている、独立したひとつの物体と見なすこともできますが、実際には少なくとも二つの大きなシステム——つまり、葉と空気、根と土という二つの処理サイクル——をつなぐ存在です。不変でもなければ、独立した存在でもありません。しかもさらに面白いことに、あるシステムを観察している皆さん自身も、ほとんどの場合、単なる観察者ではありません。それどころか、皆さんが気づいているか否かに関わらず、観察者である皆さんもそのシステムの一部分なのです[†]。

> **ヒント1**
> 周囲の状況や文脈——コンテキスト——を必ず考慮に入れること

これをコピーして貼っておいてください。壁、机の上、会議室、ホワイトボードなど、皆さんがひとりで、あるいは仲間や同僚と一緒に考える場所であれば、どこでも。これについてはまた後で触れます。

この種のことは実に多くの人が話題にしている

この本の構想を練っている間に、私が関心を持っていたテーマが、さまざまな分野の実に大勢の人の口にものぼっていることに気づき始めました。私が関心を持っていたテーマというのは、たとえば次のように千差万別な事柄でした。

- MBAや上級管理職の研修コース
- 認知科学分野の研究
- 学習理論
- 看護、医療、航空などの業界
- ヨガや瞑想法
- プログラミング、抽象化、問題解決
- 人工知能の研究

[†] これは、かの有名な理論物理学者ハイゼンベルクが提唱した画期的な理論「不確定性原理」によって示唆された考え方です。より一般的な「観察者効果」では、「あるシステムを観察する行為そのものが、そのシステムを変えてしまう」としています。

| ここに根本的に
何か重要なものがある |

共通する要素を持つ一群の考え方が、前述のように千差万別な分野で、姿を変えて繰り返し現れていることがわかった場合、それはひとつの徴候と見てよいでしょう。同じような考え方が、これだけ種々雑多な状況で現れているという現象の裏には、なにかとても重要で根の深いものが隠れているに違いありません。

ヨガと瞑想法は近年かなりの人気を得て多くの米国人が実践していますが、その理由は必ずしも明らかではありません。私が2005年の10月頃、飛行機の機内誌で読んだ記事には「医療費高騰でヨガと瞑想法を導入する企業」というタイトルが付いていました。

従来、大企業はヨガのような「ほんわかムード」の健康法など採用したりしませんでしたが、医療費が急騰したため、効果がありそうなものであればどんな健康法でも採用せざるを得なくなったわけです。ヨガと瞑想をやっている人たちの心身の健康状態が一般の人よりよいことを示す研究結果を多くの大企業が信じ始めているのです。この本では、健康よりもむしろ認識に関わる問題に焦点を当てていますが、心身の健康増進はすばらしい副次的効果でもあります。

また、MBAと上級管理職のための研修コースについても、さまざまな瞑想法や創造力と直感力の増強法を推奨しているものが多いのです。研究成果を見る限り間違いなく効果が上がっているものの、我々「知的労働者」も含めた現場の従業員にはまだ降りてきていない手法です。

でも、心配はいりません。こうした手法もこの本で紹介していきます。MBAを持っていなくても大丈夫です。

本書の狙い

どんな旅でも、首尾よく目的地に着くためには、まず地図が必要です。この本の「地図」(マインドマップ)はこの本の見返しにあります(表紙の裏が日本語版、裏表紙側が英語版)。1章から8章まで流れを持たせてはありますが、「地図」に記載したテーマの数々は、見ればわかるとおり、相互に絡まり合い関連し合っています。

なにしろ、**どんなこともほかのすべてとつながっているのです**。こうした考え方は、この本を1章から8章まで順に読んでも、なかなか実感できないでしょう。本文には「〜を参照」という注がいくつもありますが、そのとおりに参照したところで、必ずしも相互関係がはっきり捉えられるわけではありません。図を見ていただければ、何が何に関係しているかが、いくらかわかりやすいと思います。

1章　初心者から達人への道

この本では、まず最初の数章で、なぜ脳が脳として機能するのかを見ていきます。1章で検討するのが、専門的知識を体系化される際によく引き合いに出される「ドレイファス兄弟の技能習得モデル」です。

このモデルは、人間の技能習得過程を「初心者」に始まり、最高の「達人」レベルに至るまで、5段階に分類したものです。このモデルを紹介し、特に達人になるためのコツ——自分なりの経験を活用・応用し、**コンテキスト**を理解し、**直感**に頼るという方法——を見ていきます。

2章　脳の構造

ソフトウェア開発でもっとも重要な道具は、もちろん皆さん自身の脳です。2章では、認知科学と神経科学の基礎知識のうち、我々知的労働者に直接関わる事柄を紹介します。たとえば、デュアルCPUで共有バスを持つ脳のモデルや「自分で自分の脳を手術する方法」といったものです。

3章　$\mathcal{R}$モードへの転換

脳についての理解を深めたところで、創造性と問題解決能力を養い、経験を生かした学習がよりよくできるよう、思考能力のうち、まだ十分活用できていない面を活用する方法を紹介します。

また、**直感の源**についても紹介します。達人の特徴である直感は、実は狡猾な獣（けだもの）でもあります。必要なものですし、頼りにもなりますが、闇雲に絶えず頼るのは好ましくないと思っている人もいるでしょう。自分の直感も人の直感も「非科学的だ」として、疑いの目で見ている人もいるでしょう。

そうした考えを正し、直感を自由に解き放つ方法を紹介します。

4章　アタマをデバッグ

直感は、的外れなものでさえなければ、すばらしい道具です。人間の思考には「既知の欠陥（バグ）」がいくつもあります。人間の認識には生まれつき偏りがありますし、生まれてから今までに経験してきたことの影響や、世代的な影響、生まれながらの個性、さらには「ハードウェアの配線」的な問題さえあります。

こうした「システムのバグ」のせいで、判断力が鈍ったり、不適切（というか破滅的）な決断を下すはめに陥ったりしてしまうことが多いのです。

こうした、よくありがちな「バグ」を知っておくことは、バグそのものを減らすとともに影響を小さくするための第一歩です。

5章　意識的な学び

ここまで脳の働きを詳しく紹介した後、この章からは脳というシステムを活用する方法について細かく見ていきます。まずは学習（学び）についてです。

ここでは、**学習**という言葉をもっとも広い意味で使っています。新技術やプログラミング言語といったものだけでなく、皆さんのチーム内の力関係や開発中のソフトウェアの特徴やその変化についての学習なども含みます。今の時代、学習は常に欠かせません。

とはいえ、どう学習したらよいかを教えてもらったことのある人などほとんどいませんから、皆いわばぶっつけ本番でなんとかやっているわけです。そこで、学習能力を高めるための具体的な手法をいくつか紹介します。たとえば、計画の立て方、マインドマップ、読書法のSQ3R、教えることによって学ぶといった手法です。こうした手法を身につければ、新しい情報をより速く、より容易に吸収できるようになり、物事を見抜く目が磨かれ、新しく得た知識を忘れてしまうことも減ります。

6章　経験の積み重ね

経験は、学習し成長する上で重要なカギとなります。人間は実地の経験を通して学ぶのです。もっとも、経験するだけでは必ずしも成功につながりません。経験から学ばなければ得るものもないのですが、それを妨げ困難にする要素があり、その中でもよくありがちなものがいくつかあります。

無理矢理経験しようとすることも禁物です。頑張りすぎは、お決まりのことを繰り返しているだけの場合と比べて（より悪いわけではないにしても）同じくらい好ましくないのです。そこで、フィードバックを活用し、楽しみ、失敗を糧にしながら、効率のよい学習環境を作り出すには何が必要かを紹介するとともに、締め切りの脅威の回避や、心理的な習慣づけによって経験を重ねる方法についても見ていきます。

7章　集中のコントロール

次なる重要なステップは集中のコントロールです。ここでは、経験を積み、それを糧にする上で役に立つ膨大な量の知識、情報、見解を整理するためのワザやコツ、ヒントを紹介します。情報の氾濫する現代、日々の仕事に追いまくられて仕事の質を高める暇などまったくないというケースはざらです。そんな状況を改善し、集中して仕事に取り組めるようにしたいものです。

コンテキストを最適化する方法、うるさい横やりをうまく処理する方法、そうした横やりが衝突事故のように感じられてしまうわけを説明します。また、一番大事な仕事に集中し、知識をよりよく管理するためには、故意に集中をぼかす必要がありますが、その理由についても見ていきましょう。

8章　達人になってから

最終章では、変化ということが、いざ実行に移すとなると意外に難しいわけを

考え、まずは明日からでも始められることを紹介します。
そして、達人のレベルに達してからの状態（と私が考えているもの）と、そうした境地に達するための方法を見ていきます。

こんな具合ですので、お気に入りの飲み物を手に、ゆったりと腰かけてください。そして何が出てくるのか、見てようではありませんか。

さっそく実行 ⬇

この本を実地に役立てていただくため、ほとんどの章で「さっそく実行」というコーナーを設け、練習や訓練、実験、お勧めの習慣などを紹介しました。下のように□を付けて、実行できたものからチェックマークを付けられるようにしてあります。

- ☐ あなたのプロジェクトが現在抱えている問題点をじっくり検討してみてください。問題に関わっているのがどのシステムか、見分けられますか？　そうしたシステムが相互に影響し合っている箇所は？　そういう箇所は、現在の問題点に関係しているでしょうか？
- ☐ 周囲の状況（コンテキスト）にそぐわず、あとで問題を引き起こした、と皆さんの分析で判明した事柄を三つあげてください。
- ☐ 「コンテキストを考慮すること」と書いた紙を、コンピュータのモニタのそばに貼ってください。

本書の表記

この本では、以下の表記を使用しています。

太字（Bold）
　重要な用語や強調したい箇所を示します。
等幅（`Constant Width`）
　サンプルコード、コマンド、コマンドの出力などを示します。

> このアイコンとともに記載されている内容は、ヒント、提案、または一般的な注意事項を表します。

> **図について**
>
> この本の図は、「Adobe Illustrator」などを使って描いたような、きちんとした図面とはまるで違っていますが、これは、あえてそうしたのです。
>
> 世界で700万部以上を売り上げたフォレスト・M・ミムズⅢ世の電子工学の本から、アジャイルな手法を信奉する開発者が好んで紙ナプキンの裏に描く設計図に至るまで、手書きの図には独特の効果があります。その理由については後の章で触れますので、お楽しみに。

このアイコンは、そのまま先に読み進まずに一旦立ち止まり、そこで学んだことをおさらいして欲しいという著者の注意書きを表します。

意見と質問

この本（日本語翻訳版）の内容については、最大限の努力をもって検証および確認していますが、誤りや不正確な点、誤解や混乱を招くような表現、単純な誤植に気づかれることもあるでしょう。この本を読んで気づいたことは、今後の版で改善できるように知らせていただければ幸いです。将来の改訂に関する提案なども歓迎します。

　　株式会社オライリー・ジャパン
　　〒160-0002　東京都新宿区坂町26番地27　インテリジェントプラザビル1F
　　電話　　　　03-3356-5227
　　FAX　　　　03-3356-5261
　　電子メール　japan@oreilly.co.jp

この本に関する技術的な質問や意見は、次の宛先に電子メール（英文）を送ってください。

　　andy@pragprog.com

この本のWebページには、正誤表、サンプルコード、追加情報が掲載されています。以下のアドレスでアクセスできます。

http://www.oreilly.co.jp/books/9784873114033/
http://www.marlin-arms.com/support/ptl/
http://oreilly.com/catalog/9781934356050/（原書）
http://www.pragprog.com/titles/ahptl/pragmatic-thinking-and-learning（原書）

オライリーに関するその他の情報については、次のオライリーのWebサイトを参照してください。

http://www.oreilly.co.jp

謝辞

まず誰よりもエリー・ハント氏に感謝の意を表します。「ドレイファス兄弟の技能習得モデル」と、その看護分野への応用結果とを紹介してくれましたし、私の支離滅裂な文章に耐え、私の舵取りをし、家の中で進めてきた数々のプロジェクトを取り仕切って、きちんとオイルをさした機械のようにスムーズに運んでくれました。編集者の仕事は大変であるにも関わらず、十分に評価されないことが多いので、謝辞で名前をあげるだけでは不十分なのですが。編集者、母親、会社の重役の三役を同時にこなすには本当に手腕と忍耐力が必要です。

この本の執筆中にメーリングリスト等で情報や意見を寄せてくれた友人にもお礼を言います。バート・ベイツ氏、ドン・グレイ氏、ロン・グリーン氏、ショーン・ハートストック氏、ディエルク・ケーニヒ氏、ニクラス・ニルソン氏、ポール・オークス氏、ジャレッド・リチャードソン氏、リンダ・ライジング氏、ジョアンナ・ロスマン氏、ジェレミー・シディック氏、スティーブ・トンプソン氏など、貴重なご意見、体験談、情報を寄せてくださった皆さん、ありがとうございました。

ジューン・キム氏にも心から感謝申し上げます。この本が誕生するまでの各段階でいただいた意見はもちろん、広範囲にわたる研究に関する助言や自身の経験談なども、この本の各所で使わせていただきました。

また、「ドレイファス兄弟の技能習得モデル」を看護の分野に導入されたパトリシア・ベナー博士にも格別のお礼を申し上げます。著書からの引用に関する掲載許可と助言をたまわり、学習についての熱心なご意見も頂戴しました。

右脳・左脳論を実際面で応用した草分けベティ・エドワーズ博士からも、著書からの引用に関する掲載許可と助言をいただきました。ありがとうございます。

索引を作成してくれたサラ・リン・イーストラー氏、いくつもあったタイプミス

やでたらめな構文を直してくれたキム・ウィンプセット氏、組版で数々の妙技を披露してくれたスティーブ・ピーター氏にも御礼申し上げます。ありがとうございました。

　そして最後に読者の皆さん、この本をお買い求めくださり、私とともに旅立ってくださったことに感謝申し上げます。

　さあ、仕事の正しい方向づけをし、経験と直感を生かし、学習の効果が上がる新たな環境を作っていこうではありませんか。

目次

日本語版に寄せて ………………………………………………………………… vii
賞賛の声 …………………………………………………………………………… ix
まえがき …………………………………………………………………………… xi

1章 初心者から達人への道 ……………………………………………………… 1
  1.1 初心者 vs. 達人 ……………………………………………………………… 3
  1.2 ドレイファスモデルの5段階 …………………………………………… 5
  1.3 現場におけるドレイファスモデル ……………………………………… 14
  1.4 ドレイファスモデルの効果的な利用 …………………………………… 21
  1.5 道具のワナに注意 ………………………………………………………… 27
  1.6 コンテキスト再考 ………………………………………………………… 30
  1.7 日々のドレイファスモデル ……………………………………………… 31

2章 脳の構造 ……………………………………………………………………… 35
  2.1 2種類のモード …………………………………………………………… 36
  2.2 いつでもどこでも洞察を逃さない ……………………………………… 41
  2.3 LモードとRモードの特徴 ……………………………………………… 45
  2.4 Rモードの躍進 …………………………………………………………… 52
  2.5 Rモードは森を見て、Lモードは木を見る …………………………… 58
  2.6 自分でできる脳の手術と神経の可塑性 ………………………………… 59
  2.7 どうやって目的を達成するのか ………………………………………… 61

- 3章 Rモードへの転換 ……………………………………………… 63
  - 3.1 関与する感覚の増加 ………………………………………… 63
  - 3.2 右脳で描く …………………………………………………… 65
  - 3.3 RモードからLモードへの流れを作る ……………………… 70
  - 3.4 Rモードが提供してくれるヒントを手に入れる …………… 82
  - 3.5 パターンを利用する ………………………………………… 93
  - 3.6 Rモードの出力を上手に手に入れる ……………………… 101

- 4章 アタマをデバッグ …………………………………………… 105
  - 4.1 認知バイアスを知る ………………………………………… 107
  - 4.2 自分の世代傾向を認識する ………………………………… 116
  - 4.3 性格の分類 …………………………………………………… 125
  - 4.4 ハードウェア的なバグ ……………………………………… 129
  - 4.5 では、どう考えたらよいのか ……………………………… 134

- 5章 意識的な学び ………………………………………………… 139
  - 5.1 学びとは何か ………………………………………………… 139
  - 5.2 「SMART」な目標を定める ………………………………… 143
  - 5.3 プラグマティック投資計画の作成 ………………………… 148
  - 5.4 自分の学習モード …………………………………………… 152
  - 5.5 同僚との勉強会 ……………………………………………… 158
  - 5.6 より優れた学習技術 ………………………………………… 160
  - 5.7 SQ3Rで意識的に読む ……………………………………… 160
  - 5.8 マインドマップによる直感の視覚化 ……………………… 163
  - 5.9 ドキュメント作成の真の力を利用する …………………… 172
  - 5.10 教えることによって学ぶ …………………………………… 174
  - 5.11 技を携えて町に出よう ……………………………………… 175

- 6章 経験の積み重ね ……………………………………………… 177
  - 6.1 学ぶための遊び ……………………………………………… 177
  - 6.2 既存の知識の活用 …………………………………………… 181
  - 6.3 失敗を生かす ………………………………………………… 184
  - 6.4 インナーゲーム ……………………………………………… 188
  - 6.5 プレッシャーによって損なわれる認識力 ………………… 193
  - 6.6 想像力は五感を上書きする ………………………………… 197

6.7	達人のように学ぶ	202

7章　集中のコントロール … 205
- 7.1　集中力と注意力を増強する … 206
- 7.2　集中のために集中をぼかす … 212
- 7.3　知識の管理 … 216
- 7.4　現時点でのコンテキストを最適化する … 222
- 7.5　割り込みの意識的管理 … 229
- 7.6　大きなコンテキストを保つ … 235
- 7.7　焦点の定まった状態を維持する … 240

8章　達人になってから … 241
- 8.1　効果的な変化 … 241
- 8.2　明日の朝から始められること … 243
- 8.3　達人になってから … 245

付録A　参考文献 … 249

訳者あとがき … 259
索引 … 263

1章
初心者から達人への道

> 問題を生み出したときと同じような考え方をしていては、
> その問題を解決することはできない。
> ——アルバート・アインシュタイン

　達人になりたくありませんか？　正しい答えが直感でわかるようになりたくはありませんか？　さあ、一緒に達人への旅に踏み出しましょう。この章では、初心者であることの意味、達人であることの意味——そして初心者と達人の間に位置するすべての段階の意味——について考えます。物語はここから始まります。

　昔々、二人の研究者（兄と弟）が人工知能の技術を発展させたいと思っていました。二人は、**人間と同じように技能を学びそして身に付ける**ソフトウェアを書きたかったのです（もしくは、それが不可能であることを証明したかったのです）。そのためにはまず、人間がいかにして学ぶのかを研究する必要がありました。

　二人は技能習得のドレイファスモデル†を開発しましたが、このモデルでは初心者から達人への道のりで通過しなくてはならない段階を五つにまとめました。これからドレイファスモデルについて考察していきますが、この概念を効果的に利用したのは我々が最初ではありません。

　1980年代初頭、米国の看護師がドレイファスモデルの説くところに従って自らの取り組みを修正し、看護師という職業をさらに発展させることに成功しました。看護師が当時直面していた問題は、プログラマーを含む技術者が現在直面している問題の多くとよく似ていました。看護師の方々は大いなる前進を遂げましたが、我々プログラマーにはまだなすべきことが残っています。

　以下にあげた見解は、看護師にもプログラマーにも当てはまりますが、恐らく他の職業にも当てはまるでしょう。

---

† 詳しくは『純粋人工知能批判——コンピュータは思考を獲得できるか』[DD86]を参照。

> ## イベント型理論 vs. コンストラクト型理論
>
> 　観察した現象の説明に使われる理論には「イベント型」の理論と「コンストラクト型」の理論の2種類があります[†]。
>
> 　イベント型の理論が対象とするのは何らかの形で測定ができるもので、測定に基づき検証や証明が可能です。その正しさを客観的に判定できるわけです。
>
> 　これに対してコンストラクト型の理論は実体のない抽象概念であり、「理論の証明」について議論しても意味がありません。この型の理論は「有用性」という観点から評価されますが、正しさの客観的な判定はできません。それは「リンゴ」と「実存主義」をごちゃ混ぜにして扱うようなものです。物体であるリンゴと抽象概念である実存主義を一緒に扱うことに、意味を見いだすことはできません。
>
> 　たとえば、人間の心について考えてみましょう。医療用の複雑な画像装置など、機械を使って、脳に関するさまざまな事実を証明することができます。しかし、私には、皆さんが心を持っているかどうかを証明することはできません。心は抽象概念であり、そのようなものが物体として存在するわけではなく、概念でしかないのです。しかし心が人間にとって欠かせない存在であることも紛れもない事実です。
>
> 　ドレイファスモデルはコンストラクト型の理論です。抽象的な概念であり、これから見ていくように非常に有用な概念です。

- 現場で働いている達人が、ほかの人から常に達人として認められているとは限らず、達人全員が相応の報酬をもらっているわけではない。
- 達人の全員が管理職になりたいと思っているわけではない。
- 一般職員（従業員）の能力には非常に大きなばらつきがある。
- 管理者の能力には非常に大きなばらつきがある。
- チームのメンバーには技能レベルに大きな差異があることが多いので、チームを、入れ換え可能で均一的な人的資源の集まりとして扱うことはできない。

　各技能レベルの違いは、単にすぐ下のレベル「より優れている」「より賢明である」「より速い」だけではありません。ドレイファスモデルでは、技能レベルに応

[†] 『*Tools of Critical Thinking: Metathoughts for Psychology*』[Lev97]を参照。

図1-1　コンピュータの達人（特にUnix関連の達人）は魔法使い(ウィザード)と呼ばれる

じて能力や態度、腕前、考え方が、どのように、なぜ変化していくのかを説明しているのです。

　ソフトウェア開発過程の改善を試みた取り組みは過去に多数ありましたが、そのほとんどは失敗に終わりました。これはなぜなのでしょうか？　この事実を説明するのに、ドレイファスモデルは非常に有用です。プログラマー個人に対しても、そしてソフトウェア業界全体に対しても、意義深い改善をもたらす手順を示唆してくれているからです。

　ドレイファスモデルとはどのようなものなのか、見ていきましょう。

1.1　初心者 vs. 達人

　さて、達人の域に達したソフトウェア開発者のことを何と呼ぶかご存じでしょうか？「ウィザード[†]」です。ウィザードは摩訶不思議な16進の数字やコマンド、「ゾンビプロセス」、tar -xzvf plugh.tgz や sudo gem install --include dependencies rails といった神秘的な呪文を唱えることによって、持ち上がった

[†] wizard。もともとは魔法使い、魔術師などの意。

> ### お茶の子さいさい
>
> 　プロのオルガン奏者の面接を担当したことがあります。オーディションの曲として、シャルル＝マリー・ウィドールの「トッカータ[†]」という熱狂的とも形容できる作品を選びましたが、素人の私の耳にはオーディションにふさわしい高難度の曲に思えたものです。
>
> 　ひとりの女性応募者が実にうまく弾きました。両足がペダルの上を飛び交い、手はオルガンの上下段を見えないほどの速さで行き来し、険しい顔つきから、極限まで集中している様子がうかがえ、汗をかいてもいたようです。すばらしい演奏で、私もそれなりに感銘を受けました。
>
> 　ところがその後、正真正銘の達人がやって来ました。その女性はこの難しい作品を先の演奏者より少し上手に、そして少し速く弾いたのですが、手足をタコのようにすばやく飛ばしながら、我々にほほえみかけ、語りかけるように演奏したのです。
>
> 　いかにも簡単そうに弾いていた、この女性が採用されました。

問題を解決していきます。

　他のユーザーになりすましたり、最高権力者であるroot（ルート）ユーザーに変身したりもします。しかも、こういったことをいとも簡単にこなしてしまいます。イモリの目を少々、コウモリの羽の粉末をひとつまみ入れて呪文を唱えれば、あっと言う間に仕事は終わり、というわけです！

　一種神秘的な雰囲気が漂うものの、達人が何かをするときにいかにも簡単そうにやってのけてしまうというのは、「けっこうよくある話」です（上であげたコンピュータのウィザードの話は、門外漢にはチンプンカンプンな話なので、特に神秘的に思えるでしょう）。

　料理の達人のことを考えてみましょう。小麦粉や香辛料、見習いの担当でどんどん山積みになっていく汚れたフライパンに囲まれた達人シェフは、自分でやるのはお茶の子さいさいでも、どう調理すればよいかをキチンと人に伝えられません。「これを少しとあれをひとつまみ。多すぎてはいけない。そしてよく火を通してできあがり」。こんな説明しかできません。

　とはいえ、愚鈍な振りをしているわけではなく、「よく火を通してできあがり」

[†] 出所が気になる方のために申し上げると、『交響曲第五番ヘ短調 Op.42 No.1』です。

の意味するところを自分ではしっかりと理解しています。湿度、肉の仕入れ先、野菜の鮮度といった「パラメータ」に応じて変わってくる、「ちょうどよい」と「やりすぎ」の間の微妙な違いがわかっているのです。

達人にとっては、自らの行動を細かなレベルまで説明するのは難しいことが多いのです。達人の動きや反応は実践の繰り返しから生まれたものが多く、意識せずに行動しています。達人の膨大な経験が蓄積されているのは脳の非言語的、前意識的領域†であるため、他者にしてみれば観察が難しく、本人にしてみれば明確な表現が困難です。

> 高度の専門知識を明確に表現するのは困難である

達人が何かをするとき、ほかの者にはほとんど魔法のように見えます。不思議な呪文、どこからか降って沸いたように出てくるアイディア、神秘としか思えない能力を使って、ほかの者にとっては何が問題なのかさえわからないうちに問題を解決してしまいます。

もちろん魔法ではありません。外界の認識方法、問題の解決方法、思い描くメンタルモデルなど、ありとあらゆることが達人と凡人では著しく異なっているのです。

これに対して、オフィスで長い1日を過ごしてから帰宅した料理の初心者は、湿度の微妙な変化、その日買ってきたニンジンの手触りといったものには興味さえ持ちません。レシピに入れるサフランの量が何グラムなのかを正確に知りたいのです（これは、サフランの値段が法外に高いからという理由だけではありません）。

初心者は、肉の重さから判断してオーブンのタイマーを設定する正確な時間を知りたいと考えます。学者ぶっているわけでも愚か者なわけでもなく、よりどころとなる明確かつ状況（コンテキスト）に左右されないルールが欲しいのです。達人ならば手足を縛られてしまって何もできないような状態を、逆に初心者が求めているわけです。

初心者と達人は根本的に異なります。世界の見方が異なり、反応の仕方が異なります。どのように異なるのか、細かく見てみましょう。

1.2　ドレイファスモデルの5段階

1970年代、ドレイファス兄弟（ヒューバート・ドレイファスとスチュアート・ドレイファス）は人間が技能を習得し、極める過程に関して独創的な研究を始めました。

---

† 意識と無意識との中間的な位置にあって、努力すれば意識化できる記憶等が貯蔵されていると考えられる領域。

> **ドレイファスモデルは技能ごとに適用される**

ドレイファス兄弟が観察の対象としたのは、民間航空会社のパイロットや世界的に有名なチェスの名人など、ある分野の技術にきわめて高いレベルの習熟を示した人々です†。兄弟のこうした研究により、初心者から達人へ移行するにつれて、かなりの変化が起きることがわかりました。単なる知識の増加や技能の習得だけではなかったのです。熟練者は、外界を認識する方法や問題への取り組み方、自らが作り上げそして拠り所とするメンタルモデルに根本的な違いを経験するようになります。新しい技能を習得する方法にも変化が現れます。パフォーマンスの向上に貢献したり、その邪魔をしたりする外部的要因も変わってきます。

人物に関するモデルや評価には、人物を「全体として」評価するものが多いのですが、ドレイファスモデルは「技能ごとに」適用するモデルです。つまり状況に依存するモデルであり、個人が元々持つ特性や才能に関するモデルではありません。

人はあらゆることの「達人」であったり、あらゆることの「初心者」であったりすることはなく、むしろ、個々の技能分野について五段階のいずれかに属します。料理人としては初心者でも、スカイダイビングの達人かもしれませんし、その逆もあり得ます。ほとんどの大人は歩行の達人であり、計画を立てることも思索を巡らすこともせずに上手に歩けます。本能となっているのです。大部分の人たちは所得税の申告については初心者です。従うべき明確な規則が十分そろっていれば、なんとか書類を作成できますが、実際何をしているのかはさっぱりわかっていません（そして、税金関連の規則はなぜこうも不可解なのかと疑問に思っています）。

初心者から達人への道には次の五つの段階があります。

第1段階　初心者

> 達人
> 熟練者
> 上級者
> 中級者
> →初心者

初心者は当然のことながら、当該の技能分野における経験を（ほとんど）持っていません。なお、ここで言う「経験」とは、この技能を使うことにより、考え方に変化がもたらされたものを意味しています。たとえ、10年の経験があると主張する開発者であっても、1年の「経験」を単にあと9回繰り返しただけでは、ここでいう意味の「経験」を積み重ねたことにはなりません。

初心者は、うまくやり遂げる能力が自分にあるかどうかをいつも気にしています。指標とすべき経験がほとんどないので、自分の行動のすべてに関してそれがうまく行くかどうか、見当もつきません。学びたいという意欲はそれほどないのが普

---

† 『ベナー看護論──初心者から達人へ』[Ben01] より引用。

通で、むしろ当面の目標を達成したいという願望を強く持ちます。ミスにどう対処すべきかを知らず、事態が怪しくなると柔軟に対処することが難しくなります。

しかし、状況(コンテキスト)に左右されない、従うべきルールを与えられれば、初心者もある程度効果的に仕事を遂行できます。状況に左右されないルールとはすなわち、「Xが起きたときにはいつもYをしなさい」という形式のルールです。つまり、初心者にはレシピが必要なのです。

コールセンターが機能する理由がここにあります。対象となる事柄について豊富な経験を持たない人々を多数雇い入れ、「決定木(ディシジョンツリー)」の指示に従わせることができるのです。

> **初心者にはレシピが必要**

パソコンを製造販売する大企業なら、たとえば次のようなシナリオを用意することになるでしょう。

1. コンピュータのプラグがコンセントにつながっているかを尋ねる。
2. プラグが入っているなら、コンピュータの電源が入っているか尋ねる。
3. プラグが入っていないなら、プラグを入れてこちらからの指示を待つよう言う。
4. …

退屈きわまりないものですが、このような明確なルールがあれば初心者はある程度の能力を発揮できます。もちろん、ある状況においてどのルールがもっとも重要かがわからないという問題がありますし、何より想定外のことが起こったときにはパニックになってしまいますが。

多くの人がそうであるように、私も税の申告となると初心者です。ほとんど「経験」がなく、(米国では)毎年個人が税務申告をする必要があるので、かれこれ25年以上同じことを繰り返しているにも関わらず、何も習得していませんし、これに対する考えも変えていません。習得したいとは思っておらず、「今年申告する」という目標さえ達成できたらよいのです。間違いにどう対処すべきかもわかりません。税務署から、簡潔で、どちらかというと尊大な内容の書類が届いても、通常は何が書いてあるのかわかりませんし、どうやって修正するのか見当もつきません[†]。

もちろん、解決策はあります。状況に左右されないルールが救済にあたります！恐らく、次のようなルールです。

[†] このような書類は、こうした問題の専門家である(はずの)税理士宛てに、挨拶文と少なからぬ額の小切手を添えて転送します。

図1-2　コーンマフィンのレシピ。でも、正確には何分焼けばいい？

- 昨年の所得を申告書に記入する。
- その書類を税務署に申告する。

単純明快です。

レシピ（状況に左右されないルール）の問題点は、あらゆることを完全に明示することが絶対に不可能だということです。たとえば、コーンマフィンのレシピには、「20分ほど」焼くと書いてあります。20分より長く焼くのはどのような場合でしょうか。短く焼くのはどのような場合でしょう。焼き上がったとどうしたらわかるのでしょうか。説明のためにルールを増やし、そのルールを説明するためにさらに多くのルールを追加することはできますが、どれほど効果的かつ明確に示せるかには限界があります。いずれは言葉そのものの解釈に行き当たってしまい、昔クリ

ントン大統領が言った「それは"is"という単語が何を意味するかによって変わってきます」というようなことになってしまうのです。この現象は「無限後退」と呼ばれます。ある時点で、明示的に定義することを止めなければなりません。

ルールがあれば始めることはできますが、すぐに限界が来てしまうのです。

第2段階　中級者

達人
熟練者
上級者
→中級者
初心者

初心者のハードルを越えると、「中級者」の観点から問題を見るようになります。中級者はほんの少しだけ、決まったルールから離れられるようになります。独力で仕事にあたることができますが、問題処理にはまだ手こずります。

このレベルの人は情報を素早く入手したがります。たとえばプログラマーなら、新しい言語やライブラリを学んでいるときには、特定のメソッドや関数のパラメータを探すためにドキュメント参照したりする場合があるでしょう。この時点では、細かい理論的な説明を読んだり、基本を最初から学び直したりすることは望んでいません。

中級者は最近経験した似かよった場面を参考にして、コンテキストを考慮したアドバイスの活用ができるようになってきますが、まだ精一杯といった

> 中級者は全体像を
> 見たがらない

状態です。また、多くに当てはまる原則を見いだせるようになるものの、そこに「全体像」はありません。全体的な理解はしておらず、理解したいともまだ思ってはいません。中級者に全体像を説明しようとすれば、「まだ私には関係ない」などと言って避けて通る姿勢を見せるでしょう。

この種の反応は、たとえば社長が全体会議を召集し、販売予測のグラフや数字を呈示したときなどに目にすることになります。それほど経験のないスタッフの多くは、自分の仕事に関係ないという理由で真剣に考える姿勢を見せないものです。

実際には大いに関係があるわけで、来年も同じ会社で仕事をするかの判断に役立つことなのです。しかし、低い技能レベルに属している人にはそのつながりが見えません。

第3段階　上級者

第3段階になると、問題領域の概念モデルを発展させ、そのモデルを使って効果的に作業ができるようになります。独力で問題に対処できるようになり、それまで直面したことのない新しい問題の解決法を考え出せるようになります。達人にアドバイスを求め、そのアドバイスを応用し、効果的に使えるようになります。

> **上級者は問題解決ができる**

初級者および中級者は物事に対して決まり切った反応をしますが、上級者と呼べるだけの技量を持った人は問題を探し出し、解決します。入念な計画や過去の経験が仕事にさらに生かされるようになります。問題解決の際に、細部のどの部分に焦点を合わせるべきかを決定するにはさらなる経験が必要で、まだ苦労はすることになるでしょう。

上級者の段階に属する人々を形容する言葉としては「指導力がある」「臨機応変な対応が可能」といったものがよく使われます。この種の人々は（公式に、あるいは非公式に）チームの指導者的役割を担う傾向にあります[†]。チームにとって重要な人となります。初心者に助言を与えてくれますし、過度に達人を困らせるようなことはありません。

ソフトウェア開発の分野では多くの人がこのレベルに達しつつありますが、このレベルに達した人でさえ、理想とされる方法でアジャイルな手法を利用できるようにはなかなかなりません。自らを振り返り、補正するに十分な能力がまだ備わっていないのです。その能力を備えるためには、次の段階である「熟練者」への突破口を開かなければなりません。

第4段階　熟練者

熟練者には全体像が必要です。熟練者は技能を取り巻くさらに大きな概念の枠組みを模索し、理解しようとします。単純化しすぎた情報には苛立ちさえ覚えるのです。

たとえば、熟練者の段階にある人がテクニカルサポートのホットラインに電話して、「電源は入っていますか」と尋ねられたら好意的な反応はしないでしょう（私自身がそのような扱いを受けたら、電話線を通して手を伸ばし、担当者の腑をえぐり出したくなるところです）。

[†] 『*Teaching and Learning Generic Skills for the Workplace*』[SMLR90]を参照。

> ## 達人プログラマーのためのヒント
>
> 　デビッド・トーマスとともに書いた私の最初の著書『達人プログラマー——システム開発の職人から名匠への道』には、プログラマーという職業にもっとも重要と思われるアドバイスを詰め込みました。
>
> 　『達人プログラマー』の中で掲げたヒント——この章で言うところの格言——は、何年もかけて蓄積した専門知識を投影したものです。思考力を拡大する慣習を身につけるための「毎年少なくともひとつの言語を学習する」をはじめとして、「割れた窓を放置しておかないこと」「繰り返しを避けること」など、いずれも専門の知識を伝達する上で重要なカギとなるものでした。

　ドレイファスモデルにおいて熟練者は質的に大きな飛躍を遂げます。以前あまりうまくいかなかった自らの行いを修正できるのです。自分の行

熟練者は自己補正が可能

動を振り返り、次回のパフォーマンスを改善するために自らの取り組みを修正できます。この段階に到達するまでは、この種の自己改善はまったく不可能なのです。

　他人の経験からも学ぶことができます。熟練者としてケーススタディを読み、失敗したプロジェクトの噂話を聞き、ほかの人たちの行いを見ることにより、自らが直接の参加者でないにも関わらず、話を聞くだけでそこから効果的に学ぶことできます。

　熟練者には、他人から学ぶ能力とともに、「格言」を理解しうまく適用する能力も備わってきます。格言とは、その状況に応じて臨機応変に解釈が可能な基本的な原理・原則です[†]。格言はレシピとは異なり、特定の状況において特定の解釈がなされて適用されるものです。

　たとえば、エクストリームプログラミング（XP）の方法論でよく知られている格言のひとつに、「失敗する可能性のあるものすべてをテストせよ」があります。

　初心者にとっては、これはレシピとなってしまいます。初心者は何をテストすればよいのでしょうか？　オブジェクトの属性値を設定する「セッターメソッド」と属性値を取得する「ゲッターメソッド」のすべてをテストすればよいのでしょうか？　プリント文をテストすればよいのでしょうか？　見当違いなものをテストするのが関の山でしょう。

---

† 『個人的知識——脱批判哲学をめざして』[Pol58]を参照。

熟練者なら、何が失敗するか——正確にいえば、何が失敗する可能性が高いか——を知っています。経験と判断力を備えているので、この格言が**特定の状況**（コンテキスト）において何を意味するかわかっています。結局のところ、達人になるためには、コンテキストが重要なのです。

熟練者には十分な経験があるので、次に何が起きる可能性が高いかが「経験から」わかります。そしてそのとおりに事が進まないとき、何を変えなければならないかがわかります。どのプランを放棄しなければならないか、その代わりに何をすべきかが、はっきりわかるのです。

同様に、熟練者ならば「ソフトウェアパターン[†]」も効果的に適用することができます（より低い技能レベルの者には適用できるとは限りません。コラムを参照）。

さあ、いよいよ核心に近付いてきました。熟練者は、アジャイルな手法で中核をなす、ふりかえり（リフレクション）とフィードバックを目一杯活用します。これはこれより前の三つの段階と比較すると大きな飛躍であり、熟練者の段階に属する者は、「上級者よりも上」というよりは、「達人よりもやや下」といった感が強いのです。

第5段階　達人

ついに最終の第5段階、達人にたどり着きました。どのような分野においても、達人はもっとも重要な知識源かつ情報源です。達人は絶えず、物事を行うよりよい方法を模索しています。達人には膨大な経験があり、それを上手に引き出してピッタリの状況で応用できます。こうした人たちが本をしたため、記事を書き、講演活動を行うのです。達人は現代の魔法使いと言えるでしょう。

統計学的に見て、達人の域に達する人の数はあまり多くなく、恐らく全人口の1%から5%ほどでしょう[††]。

| 達人は直感で動く |

達人は何かをするのに、「理由があってそうする」のではなく、直感に従って行います。そして、この事実には非常に興味深い疑問が付随することとなります。それは「直感とはなんぞや」という、この本を通して探究していく疑問です。

達人は驚くほど直感的に振る舞います。ほかの者から見れば魔法のようです。いかにして結論に達したのか、曰く言い難いのです。達人には理由がわかりません。「正しいと感じた」だけなのです。

[†] 『オブジェクト指向における再利用のためのデザインパターン』[GHJV95]（通称GoF）で説明されているようなデザインパターン。

[††] 『Standards for Online Communication』[HS97]を参照。

> ### レシピ
>
> すでに気づいた方もいるかもしれませんが、ソフトウェア開発コミュニティにおける最新の技術は、熟練者あるいは達人の域に達した開発者を対象としています。
>
> アジャイルな開発はフィードバックに依存しており、実際、『アジャイルプラクティス——達人プログラマに学ぶ現場開発者の習慣』[SH06] の中で、アジャイルな開発を次のように定義しています——「アジャイルな開発はフィードバックを利用して、共同作業的度合いが非常に高い環境において常時調整を行います」。ところが、以前のパフォーマンスに基づいて自己補正できる能力は、高い技能レベルを持つ者にのみ備わっています。
>
> 中級者と上級者はソフトウェアのデザインパターンをレシピと混同することがあり、ともすると悲惨な結果に至ります。たとえば過去のプロジェクトで、前ページの脚注にあげた GoF 本に出会ったばかりの開発者がいました。この開発者は興味津々で、GoF デザインパターンを使ってみたかったのです。それも全パターンを同時に、簡単なリポートを生成するだけの小規模なコードの中で。
>
> この開発者は誰かに注意されるまで、どうしようもないコードの中に、GoF 本に紹介されている 23 パターンのうち、およそ 17 個を詰めこんだのでした。

例として、患者の顔をのぞきこむ医者を想像してください。その医者はひと目見ただけで「この患者はブローゼンプラット症候群だと思うから、この検査をした方がいい」などと言います。看護師が検査すると、医者の診断は実際当たっているのです。どうしてわかったのでしょうか。尋ねてみることはできますが、「何かが変だった」という答えが返ってくるのが関の山かもしれません。

実際、何かが変でした。この医者の膨大な経験、洗練された判断力や記憶力、脳の知的な働きのすべてが、患者の些細な仕草や形態を手がかりにして、診断を下しました。患者の肌の青白さや、体の折り曲げ方かもしれませんが、何が変だったのかは誰にもわかりません。

しかし、達人にはわかります。達人には本質に関係のない部分と重要な部分の区別ができるのです。恐らく意識的なレベルではないのでしょうが、どの部分に焦点を合わせ、どの部分を無視してもかまわないかがわかっています。非常に特殊なパターンのマッチングを瞬時に行ってしまうわけです。

1.3　現場におけるドレイファスモデル

ここまでドレイファスモデルについて細かく見てきましたが、今度はドレイファスの教えを現場に応用する方法を検討してみましょう。少なくともソフトウェア開発の現場においては、このモデルがうまく応用されていない傾向が見て取れるはずです。

達人とて完璧ではありません。達人でも初心者とまったく同じように間違うことはあり、（後ろの章で考察するような）認知的な、あるいはその他の先入観に影響されてしまう場合があることも事実です。また、同じ分野の達人同士であっても、具体的な問題に関して意見が食い違う場合もあるのです。

しかしそれよりひどいのは、ドレイファスモデルを誤解して達人から専門知識を奪い取ってしまうことです。達人を脱線させ、達人の能力を削ぎ落としてしまうのは簡単です。達人にルール遵守を強制すればよいのです。

> **ルールは達人を破滅させる**

ドレイファスの研究においても、これが実証されています。まず、航空会社のベテランパイロットに自らの知識に基づく「ベストプラクティス[†]」を初心者向けのルールにするよう依頼しました。ベテランたちはルールにまとめ上げることに成功し、初心者はそのルールに基づいて自分たちのパフォーマンスを改善することができました。

ところがこの研究では、達人パイロットをも自らが作ったルールに従わせてみたのです。

その結果どうなったかというと達人たちのパフォーマンスは著しく低下してしまったのです[††]。

共同作業の場合も同様です。厳しい規則を押しつける開発方法論や社風は、チーム内の達人にどのような影響を与えるでしょうか。達人のパフォーマンスを初心者レベルに引きずり下ろしてしまいます。競合に打ち勝つための「達人の技」がすべて失われてしまうことになるのです。

困ったことに、ソフトウェア産業を全体として見ると、皆がこのやり方で達人を「破滅」させようとしています。「サラブレッドを群れで動かそうとしている」と言ってもよいかもしれません。これは高い投資利益率を上げる方法とはいえませ

[†] best practice。実践的な行為、行動のうちで、特に効果が高く、効率の向上に貢献するもの。「ビジネス上の（非常に有効な）ノウハウ」のような意味で使われることが多い。
[††] 『The Scope, Limits, and Training Implications of Three Models of Aircraft Pilot Emergency Response Behavior』[DD79]から引用。

> ### 未熟なのに無自覚
>
> 　熟練していない人の方が、「実は自分はかなりのエキスパートである」と思い込んでしまう傾向があります。
>
> 　"Unskilled and Unaware of It: How Difficulties in Recognizing One's Own Incompetence Lead to Inflated Self-Assessments" [KD99] という論文の中で、心理学者のクルーガーとダニングは、白昼に銀行強盗を働いた「自称泥棒」の不運の話をしています。この泥棒はレモン汁を顔につけていれば監視カメラに写らないと思い込んでいたので、自分がすぐに逮捕されてしまった事実を容易に受け入れられませんでした。
>
> 　「レモン汁男」は自分の仮説の「怪しさを怪しむ」ことをしませんでした。このように正確な自己評価が欠如していること、つまり未熟でありながらそれに気づいていないことを「二次無能力」と呼びます。
>
> 　この状態はソフトウェア開発で非常に大きな問題となります。プログラマーや管理者に、よりよい手法や方法が存在することを知らない人がたくさんいるのです。私は成功裏に終えることができたプロジェクトに一度も関わったことのない、経験1年から5年程度の若いプログラマーを大勢知っていますが、こうしたプログラマーは「プロジェクトは苦痛なもので、失敗するのが当たり前だ」という考えに初めから囚われてしまっています。
>
> 　チャールズ・ダーウィンは「熟知よりも無知の方が自信の源になる」と語っています。
>
> 　逆もまた真なのかもしれません。本当の達人になれば、いかに自分の持つ知識が乏しいかを思い知らされます。

ん。サラブレッドには他の馬を抜き去ってもらわなければならないのです。

　分野を問わず、直感は達人にとってなくてはならない「道具」ですが、「非科学的である」「再現不可能である」と誤解している組織が、直感を軽視する傾向にあります。高いお金を払って雇っている達人に耳を貸さずに、大切なものを捨ててしまっているのです。

　これとは逆に、初心者をつかまえて、開発という名のプールの一番深い場所、初心者の足がまったく立たないようなところに投げ入れてしまう傾向もあります。この場合は、羊にサラブレッドの役割を期待していると言えるかもしれません。繰り返します

> ### 遵法闘争
>
> 　本格的なストライキが許されていない産業や状況では、代わりに「遵法闘争」が抗議の手段として用いられます。就業規則で求められているそのとおりの仕事を、それ以上でもそれ以下でもなく行うことであり、一字一句まで従うのです。
> 　その結果、大きな遅れと混乱が起こり、効果的な抗議方法となるわけです。現実世界で専門知識を持っている人は一字一句まで規則に従ったりはしません。もし従えばその作業は確実に非能率的になります。
> 　ベナーは『ベナー看護論——初心者から達人へ』[Ben01]で次のように述べています——「実践（の作業）を完全に客観化、あるいは形式化することは不可能である。なぜなら、実践はリアルタイムに変化する特定のコンテキストにおいて、常に新たになされるものだからである」。

が、これは初心者の効果的な配置ではありません。初心者は（羊のように）「番をしてもらう」必要があり、曖昧さがない明確な指示を与え、小さな成功体験を積ませてあげる必要があります。アジャイルな開発は非常に効果的な開発手法ですが、初心者と中級者だけで構成されたチームではうまく機能しません。

　ところが業界のトレンドは、開発者に二つの方向から圧力をかけてきます。すべての開発者を差別しないよう、その能力に関わらず同じように扱うことを強いてくるのです。これにより、達人だけでなく初心者も被害を受けることになります。研究によって値は異なりますが、開発者の生産性には人により20倍ないしは40倍もの違いがあると報告されています[†]。この現実が無視されてしまっています。

> **ヒント2**
> 初心者はルールに、達人は直感に従うこと

　初心者と達人の違いは、もちろんルールと直感だけではありません。技能レベルの階段を登るにつれて、多くの特性が変化します。この途中で起こる変化の中で

[†] 1968年、『Exploratory Experimental Studies Comparing Online and Offline』[Sac68]において、プログラマーの生産性は、個人により最大で10倍もの開きがあるとの指摘がなされました。どうやら、その差はもっと開いているようです。

も、特に重要な三つを次にあげましょう[†]。

- よりどころとする対象がルールから直感に移行する。
- 認識が変化し、問題を一様な関連性を有する小部分の集合として認識するのではなく、ひとつの完全かつ無類の統一体として認識し、特定の小部分にのみ力点を置くようになる。
- 問題から遊離して存在する観察者から、システム自身の一部としてそれに関与する存在へと変化する。

これが初心者から達人への行程です。コンテキストから切り離された絶対的なルールから徐々に距離をおきはじめ、直感に重きを置く方向へと向かい、最終的には「システム思考（システムズシンキング）」が説くように、自らがシステム自体の一部分となるのです（図1-3）。

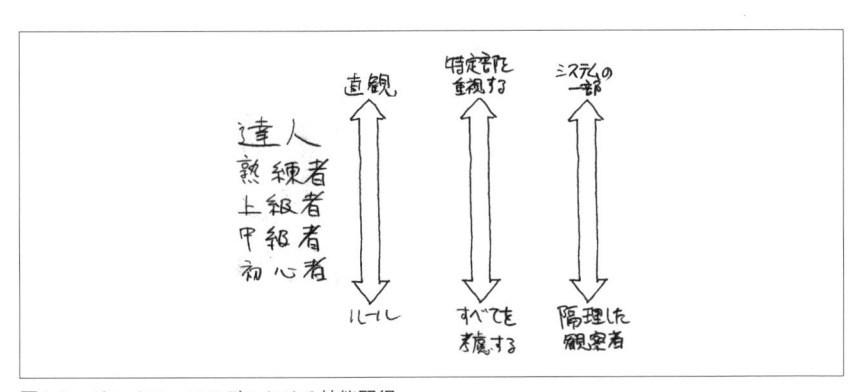

図1-3　ドレイファスモデルおける技能習得

技能分布の悲しい現実

ところで、各レベルに属する人の分布はどうなっているのでしょうか？　皆さんは、この行程のちょうど真ん中に多くの人が位置している、つまり、ドレイファスモデルに基づく技能の分布は正規的であり、典型的な釣鐘曲線を描くと思っているのではないでしょうか。

実際はそうはなりません。

---

† 『ベナー看護論——初心者から達人へ』[Ben01]で指摘されています。このすばらしい本についてはこれから何度か言及します。

ほとんどの人は中級者 複数の研究によると、悲しいことにほとんどの人がほとんどの技能について、人生の大半おいて、第2段階の中級者より上の段階に行くことはなく、「必要な仕事を行い、必要になると新しい仕事を学ぶが、仕事を広範かつ概念的に理解することは決してない[†]」のです。実際の分布は図1-4のようになります。

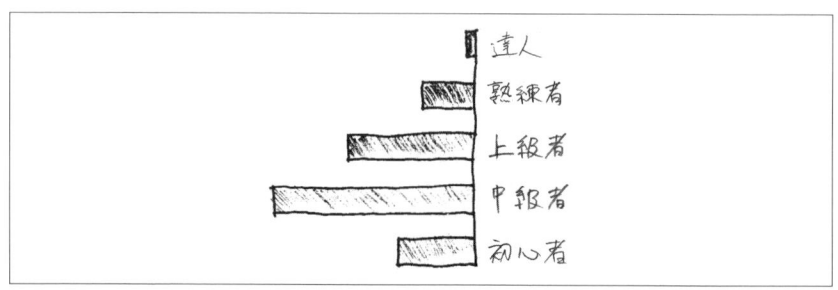

図1-4　技能の分布

　(Googleを開発環境として利用したような)「コピー・ペースト・コーディング」の増加や、ソフトウェアのデザインパターンの誤用の蔓延など、この現象の証拠となる逸話は巷に溢れています。

　同様に、メタ認知力、つまり自分自身を認識する能力が働くようになるのは、より高度な技能レベルを持つ者に限られる傾向にあります。残念ながら、このことは、低い技能レベルに属する者には自分の能力を過大評価する傾向が見られるということを意味します。最高で50%も過大に評価する人がいることがわかりました。"Unskilled and Unaware of It: How Difficulties in Recognizing One's Own Incompetence Lead to Inflated Self-Assessments" [KD99]の調査によると、より正確な自己評価への唯一の道は、個人の技能を向上させることであり、これにより結果的にメタ認知力が向上することになります。

　自分がどれほど無知であるかがわかっていないことを二次無能力と呼ぶことがあります。初心者は状況が怪しくなってきても自信を失いませんが、達人はこのような状況では、はるかに用心深くなります。自分を疑ってかかる度合いは、達人の方がはるかに強いのです。

[†] 『Standards for Online Communication』[HS97]を参照。

> ## 達人 ≠ 先生
>
> 　達人が常に最良の先生であるとは限りません。指導はそれ自体が専門技能であり、ある事柄に関して達人であるからといって、それを他人にうまく教えられるという保証はありません。
>
> 　達人は往々にして自ら結論に達した道筋を理路整然と表現できません。この現象を考慮すると、達人よりもやや下の上級者レベルの方が、初心者の教育係としては向いているかもしれません。チーム内でペアリングや指導を行う際には、指導される側に近いレベルの教育係を割り当てるのも悪い考えではないでしょう。

ヒント3
自分が何を知らないかを自覚すること

　残念ながら、常に達人より中級者の方が数多く存在します。しかし、底辺に属する人の数が多いとしても、「分布」であることは事実です。運良く自分のチームに達人がいるのなら、達人に便宜をはかる必要があります。同じように、少数の初心者、多数の中級者、少数でも強力な熟練者にもよりよい環境を整えてあげる必要があります。

　達人の特徴は直感を使うこと、そしてコンテキストに応じたパターン認識を行うことです。初心者には直感力が欠如している、達人よりも下のレベルの人はパターンの認識がまったくできない、と言っているのではありません。達人の直感とパターン認識は、明示的な知識にとって代わるものなのです。

> 直感とパターンマッチングが明示的な知識に取って代わる

　初心者の「コンテキストに依存しない画一的なルール」から、達人の「コンテキストに応じた臨機応変な直感」への移行は、ドレイファスモデルの核をなす部分です。したがって、この本の残りの部分では、直感をいかにうまく利用するか、そしてパターンをいかに認識し、それをどう利用するかに、多くのページを割くことにします[†]。

[†] ここで言う「パターン」は、ソフトウェアの「デザインパターン」のことではなく、一般的な意味で使われる「パターン」を指します。

専門技能の習得に必要な年数は10年？

　達人になりたければ、対象分野に関わらず最低10年は努力する覚悟がなければなりません。チェス、絵画、作曲、ピアノ演奏、水泳、テニスといった分野を対象に行われた研究[†]によれば、モーツァルトからビートルズまで、ほとんどのケースで、世界でもトップクラスと認められるようになるまで、最低でも10年間の精進が必要なことが明らかにされています。

　たとえばビートルズが『エド・サリバン・ショー』への記念すべき出演を果たし、世界に旋風を巻き起こしたのは1964年のことです。ビートルズ初の大ヒットアルバム『サージェント・ペパーズ・ロンリー・ハーツ・クラブ・バンド』は1967年にリリースされました。しかし、ビートルズは、1964年のツアーを前にして魔法のように結成されたわけではなく、すでに1957年からクラブで演奏をしていました。『サージェント・ペパーズ』の10年も前のことです。

　そして、生半可ではない「本気の努力」が必要です。10年間、ただ取り組むだけでは不十分で、激しい訓練が必要なのです。著名な認知科学者K・アンダーズ・エリクソン博士[††]によると、このような訓練には次の四つの条件が必要です。

- 明確に定義されたタスクが必要である。
- タスクには適度な難度(やりがい)が必要だが、実行可能でなければならない。
- 周囲から、行動のよりどころとなるような有益なフィードバックが提供されなければならない。
- 復習のための繰り返しの機会が与えられ、またエラーを修正する機会も提供されるべきである。

　こうした条件を満たした訓練を10年間着実に続ければ、達人になれるでしょう。『達人プログラマー——システム開発の職人から名匠への道』[HT00]に書いたように、チョーサーでさえ「人生はとても短いのに、技術の習得にはとても長い時間がかかる」とこぼしているのです。

　ここで、朗報があります。ひとつの分野で達人になれば、別の分野における専門技能の習得がずっと楽になります。少なくとも「技能を習得するための技術」や「モデルを構築する能力」はすでに身につけていることになるのです。

[†] 『The Complete Problem Solver』[Hay81]ならびに『Developing Talent in Young People』[BS85]を参照。
[††] エリクソン博士の研究を紹介してくれたジューン・キム氏に感謝します。

1.4　ドレイファスモデルの効果的な利用

　1970 年代の終わり頃、看護師たちは八方ふさがりの状態でした。当時の問題点を簡潔にまとめると次のようになります[†]。

- 看護師自身が単なる役立つものとして軽視される傾向がありました。高度に訓練された医師からの命令を遂行するだけで、患者の看護に関する情報や意見は何ら期待されていませんでした。
- 給与体系が不公平なため、達人看護師は患者の直接的なケアを初心者や中級者に委ねようとしていました。管理や指導、講演活動を通じて得られる報酬の方が多かったのです。
- 看護教育が揺らぎ始めました。多くの人が、プラクティスを形式化したモデルが最良の教育方法と考えていましたが、形式的な手段と道具に依存しすぎたために、実践的な現実の経験が減少してしまっていました。
- ついには、真の目標である患者の医療・看護面での成果を見失ってしまいました。どのような方法論に従ったか、その患者を誰が担当したかは別にして、結果はどうだったのでしょうか。患者は生存し、元気に過ごしたのでしょうか。あるいは不幸な結果に終わってしまったのでしょうか。

　上の各項目を注意深く読めば、気味の悪いほど心当たりがある人もいるのではないでしょうか。少々手を加えて、ソフトウェア開発の現場を反映した箇条書きに変えてみましょう。

- プログラマー自身がただの役立つものとして軽視されることが多々ありました。高度に訓練されたアナリストからの命令を遂行するだけで、プロジェクトの設計やアーキテクチャに関する情報を提供したり意見を述べたりすることは何ら期待されていませんでした。
- 給与体系が不公平なため、達人プログラマーは実地のプログラミングを初心者や中級者に委ねようとしていました。管理や指導、講演活動を通じて得られる報酬の方が多かったのです。
- ソフトウェア工学の教育が揺らぎ始めました。多くの人々が、実践を形式化したモデルが最良の教育方法と考えていました。形式的な方式と道具に依存しすぎたために、実践における現実の経験が減少してしまいました。

[†] 『ベナー看護論――初心者から達人へ』[Ben01]で説明されています。いくつかのケーススタディと体験談から導き出されたものです。

- ついには、真の目標であるプロジェクトの成果を見失ってしまいました。どのような方法論に従ったか、そのプロジェクトに誰が関係したかはさておき、結果はどうだったのでしょうか。プロジェクトは成功し、さらに発展させることができたのでしょうか。

こうして変更してみたら、もっとピンとくるようになったでしょう。ここにあげた事柄は実際にソフトウェア業界が現在直面している深刻な問題なのです。

1980年代初頭、看護師がドレイファスモデルの教えを自分たちの業界に適用し始め、驚くほどの成果を上げました。ベナーが自身の画期的な本の中でドレイファスモデルを公開、説明したことにより、あらゆる関係者が自分自身、そして同僚の技能と役割についての理解を深めていきました。この本は、看護師という職業全体について、そのレベルを向上させる具体的な指針を提供していたのです。

その後25年ほどの歳月をかけて、ベナーやこれに続く著者や研究者が看護師という職業を望ましい方向に変えていきました。

ですからR&Dの精神——とはいってもResearch & Development（研究開発）ではなくRip off and Duplicate（盗用して複製する）という精神のことですが——を大いに発揮して、我々は看護師の方々の成果から多くの教えを借用し、ソフトウェア開発（あるいは自分の関与する分野）に適用していけばよいのです。看護師がどのように実行したか、そして我々は何ができるのかを詳しく見てみましょう。

責任の受け入れ

25年前、看護師は何の異議も差しはさまずに、熱意と誇りさえ持って命令に従うよう期待されていました。患者のニーズや状態に明らかな変化があっても無視し、「医師の命令から決して逸脱しない」ことが求められました。

このような姿勢に至らしめた一因は、患者の状態の継続的かつ軽微な変化を観察する立場にはなかった医師にありました。さらに看護師自身も原因を作っており、実務の過程で意思決定の責任を自ら放棄し、権限のある医師に委ねてしまっていました。その方が看護師にとっては職務上「安全」でしたし、また、そうした立場をとることには心理学的な根拠があるのです。

ひとりの研究者が医師になりすまして病院に電話し、所定の患者に特定の薬剤を与えるよう命令するという実験が行われました[†]。その際、病院スタッフの不信感を増すように以下のような細工がなされました。

[†] 『Influence: Science and Practice』[Cia01]で説明されています。

- 処方せんは書面ではなく、電話で伝える。
- その薬剤は、その病院の通常の承認リストに掲載されていないものである。
- その薬剤のラベルの記載に従うと、処方された投薬量は最大量の2倍である。
- 電話した「医師」は、看護師やスタッフの知らない人間である。

ところが、こうした明白な「危険信号」にも関わらず、95%の看護師がだまされ、躊躇なく薬剤棚へ足を運び、当該患者に投薬しようと患者の部屋へ向かったのです。

幸い、ニセ医師の共犯者が看護師を呼び止めて実験を説明し、ニセの命令の実行を阻止しました†。

看護師とまったく同じような問題が、プログラマーやアーキテクト、プロジェクトマネージャーなどにも見られます。これまでの慣例では、プログラマーからアーキテクトやマネージャーに対してはまったくフィードバックされないか、されたとしても取り付く島もなく拒絶されるか、プロジェクトの喧噪の中でいつの日か失われてしまうかのいずれかの道をたどります。前述の実験において看護師がとった行動と同様、プログラマーは往々にして眼前の危険信号を無視し、間違いとわかっているものを実装することがあるのです。アジャイルな手法はチームメンバー全員からのフィードバックを奨励し、それを効果的に活用しますが、それでは仕事の半分しか終わりません。

新しい考え方が浸透するに従って、個々の看護師が責任を取ることが必要になりました。同じように、個々のプログラマーも責任を取らなければなり

> 「命令に従っていただけ！」は通用しない

ません。ニュルンベルク裁判で見られた「私はただ命令に従っていただけ」という自己弁護は第二次世界大戦でも、看護師という職業でも通用しませんでした。ソフトウェア開発でも通用しないのです。

しかし、こうした変化を成し遂げるには、レベルを引き上げる必要があります。初心者の次のレベルである中級者が独力でこの種の決定を下すことはできません。現在いる中級者に手を貸し、3番目のレベルである上級者の技能レベルに引き上げる手助けをしなければなりません。

技能レベルの引き上げに役立つ一番の方法は、中級者の周囲に優れたお手本を配置することです。人は自然と別の人のまねをします（6章を参照）。具体例を見る

---

† これは昔行われた実験です。今の時代に病院に電話をかけ、ニセの命令を与えることのないようにしてください。そんなことをしたら警察が来ます。

> ## 経験の伴わない専門技能は存在しない
>
> 　ジャズは実世界の経験が大きな意味を持つ芸術です。ジャズの演奏に必要なコードとテクニックを全部頭で覚えても、ジャズの「フィーリング」をつかむには繰り返し演奏するしかないのです。有名なトランペット奏者兼ボーカリストのルイ・アームストロング（サッチモ）はジャズについてこう語っています──「おいおい、人に訊いてばかりいちゃ、いつまでたってもわかるようにはならないぜ」。
>
> 　経験を伴わない専門技能は存在せず、経験に取って代わるものはありません。しかし、すでにある経験を効率的かつ効果的に活用することは可能です。

ことで学んでいくのです。子供がいる人なら、親の「言うこと」はめったに聞かない子供でも、親の「やること」はいつもまねをしていることにお気づきではありませんか？

> **ヒント4**
> 観察し、まねることによって習得する

　トランペット奏者のクラーク・テリーは、音楽習得の秘けつは次の3段階を経験することであると弟子たちに話していました。

- 模倣
- 同化
- 革新

　すなわち、まずは既存の慣行を模倣し、次に長い時間をかけてゆっくりと言葉では表せない知識と経験を自らの体に取り込み同化させます。最終的には、模倣を越えて革新する立場になるのです。これは武道で稽古を積む過程「守・破・離」にそっくりです。

　「守」の段階では、門弟は師匠に教えられた技術をそのまま模倣します。「破」の段階になると、意味と目的を熟考し、さらに深い理解に到達しなくてはなりません。「離」は超越を意味し、もう門弟ではなくなった実践者は、模倣ではないオリジナルの考えを提案します。

したがって、熟練者や達人レベルの人が同じプロジェクトにすでにいるならば、何をおいてもプロジェクト内に囲い込んでおく必要があります。熟達者がその分野にとどまらなければ、革新の段階まで到達しようがないのですから。

専門技能を現場にとどめる

25年前、専門技能を有する大勢の看護師たちが職場を離れる動きが加速しました。給与体系とキャリア開発に限界があったため、高い技能を持つ看護師が一定のキャリアに達すると、直接的な臨床業務を離れ、管理もしくは教育分野への転向や、看護分野からの完全撤退を強いられたのでした。

同じようなことがソフトウェア業界でも頻繁に起こっています。プログラマー（別名「コーダー」）の報酬はたかがしれており、営業担当やコンサルタント、上級管理者などは、チームで腕利きのプログラマーの倍以上の報酬を得ていることも多いのです。

企業は、こうした花形開発者が組織にもたらす価値を、より徹底的に、より細かく調べる必要があります。

開発プロジェクトのメンバーに対して、「チームワーク」とか「共通の目標」といったものの大切さを説くのに、スポーツが比喩としてよく使われます。

> 勝者は敗者を抱きかかえて前には進まない

しかし、実際には、プロスポーツのチームにおける現実は、理想的なチームワークの例とはマッチしない部分が多々あります。

あるプロ野球チームに二人の投手がいたとしましょう。ひとりの年俸は2億円で、もうひとりの年俸はわずか600万円だとします。このとき問題になるのはこの二人の守備位置ではなく、またプロ野球選手としての経験でもありません。何より、各人がチームにもたらす価値が問題なのです。

ジェフリー・コルヴィンはある記事[†]の中で、これをさらに詳しく説明しています。現実のチームにはスターが存在します。チームメンバー全員がスターではなく、新人（ドレイファスモデルで言うところの初心者あるいは中級者レベル）もいれば、上級者レベルの選手もいます。優秀な新人は階段を駆け上がっていきますが、このとき勝者が敗者を抱きかかえて一緒に階段を上がってやることはありません。敗者は単にチームから解雇されるのです。最後にコルヴィンは、こうも言っています。「上位2%に入ったとしても世界一流ではない。本当の世界一流とは上位0.2%に入る人だ」。

---

† 『Fortune Magazine』2002年3月18日号, p.50。

そしてこれは競争の激しいスポーツチームに限ったことではありません。（人道主義の本家とも言える）教会においてさえ才能の差を認めて、効果的に利用しようとしています。最近私はある教会の会報を見せてもらう機会があったのですが、そこには音楽関連のプログラムを維持し、発展させる方法についての助言がなされていました。そのアドバイスを以下に記します。

- グループ全体の強さは、もっとも弱い部分の強さと等しくなります。主要サービスにはもっとも上手な演奏者と歌手を集め、その他のサービス向けとして「二軍」を結成しましょう。
- メンバーを変えずに、毎週、固定したグループにしましょう。グループには一体感が欲しいのです。メンバーを頻繁に入れ替えるのは効果的ではありません。
- タイミングが非常に重要です。（バンドにおける）ドラマーや（合唱における）伴奏者は「本物」でなければなりません。あてにならないドラマーやオルガン奏者を使うくらいならば、録音を使った方がましです。
- 才能ある音楽家が安心できる場にするよう工夫し、何が起こるかを注視していきましょう。

以上は、まさにソフトウェアのチームに必要なアドバイスです[†]。熟練開発者にふさわしい環境を提供する、という考え方が非常に重要なのです。

技能レベルが最高の開発者の生産性が、最低レベルの開発者と比べて桁違いに高いとすれば、現在の一般的な開発者対象の給与システムはまったく不合理と言わざるを得ません。何年も前の看護師と同様に我々も、かなりの量の専門的知識や技能を管理職や競争相手、その他の分野に流出してしまうという危険に絶えず直面していることになります。

最近ではより人件費の安い国への開発のアウトソーシングと海外委託が増加しているため、この傾向に拍車がかかり「プログラミングは単なる機械的な作業であり、最低入札者に注文すればよい」という考えを人々の思考に植え付けてしまっています。もちろん、それでうまくいくわけはないのです。

看護師と同様に、プログラミングの達人はプログラミングを続け、そこに有意義で報酬面でも満足の得られるキャリアを見つけ出せなくてはなりません。それを実現する第一歩は、トップクラスのプログラマーが組織にもたらす価値を反映した給与体系と昇進の道を設定することです。

[†] ドラマーの話はそのまま適用するには難しいアドバイスになっていますが、『アジャイルプラクティス——達人プログラマに学ぶ現場開発者の習慣』[SH06]では開発プロジェクトの「リズム」について詳しく論じています。

> **ヒント5**
> 達人であり続けるには、実践を続けること

1.5　道具のワナに注意

　ソフトウェア開発におけるツールや形式モデル、モデリングなどの役割については、これまで数多くの本が書かれてきました。多数の人々がUMLとモデル駆動型アーキテクチャ（MDA）に将来性があると主張していますが、RUPとCMMプロセスモデルが業界の救世主となる、と主張していた人も同じくらい大勢いました。

　けれども、あらゆる特効薬的なシナリオと同様に、どれを採用したところでそれほど簡単にはいかないと人々はすぐに気づきました。こうしたツールやモデルにはふさわしい場所があり、適切な環境では有用になり得ますが、ツールもモデルも望まれたような普遍的な万能薬にはなりませんでした。さらに悪いことには、こうしたアプローチの誤用により、利益よりも害の方が多かったのではないかと思われます。

　非常に興味深いことに、道具（ツール）や形式的なモデルの使用に関しては看護師にも同じような問題がありました。多数のアーキテクトやデザイナーがはまる

モデルは道具であり、目的ではない

同じワナに、看護師もはまっていたのです。モデルは最終的な目的ではなく、あくまでも道具だということを忘れる、というワナです。

　ルールは与えられた状況で採用すべき最適な行動や道筋を教えてはくれません。モデルはせいぜい自転車の「補助輪」であり、進み出すための手助け（足助け）にはなりますが、その後はパフォーマンスのブレーキとなり、むしろ弊害をもたらします。

　デボラ・ゴードンがベナーの本にひとつの章を寄稿していますが、その中でゴードンは、看護職において形式的モデルに過度に依存する危険性について概説しています。以下に、プログラマーという職業の特徴に合わせてゴードンの意見を再解釈してみましたが、元のゴードンの意見でさえ、とても身近なものに聞こえると思います。

モデルを現実と混同

モデルは現実ではないにも関わらず、簡単に両者を混同してしまいます。年若いプロジェクトマネージャーに関する語り草があります。プロジェクトのシニアプログラマーが自分の妊娠をプロジェクトマネージャーに告げ、プロジェクト期間中に出産する予定であると伝えたところ、マネージャーは妊娠や出産は「プロジェクト計画に入っていないじゃないか」と抗議したというのです。

形式化できない特徴を低く評価

プログラマーにとって問題解決の技能は非常に重要ですが、問題の解決方法を形式化することは非常に難しいものです。たとえば、ある問題が与えられたときに、それを解くのに椅子に座って何分考える必要があるかわかりますか？ 10分？ 1日？ 1週間？ 人によっても状態によっても変わってくるはずです。創造性や発明といったものはタイムレコーダーでは管理できませんし、達人が見つけ出す究極のテクニックをあらかじめ文書化しておくことなど不可能なのです。マネージャーがこのようなことをチームに求めたとしても、単に形式化が不可能というそれだけの理由で、経営陣は評価してくれない可能性が高いでしょう。

個人の自主性を否定する行動を許可

キーボードを闇雲に叩いてコードを粗製濫造する粗悪なプログラマーが欲しいと思っている人は誰もいないでしょう。思慮深く、責任感を持った開発者が欲しいのです。形式的なモデルに過度に依存すると、集団的な行動が評価され、個人の創造性は軽視される傾向になります[†]。

初心者に味方して、経験豊富な熟練者を疎外

これは特に危険な副作用です。方法論の対象を初心者に定めると、経験豊かなチームメンバーは劣悪な環境で仕事しなければならなくなるので、所属するチームもしくは組織を去ってしまうのです。

説明が細かすぎる

説明が細かすぎると収拾がつかなくなることがあり、先にこの章で説明した「無限後退」につながります。仮定する事柄を明示すると、そうした仮定をするために必要な仮定が露わになり、これが際限なく続きます。

複雑な状況の過度の単純化

ソフトウェア開発プロセスのフレームワークであるRUPの初期の提案者（と

[†] もちろん、バランスが必要です。チームや常識を無視して独立独行するような「無謀なプログラマー」はごめんでしょう。

最近の何人かの信奉者）は「プロセスに従うだけ」という概念に固執しています。エクストリームプログラミングの提唱者の中には、「この12個の——いや、ちょっと待て、たぶん13個だ——の慣行に従うだけですべてうまくいく」と強く主張する人たちがいます。どちらも正しくありません。いかなるプロジェクト、いかなる状況も、それよりずっと複雑です。「必要なのは……だけ」や「これさえすれば……」と話を切り出す人がいたら、その人は間違っている可能性が高いと思ってください。

極端な画一化の要求

同じ標準が一様にすべての状況に常に当てはまるとは限りません。直近のプロジェクトでうまくいったことが現在のプロジェクトでは大失敗をもたらすかもしれません。ボブとアリスが開発環境としてEclipseを使用してとても生産性が高くても、キャロルとテッドは沈没してしまうかもしれません。キャロルとテッドは開発環境としてIntelliJ、プログラムの編集をするのにviやMac OS用のエディタTextMateを使いたいかもしれないのです†。

コンテキストの微妙な違いに対する配慮不足

形式的な手法は特定の用途向けではなく、典型的な用途向けに作られています。しかし「典型」が実際に発生することなどあるのでしょうか。コンテキストは達人のパフォーマンスにとって重要なものなのですが、形式的な手法は、定式化される過程において微妙な違いをすべて失ってしまうのが普通です（そうでなければならないはずです。さもなければ、朝、自分が飲むコーヒーを手に入れる方法を説明するためだけでも、何千ページもの説明が必要になってしまいます）。

ルールに従うべき時とそれを破るべき時の判断の誤り

ルールを破ってよいのはいつでしょうか？　いつでも破ってよいのでしょうか？　決して破ってはいけないのでしょうか？　その間のどこかでしょうか？　どうやったらわかるのでしょうか？

標語化

言葉の標語化（スローガン化）が著しく進むことにより、それが自明なものとなり、やがては完全に意味を失ってしまいます。たとえば「我々は顧客中心の組織です！」といったスローガンがこの例です。アジャイルな手法が実効性を失ってしまうのは、まさしくこの問題を抱え込んだときなのです。

---

† ちなみに、私はこの本の執筆に、プログラマー用のエディタであるvi、XEmacs（のviモード）、そしてTextMateを使用しました。

形式的な手法にはそれなりの長所も利用法もありますが、現在検討しているような目標の達成に役に立ちません。基準となるルールの確立は低い技能レベルの者にとっては有用かもしれませんが、ルールは判断の代用にはなりません。判断力が向上するにつれて、ルールへの依存の度合いをゆるめ、それとともに、制度上の強制も少なくする方向に移行していく必要があるのです。

> **ヒント 6**
> 創造性や直感力、創作力が必要なら、形式的な手法は避けること

ツールやモデルの持つ「偽りの影響力」に屈しないでください。思考に取って代わるものなど存在しません。

1.6　コンテキスト再考

ドレイファスモデルにおいて非常に重要なのは、「ビギナーにはコンテキストに依存しないルールが必要だが、達人はコンテキストに依存した直感を使う」という認識です。

> ホルマリン漬けの魚を持った男は真実をひとつ記し、多数の嘘を記録した。魚の本当の色はそんな色ではなく、感触も違い、そんな風に死んだわけではなく、そんな臭いもしなかった。
>
> ──ジョン・スタインベック著『コルテスの海』

『コルテスの海』でスタインベックは、コンテキストと真実について考察しています。パシフィックシエラという名前の魚を研究室で記述するのは簡単です。「ひどい臭いのするビンを開け、硬直した無色の魚をホルマリン溶液から取り出し、とげの本数を数え、真実である『D. XVII-I5-IX』を書き記す」だけでよいのです。それは科学的な真実ですが、コンテキストを欠いています。「玉虫色に光り、尾が空中でむち打つ」生きている魚とは違います。生息環境で生きている魚は、研究室でビンに保存された魚とは基本的に別物です。コンテキストが重要なのです。

高収入のコンサルタントが「場合によりけりです」という答えを好んで使うことをご存じでしょうか。もちろんコンサルタントの言うとおりです。コンサルタントの分析は驚くほど多数のパラメータに左右されます。無関係な詳細は無視しますが、調査を必要とする意味のあるあらゆる事項が、達人コンサルタントにはわかっ

ているのです。コンテキストが重要なのです。

錠のかかったドアを達人に開けてもらう場合を考えてみましょう。たとえば、火事になっている家のドアを開けて中にいる赤ちゃんを助け出すのと、ウォーターゲートホテルで何の痕跡も残さずにピッキングをするのはまったく別の行為です。コンテキストが重要なのです[†]。

コンテキストから切り離された客観性——すなわちコンテキストから切り離した後に客観的になろうとすること——には危険がつきものです。たと

> コンテキストから
> 切り離された客観性に注意

えば前述のスタインベックの引用に出てくる、恐らくは研究目的で解剖された魚は、逆巻く波を滑るように泳ぐ銀色に輝く動物とはまったくの別物です。

鍵開けの例では、「錠がかかっているこのドアを開けたい」と言うだけでは十分ではないのです。どのような状況(コンテキスト)なのかが重要なのです。ドアを開けなければならない理由は？ 斧やチェーンソー、ピッキングの道具を使ってもいいのか？ それとも、単純に裏へ回って裏口から入ることはできないのか？

システム思考（システムズシンキング）では、オブジェクト指向プログラミングと同様に、オブジェクト自体が意味を持つというよりは、オブジェクトとオブジェクトとの関係が重要な意味を持つことが多いのです。こうした関係がコンテキストの形成に寄与することになり、そしてその結果形成されたコンテキストが違いを生み出します。

コンテキストは重要ですが、ドレイファスモデルの下位レベルの者にはこの重要性がわかりません。したがって、ドレイファスモデルの「ハシゴ」を登る方法を考えなければなりません。

1.7　日々のドレイファスモデル

さて、ここまでの話は興味深いものだったでしょうか？　そうであるとよいと思いますが、今度はよりプラグマティックな面に目を向けていきましょう。実際のところ、ドレイファスモデルは何がよいのでしょうか。ドレイファスモデルの知識を身につけ、それで何ができるのでしょう。どのように利用すれば自分のためになるのでしょうか。

[†] ピッキングに関する専門的な話題は『*How to Open Locks with Improvised Tools*』[Con01]を参照。

> **フリーサイズは存在しない**

まず覚えておいて欲しいのが、誰にでもピッタリ合う「フリーサイズ」は存在しないということです。先に見たように、人によって何が必要かは変わってきます。その人の成長にとって何が必要かは、時とともに変化します。そして、チームの他のメンバーの意見をどう聞き、どのように対応するかも、意見をくれたメンバーの技能レベルを考慮して決める必要があるのです。

初心者には小さな成功とコンテキストに左右されないルールが必要です。未経験の状況で適切な判断が下せると期待してはなりません。問題が与えられると、初心者は関係がありそうなことを、個々の重要性は無視して何から何まで考慮して、その問題を解こうとします。自分をシステムの一部とは思っていないので、自らが全体に与える影響に気づきません。初心者にとって必要な手助けをすることは大切です。しかし、まだ周囲の見えていない者に全体像を示して、無用な混乱を招くようなことは避けなければなりません。

これに対して、初心者から見てドレイファスモデルの反対側の端に位置する達人は、全体像が見えていなければなりません。達人の判断力という恩恵を享受したければ、達人の手足を縛るようなことをしてはなりません。判断力に取って代わることを目的とした制約が強く官僚的なルールを、使ってはならないのです。達人は、良かれ悪しかれ、自身をシステムそのものの一部と考えており、一般人が考えるよりも個人的な嗜好を伴って物事を受け止める傾向があるということを覚えておいてください。

チームにはさまざまな技能レベルの人がいることが理想です。達人ばかりのチームにはそれなりの困難が伴います。皆が森林について思い巡らす傍らで、一本一本の木について心配する人も必要です。

ドレイファスモデルについてはなじみのない人が多いでしょうから、このモデルの理解と利用に関して、ほとんどの読者は「初心者」ということになります。ドレイファスモデルの理解それ自体がひとつの技能であり、したがってその学び方を学ぶこと自体がドレイファスモデルの応用対象となります。

> **ヒント 7**
> 習得するという技能を習得する

次章以降の道しるべ

この本のこれ以降の部分では、ここまでで説明してきたようなドレイファスモデルの教えを指針として使います。達人に通ずる道を歩み始めるためには、以下が必要です。

- さらなる直感力の育成
- コンテキストの重要性の認識、および状況のパターンに対する重要性の認識
- 自分自身の経験のさらなる活用

このような目標をどのように達成できるのかを見るために、次の章では脳がどのように働くのかを詳しく見ることから始めましょう。

さっそく実行 ⬇

- ☐ 自分自身を評価してみてください。仕事で主に使う技能について、自分はドレイファスモデルのどのレベルに位置しますか。現在の技能レベルが自分にどのようなインパクトを与えているかを列挙してください。
- ☐ 上にあげた以外の技能——仕事では（ほとんど）使わない技能——について、ドレイファスモデルのどの技能レベルに位置するかを考えてください。この評価を行うときには、二次無能力の可能性に注意してください。
- ☐ 上であげた各技能について、次のレベルに進むために何が必要かを判断してください。そして、この本のこれ以降の部分を読み進める際に、それを頭の片隅に置いておいてください。
- ☐ プロジェクトチームに所属していたときに経験した問題を振り返ってみましょう。チームがドレイファスモデルのことを知っていたら、そうした問題は回避できたでしょうか？ 違う道をたどるために別の方法はあるでしょうか？
- ☐ チームメイトのことを考えてみましょう。ドレイファスモデルのどの段階にいるでしょうか？ それは自分にとってどのように役立つでしょうか？

2章
脳の構造

> 人間の脳は生まれた瞬間に働きはじめ
> 人前で話すために立ち上がったところで初めて停止する。
> ——サー・ジョージ・ジェッセル

　脳はこの世に存在する最強の「コンピュータ」です。しかし我々が仕事や遊びに使っているコンピュータとは似ても似つかない、実に奇妙な特性を備えており、そのために思いもかけないことが起こってしまったり、逆にすばらしい世界へ導いてくれたりします。この章では、脳がどのように働くのかを見ていきましょう。

　達人の特徴である直感がどこからやって来るのか、達人に近づくためにはどう直感を生かしていけばよいのかを探り、「どうでもいい」と思われていることの多くが、実は成功には不可欠であることを学びます。

　皆さんの多くはコンピュータを利用しているでしょうから、脳とその認知過程をコンピュータシステムになぞらえて考えてみましょう。

　しかしこれは「単なる喩え」です。脳は機械ではありません。実のところはコンピュータではないのです。人をプログラムすることはできません。コンピュータとは違い、人はまったく同一の行動を2回繰り返すことすらできないのです。

　これは単に「ハードウェア」の問題ではありません。筋肉とは無関係です。これはソフトウェアの問題なのです。脳は、たとえ人間が同じ動作をしようとしても、その都度、わずかながら違う動作をひねり出すのです。ゴルファーや野球のピッチャー、ボウリングのプロなどにとっては大変残念な事実ですが[†]。

　脳は恐ろしく複雑で柔らかい、ひと塊の物質です。あまりに複雑なため、それ自体を分析し、研究することは至難の技です。ですから、これからの議論は単なる「類推」であることをお忘れなく。とはいえ有益な類推であって欲しいものですが。

---

† 『*A Central Source of Movement Variability*』 [CAS06]を参照。

脳は図2-1に示すように、CPU（中央演算処理装置）を2基搭載し、これを結ぶバス（CPUと記憶装置をつなぐデータの通路）を備えたものとなっています。

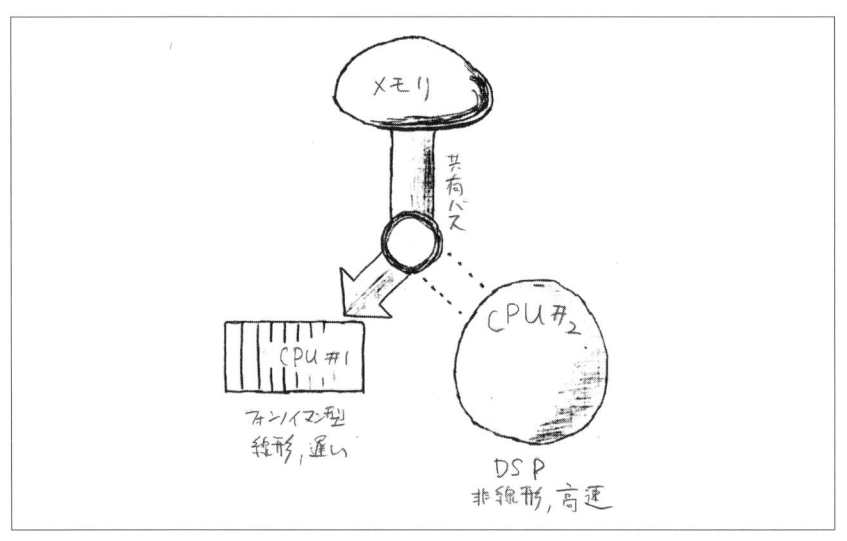

図2-1 脳の構造

この章と次の章で見るように、この二元的な構造が原因でいささか問題が生じますが、同時にすばらしいチャンスも提供してくれます（このチャンスに気がつくことなく終わってしまうことも多いのですが）。

2.1 2種類のモード

CPU#1は、ほとんどの人にはなじみが深いものでしょう。これは主に、線形（リニア）な、直線的な、論理的思考と言語処理を担当しています。命令をひとつずつ順番に処理する、伝統的なフォン・ノイマン型CPUのようなものです。CPU#1はどちらかと言えば速度が遅く、脳の全領域のうち比較的狭い範囲を使います。

このCPUは「アイドルループ」を用いて処理をしています。CPU#1が特に何も処理していないとき、割り込み（きっかけとなる入力）が入ったときにすぐに処理できるよう、内部では途切れることのない音が生成されています。これが耳を澄ましたときに頭の中で聞こえる、小さな「声」の正体です[†]。

[†] 人によっては「耳鳴り」が聞こえてしまうかもしれませんが。

しかしCPU#2は大きく異なります。線形にひとつずつ処理するCPU#1に対し、CPU#2は魔法のデジタルシグナルプロセッサ（DSP）といった存在です。これは脳のグーグルに当たります。検索とパターンマッチングを担当する、強力な正規表現[†]に対応した検索エンジンのようなものだと考えてください。（強力すぎて）明らかに無関係と思えるパターンを捉えることもあります。何か別のことを「考えている」ときは検索を停止し、非同期的に（場合によっては数日後に）得られた結果を返してくることもあります。CPU#2は言語処理をいっさい行わないため、その結果も言語には依らないということになります。

両方のCPUがメモリへの連絡路（バス）を共有していることに注目してください。メモリにアクセスできるのは、一度にひとつのCPUだけです。つまり、CPU#1がバスを占領していると、CPU#2はメモリにアクセスして検索を行うことができません。同様に、CPU#2が最優先の検索にかかりきりになっているとCPU#1はメモリにアクセスできません。この二つは互いに妨害するのです。

この二つのCPUは、脳の2種類の異なる処理に対応します。CPU#1の線形の処理方式を「リニアモード（Linear mode）、あるいはLモードと呼ぶ

> 二つのCPUが、
> $\mathcal{R}$モードとLモードを提供する

ことにします。CPU#2の非同期で全体論的な方式をリッチモード（Rich mode）、または略して$\mathcal{R}$モードとします。

人間にはどちらも必要です。$\mathcal{R}$モードは直感、問題解決、創造性に欠かせません。Lモードは細部に目を配り、うまく仕上げる力を与えてくれます。どちらのモードも知的活動を行うのに役立つもので、最高の成果を上げるにはこの二つのモードが協調して働く必要があります。人間にとって不可欠なこの二つの認知モードのそれぞれについて詳しく見ていきましょう。

メモリとバスをめぐる争い

$\mathcal{R}$モードは毎日の仕事に大変重要です。長期記憶と現在進行形のアイディアに対する探索・検索エンジンとして働きます。しかし、すでに述べたように、$\mathcal{R}$モードはいっさい**言語処理を行いません**。言語要素を検索し、認識することはできますが、Lモードと$\mathcal{R}$モードがメモリとバスをめぐって争うために、$\mathcal{R}$モード自体はその言語的要素をどうすることもできないのです。

たとえば、こんな経験を何度かしたことはありませんか？　起きてすぐに夢で見たことを説明しようとします。鮮明に見えたはずの夢は、言葉で言い表そうしたと

[†] 検索対象のパターンを非常に細かく指定することができる記法。

> ### 記憶のホログラム性
>
> 　記憶は、ホログラム的な性質を持っています[†]。
> 　(レーザーを用いて作成される) 本物のホログラムでは、フィルムの各部分に画像全体が含まれます。つまりフィルムを半分に切っても、どちらの断片にもなお画像全体があるわけです——ただし忠実度や解像度は低下してしまいます。半分に切断することを繰り返し、フィルムがどんどん小さくなっていっても、あいかわらず画像全体が含まれます。画像全体はフィルム全体に散らばって保管され、小さな断片それぞれに画像全体が入っているからです。
> 　科学者たちは記憶のホログラム性をマウスを使って研究しました。まず一群のマウスを迷路の中で訓練し、それからマウスの脳の半分を「くりぬき器（メロンボーラー）」でかき出しました[††]。
> 　マウスはまだ迷路の中を隅々までしっかり進むことができます（もっとも、少々へまをしながらだと思われます）が、かき出される脳の量が増えるにつれ、次第に正確さが失われていきます[‡]。

たん、記憶から消え去ってしまいます。このような現象が起こるのは、イメージ、感情、経験全般が $\mathcal{R}$ モードの担当だからです。夢は $\mathcal{R}$ モードで生み出されているのです。夢を言葉に置き換えようとすると、通り道をめぐる争いが起きることになります。**L** モードがバスを占領すると、もう先ほどの記憶にはアクセスできません。結局、言語化できないのです[‡‡]。

　人には驚異的な知覚能力がありますが、その多くはキチンとした言葉に置き換えることは**できません**。たとえば、友だちや親戚が大勢いる人でも、その顔を瞬時に見分けることができます。髪型や服装が変わろうと、5kg 太ろうと、20 歳年をとろうと、そんなことはたいした問題ではありません。

　しかし、もっとも近しい人の顔を言葉で描写してみてください。どうやってこの認識能力を言葉に置き換えるのでしょうか？　知人の顔の描写をデータベース化

[†] 『*Hare Brain, Tortoise Mind: How Intelligence Increases When You Think Less*』[Cla00] を参照。
[††] 土曜の夜のひっそりした研究室でするのに、これ以上すてきな作業があるでしょうか？
[‡] 『*Shufflebrain: The Quest for the Holographic Mind*』[Pie81] を参照。
[‡‡] 『*Verbal Overshadowing of Visual Memories; Some Things Are Better Left Unsaid*』[SES90] を参照。

記憶にはリフレッシュが必要

『トータル・リコール』という映画を覚えていますか？ 思い出せないなら、あなたの記憶も秘密諜報機関に抑圧されてしまったのかもしれません。実は、こういったたぐいの精神操作は SF の世界だけの話ではないのです。記憶は特定の酵素を抑制するだけで消すことができます[†]。

シナプスに存在するプロテインキナーゼ M ゼータ（PKMzeta）という酵素は、シナプスの接合部のいくつかの面を変化させることで、記憶を活発な状態に保つ微小な「記憶エンジン」として働きます。何らかの理由で、脳のある領域における PKMzeta の処理が停止すると、その記憶は失われてしまうのです。

長い間、記憶は「フラッシュメモリ」のようなものだと考えられてきました。神経細胞（ニューロン）の形状が物理的に持続することで記録されていると思われていたのです。しかし実際は、繰り返し実行されるループによって活性化された状態に保たれています。

揮発性の「スタティック RAM」の場合でも、電源が入っている限りデータは保持されています。脳はスタティックな RAM を持たず、その代わり定期的にリフレッシュしなければ徐々に消えてしまう、ダイナミックな RAM（DRAM）を持っているということがわかったのです。つまり自転車に乗ることすら、いつまでもできて当たり前とは言えないのです。何であれ忘れる可能性があるということです。どんなに恐ろしい、またはすばらしい経験でも、**忘れることがある**というわけです。

そういうわけで、脳はソフトウェアのようなものではありません。ソフトウェアは年をとることも劣化することも決してありません。しかし人間の頭脳（ウェットウェア）の機能は、リフレッシュされ使われなければ、失われてしまいます。

脳が活動を停止したら、すべてを忘れてしまうのです。

（このコラムに関してはショーン・ハートストックから情報の提供を受けました）

し、その描写に基づいて人々を見分けるなどということができますか？ できませんね。これはすばらしい能力ですが、言葉を扱う **L** モードに根差したものではないのです。

[†] http://pressesc.com/news/1088/16082007/memories-can-be-erased-scientists-find

> **Rモードは直接的に支配できない**

ややこしいことに、Rモードの検索エンジンは直接、意識的に支配することはできません。これは「周辺視野」と少し似ています。周辺視野は中心視野よりはるかに光に敏感です。そのため、目の隅に何かがちらりと見えても、それを正面から見ようとすると消えてしまうことがあります（水平線に浮かぶ船や、夜空の星などがこの例です）。Rモードは「心の周辺視野」なのです。

悩みの種だった問題（ソフトウェアのバグやデザインに関する問題、ずっと思い出せなかったバンドの名前など）の答えを、入浴中に突然見つけたり、思い出したりしたことはありませんか？ または、翌日、そのことを考えていないときに思いついたことは？ Rモードが非同期的に機能するからこのようなことが起こるのです。意識にはのぼらないバックグラウンドで処理を進め、前に入力されたデータについてあれこれ思いをめぐらせ、必要な情報を見つけ出そうとしているのです。そのために調べる必要のある情報は大量にあります。

Rモードは入力データをせっせと収納します。どんなにありふれた経験であっても、そのすべてが収められているのかもしれません。しかし必ずしも「索引」が付いているわけではありません。脳はデータを保存しますが、そのための索引は作らないこともあるのです†。

朝、職場へ車を運転して行ったものの、つい10分前に実際に運転していた記憶がないことに気がついてハッとしたことはありませんか？ 脳はこれがさほど有用なデータではないと判断し、わざわざ索引を付けなかったのです。そのため思い出すのが少し難しくなったわけです。

しかし、問題を解決しようと頑張っているときなら、Rモードの処理は解決に役立ちそうな結果を求めて記憶全体を検索します。索引がないものも（もしかするとボーッと聞いていた学校の授業も）すべて含めてです。実は思いがけず役立つものかもしれません。

次の章では、それを利用する方法と、Rモードに関する他の問題を回避するテクニックを詳しく見ていきます。しかしまずは、Rモードが非同期的であるという事実とうまく付き合っていくための、非常に有用でありながら、簡単に習得できるテクニックを見てみましょう。

---

† ここで言う「索引」はもちろん比喩的なものです。実際には、索引を付けているわけではなく、非常に長い「ハッシュ」のようなもので、先の方に行けば行くほど活性化の可能性が小さくなるようなものです。

> **責任者は誰？**
>
> 　頭の中で聞こえる話し声は自分の支配下にあり、声は自分の意識、つまり本物の「自分」の発露だと思っている人が多いことでしょう。しかし、それは違います。実のところ、頭の中で言葉ができ上がるまでに、その背後にある考えはかなり「古く」なっています。ずいぶん経ってから、こうした言葉が実際に口から出てくることになるのです。
>
> 　最初に「思考」したときからそれを自覚するまでに時間差があるだけでなく、脳には思考の「中心」はありません。多くの考えが浮かんで互いに競い、いずれかの時点で勝ったものが「意識」なのです。これについては7章でさらに詳しく見ていきます。

2.2　いつでもどこでも洞察を逃さない

　Rモードの動作はどうにも予測がつかないため、常に準備を整えておかなくてはなりません。答えや洞察は意識的な活動とは無関係にふっと思い浮かびますから、それが都合のよい時だとは限りません。億万長者級のアイディアが思い浮かぶのは、よりによってパソコンがそばにないときでしょう（それどころか、まさにパソコンから離れているからこそ、そのようなアイディアを思いつきやすいのですが、それについては後ほど）。

　つまり、何に関わっていようと、1年365日毎日24時間、どんな洞察でもアイディアでも逃さないよう準備ができていなければならないのです。こんなテクニックを試してみてください。

ペンとメモ用紙

　私はフィッシャースペース社のペン[†]と小さなメモ用紙を持ち歩いています。このペンはすばらしく、うだるようなバスルームの中で逆さまにして書くことすらできるというものです[††]。メモ用紙は100円ショップやスーパーで売っているような安物です。薄く、リングのないものです。この二つはほとんどどこへでも持って行けます。

[†] http://www.a-diamond.co.jp/fisher/about/index.htm などを参照。
[††] ゼブラのT3シリーズもお勧めです。ボールペンもシャープペンシルも http://www.jetpens.com を参照。

インデックスカード

中には、ばらばらのカードにメモをとる方がよいという人もいます。そうするともっと簡単に、役に立ちそうもないものを捨て、特に重要なものをデスクマットやコルクボード、冷蔵庫などに貼り付けることができます。

携帯情報端末（PDA）

アップルのiPod（アイポッド）やiPhone（アイフォン）、Palm OS（パーム オーエス）、Pocket PC（ポケット ピーシー）といった機器を、メモソフトやWiki（ウィキ）と呼ばれるアプリと合わせて使ってもいいでしょう（この方法について詳しくは7章を参照）。

音声メモ

携帯電話やiPod、そのほかメモを音声として記録できる機器を使ってもよいでしょう。このテクニックは特に車での通勤時間が長い場合、運転中にメモは取りにくいでしょうから重宝します[†]。今ではボイスメールのサービスによっては音声をテキスト化できるものもあり、メッセージの音声ファイルとともにテキストがメールで送られてきます。つまり、どこからでも両手を使わずボイスメールを送るだけで、自分宛にメッセージを残すことができ、メールのテキストからToDoリスト、ソースコード、ブログなど何にでもコピー・ペーストするだけでよいのです。大変うまくできています。

ポケット・モッド

http://www.pocketmod.com にある無料ソフト「ポケット・モッド」を利用すれば、普通の紙の片面を使ってうまい具合に小冊子を印刷できます。罫線を引いたページ、表、ToDoリスト、五線紙などあらゆるテンプレートを選ぶことができます（図2-2）。1枚の紙とパターゴルフで使うような鉛筆かボールペンがあれば、格安で使い捨ての「携帯情報端末」が手に入ります。

ノート

私は、もっと遠大な思いつきやとりとめのない思考用に、「モレスキン」のノート（コラムを参照）を持ち歩いています。厚手でクリーム色の罫線がないページには、そこはかとなく創造力を刺激されます。私の場合、安い使い捨てのメモ用紙より保存版的な印象が強いため、考えがいくらか具体化するまでは早まってページを埋めないようにと、なかなか書かない傾向がありました。それではまずいので、いつもモレスキンのノートの「在庫」があることを確かめるようになりました。これだけで大違いです。

[†] 違法行為にならないよう両手がふさがらない機器を使ってくださいね (^_^)。

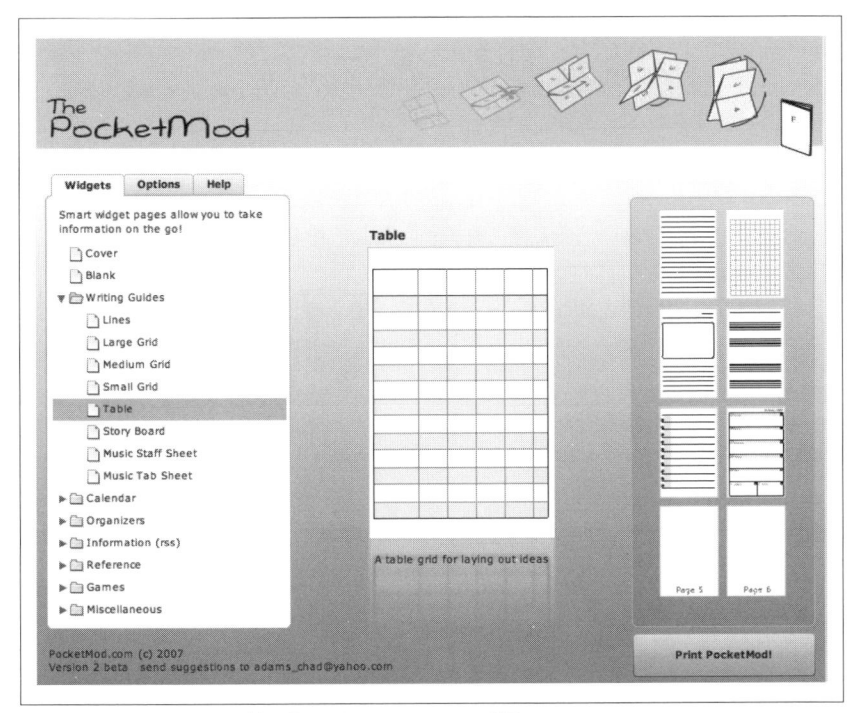

図2-2　pocketmod.comの使い捨てポケットシステム手帳

　重要なのは、いつも身につけているものを使うことです。常に持っているものなら、紙でも携帯電話でも、MP3 プレーヤーでも PDA でも、何でもかまいません。

ヒント8
手当たり次第にアイディアを捉え、さらなるアイディアを得る

　すばらしいアイディアを記録しておかなければ、そのようなアイディアがあることに気づかなくなってしまうでしょう。
　上の「定理」の「系」として、次が導かれます。**アイディアを記録し始めると、さらなるアイディアが得られます**。脳は、使われない内容は供給しなくなります。しかし一旦使われ始めると、望まれるものを大喜びでさらに大量生産するのです。

モレスキンのノート

　最近、大評判のノートと言えばモレスキンです[†]。大きさ、罫線の有無、紙の厚みなどバラエティに富んだ製品がそろっています。このノートにはある種の神秘性が漂い、それがゆえに著名な芸術家や作家に 200 年以上も愛されてきました。ゴッホやピカソ、ヘミングウェイ、そして僭越ながら私も愛用者のひとりです。

　モレスキンの製作者はこのノートをして「アイディアと所感の貯蔵庫、発見と認識を充電するバッテリーであり、永続するエネルギー源となる」と語っています。

　私はこれを「外皮質」と考えたいと思います。つまり、私の脳には収まらない内容を保存する、安上がりな知的外部記憶装置です。2,000 円にしては悪くありません。

誰もがよいアイディアを持っている

　教育、経済的地位、職業、年齢に関係なく、誰もがよいアイディアを持っています。しかしよいアイディアを持つこの大勢のうち、わざわざそれを記録する人はごくわずかです。この中で、そのアイディアをわざわざ実行に移す人はさらに少なくなります。よいアイディアを成功に変える資金を持つ人はなお少ないのです[††]。図 2-3 に示すピラミッドの頂点に到達するには、とにもかくにもアイディアを記録しなくては始まりません。

　もちろん、それだけでは足りません。アイディアを得るのは第一歩にすぎません。そのアイディアに基づいて行動を起こす必要があります。それをより効果的に行う特別な方法があるのですが、詳しくはもう少し先（7 章）で取り上げます。

> メモを取るための道具を手に入れ、いつも持ち歩きましょう……

[†] http://www.moleskine.co.jp/ を参照。
[††] 嘘だと思う人はベンチャーキャピタリストに訊いてみてください。

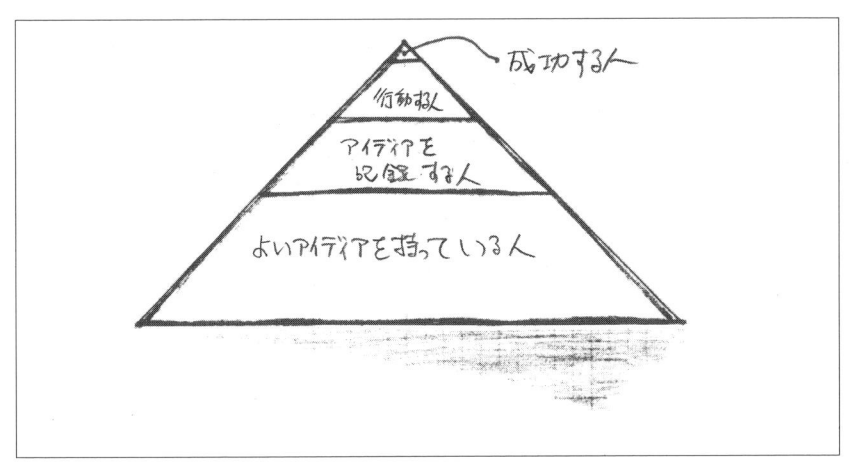

図2-3 誰もがよいアイディアを持っているが、先へ進むほど人数が少なくなる

2.3 LモードとRモードの特徴

　Rモードの持つ予測不可能性のほかにも、RモードとLモードの間には顕著な違いがあります。

　皆さんは「それについては自分の中に自分が二人いて、心が二つあるような気分なんです」などと言ったことはありませんか？　そのような時、恐らくは文字どおり二つの考えがあなたの中に存在しているのです。脳の中には異なる処理モードがいくつもあるのです。それぞれが、ちょうど一番必要とされるときに役立つような独自の特性を備えています。

　最速の処理モードは、「筋肉の記憶」とでも言うべき反応で、これは大脳皮質[†]にすら到達しない反応です。ピアニストは、テンポの速い曲を弾くときに、ひとつひとつの音符や和音のことを考えたりはしません。そんなことをしている時間はないのです。その代わり、程度の差はあれ関連する筋肉が、あまり意識的な関与や指令がなくとも自分でひたすら課題に取り組むのです。

　同様に、自転車に乗っていて本能的に急ブレーキをかけたり、すばやくハンドルを切ったりするのは、CPUの処理とはいっさい関係のない行為。すべて周辺機器で起こります。目にも止まらぬ速さのタイピングや類似の技能は、我々にはあまり

[†] cortex（大脳皮質）は樹皮を表すラテン語に由来します。ひだを持つ灰白質のうちの外側の層で、意識的な思考の鍵となる部分です。

関係がないので、こうしたCPUと無関係なモードや反応についてはこの本ではあまり触れないことにします。

とはいえ、$\mathcal{R}$モードと**L**モードという、思考と意識を司るこの二つの重要なモードについて、そしてこの二つができることについては、もちろん話すことがたくさんあります。

1970年代、精神生物学者ロジャー・W・スペリーは他に先駆けて有名な「分離脳」の研究を行い、脳の左半球と右半球が互いにまったく異なる方法で情報を処理していることを発見しました（そして、この業績を讃えられて1981年にノーベル賞を受けました）。

まず、ちょっと試してみましょう。椅子に腰掛けて、右足を床から離し、時計回りに回します。そうしながら今度は、右手で「6」という数字を宙に書きます。

足の回転方向が変わったのに気づくでしょう。人体の「配線」はこのようになっているのです。この接続を切断すると、二つのことが起こります。本人は実に奇妙な経験をし、高名な研究者は脳について多くを学ぶ機会を得るというわけです。

スペリーの研究対象は、手術によって左右の半球が相互に伝達、連係できなくなってしまった患者でした。接続は完全に切断されています。そのため、どちらの半球が特定の行動や能力を担当しているのかが比較的簡単にわかりました。

たとえばある実験では、こうした分離脳の患者に対し、左右の目に同時に別々の画像を見せます。見えた物の名前を尋ねられた患者は、（主に言語を司どる左半球を使って）右目で見た画像が何であったかを答えます。しかし、手で触って答えるように言われると、患者は（非言語的な右半球に結ばれている）左目で見た画像を選びます。図2-4に、そのときの状況を示しています。

こうした能力の差を純粋に左右の半球の違いにあるとし、「左脳」と「右脳」という言葉を現代の語彙に加えたのは、スペリーでした。コラムにあるように、それほど単純に割り切れるものではないことが後に明らかになったため、私はこれらのモードをリニアモード（**L**モード）とリッチモード（$\mathcal{R}$モード）と呼んでいます。

ロジャー・スペリーとジェリー・レヴィ、さらにその後に続く研究者たちは、以下の特徴がそれぞれのモードに結びついていることを確認しました[†]。

Lモードの処理の特徴

Lモードの処理は皆さんにもなじみの深いものです。**L**モードによって得られるのは次のように形容できる能力です。

[†] 『脳の右側で描け』[Edw01]に述べられています。

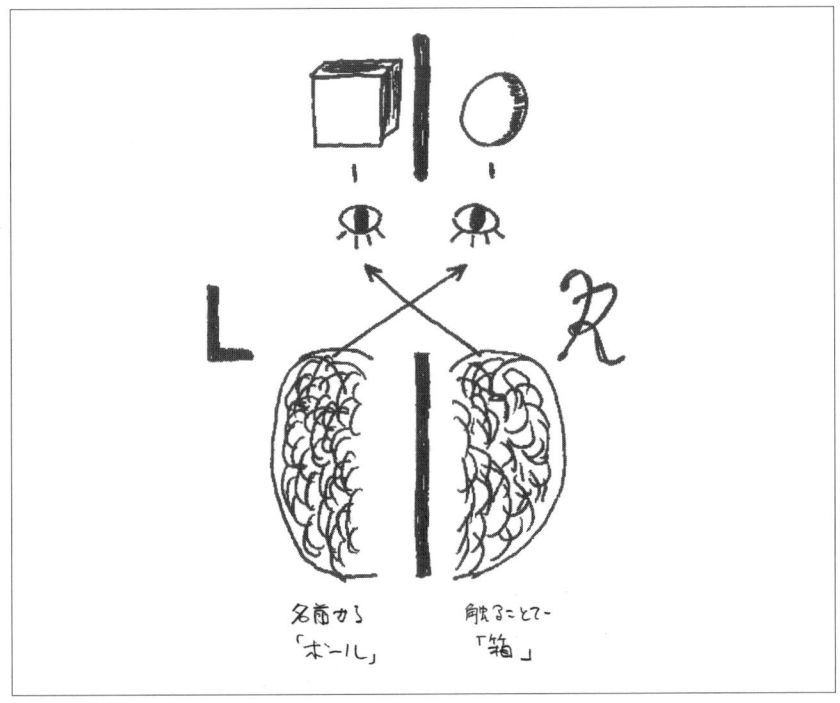

図2-4 知覚の優先傾向を示す分離脳の被験者

言語的
　言葉を用いて名付け、描写し、定義する。
分析的
　物事を一歩一歩、部分ごとに理解する。
象徴的
　シンボルを用いて物事を表す。
抽象的
　情報の一部を取り出し、それを用いて全体を思い描く。
時間的
　時間の経過を意識し、物事を順序立てて進める。
論理的
　理由や事実から結論を引き出す。

計数的
　数えるときのように数字を使う。
論理的
　理論（定理、筋道の通った議論）に基づいて結論を引き出す。
直線（線形）的
　関連するアイディアについて思考し、それらを直線的に結びつけながら、結論に収束する。

左脳 vs. 右脳

　実際には、左脳思考と右脳思考というもの自体は存在しません。古くは爬虫類的なメカニズムから、比較的最近加わった新皮質に至るまで、脳のさまざまな葉や、レベルの異なる各種の構造体が高度に分散した形で協力しています。しかしこうした協力体制があるにも関わらず、脳は二つの異なる認知方式を持ち、それぞれを CPU#1 と CPU#2 が担当しているのです。

　この異なる認知方式には多くの名前が付けられてきました。一般向けの心理学用語集では、今なお単に「左脳思考」と「右脳思考」とされています。しかしこの名称は適切ではありません。神経細胞(ニューロン)の動きはもっとずっと複雑なのです。そのため、ほかにさまざまな用語が登場しました。

　ガイ・クラクストンは『*Hare Brain, Tortoise Mind: How Intelligence Increases When You Think Less*』[Cla00] で、これらを「d-モード」と「アンダーマインド」としています。d-モードの d は「deliberate（意図的な）」の略で、アンダーマインド（undermind）は CPU#2 の処理が意識にのぼらない前意識のレベルで起こることに由来しています。

　『ハイ・コンセプト――「新しいこと」を考え出す人の時代』[Pin05] の著者ダン・ピンクは、「左脳タイプ」と「右脳タイプ」としています。

　『脳の右側で描け』[Edw01] で知られるベティ・エドワーズは、左と右から抜け出した最初の人物で、単に「Lモード」と「Rモード」としています。

　この二つの認知モードがそれぞれ備える性質を明確にできるよう、この本では「リニアモード」と「リッチモード」、略して **L** モードと $\mathcal{R}$ モードとします。

Lモードの処理は、ホワイトカラーや情報処理技術者、その他のエンジニアなどにとって、明らかに価値のあるものです。学校でテストされ、仕事で使い、これまで使いこなしてきた、いわばコンピュータとの相性がよい能力です。

しかしパブロ・ピカソが述べた有名な言葉にあるように、「コンピュータは役に立たない。答えを出すだけ」なのです。なぜピカソはこのような異端の言葉を発したのでしょうか。

「答え」が役立たずだとすれば、「質問」の方が重要だということになります。実は、このような逆の見方が $\mathcal{R}$ モード思考の特質のようです。Lモードの方法にどっぷり浸かっている人にとっては、$\mathcal{R}$ モードの特徴はなんだか奇妙で、曖昧で、何とも不快にすら思えます。

$\mathcal{R}$ モードの処理の特徴

Lモードに対比される $\mathcal{R}$ モードによって得られるのは図2-5に示されるような能力です。これから見ていくように、この図にあげられたものはすべて重要ですが、達人の特徴である「直感」がこちらにあることにまず注目してください。

$\mathcal{R}$ モードは「非言語的」です。言葉を拾うことはできても、作り出すことはできません。統合によって学ぶ方を好み、モノをまとめて全体を形作ります。その時点であるがままのモノと関わるという意味で、非常に具体的でもあります。二つのモノの関係を見極めるために、類推を用います。面白い話、好ましい話が好きで、時間は超越しています。入力された情報を処理するのに、理由や周知の事実に基づく必要がないため、合理性に束縛されません。判断を保留にするのに何の躊躇もないのです。

$\mathcal{R}$ モードは全体論的であり、一度にすべてを見て、全体のパターンと構造を理解しようとします。空間的な広がりをもって働き、モノが他との関係においてどこにあるのか、各部分がどのようにまとまって全体を形作るのかを把握しようとします。きわめて重要なのはこれが直感的であることで、未完成のパターン、予感、感情、視覚的なイメージといったものに基づいて、洞察が飛躍することが頻繁に起こります。

全体としてみると、$\mathcal{R}$ モードの働きは一般的な技術者にとって居心地のよい範囲に収まっているとは到底言えません。こうした特徴は芸術家とか、どちらかというとやや風変わりな人の方にしっくり来る特性と言えます[†]。

[†] こうした特性は測定することさえできません。少なくとも、こうした特性の測定や評価は、Lモードに属するものに比べて簡単ではありません。

図2-5　Rモードの特徴

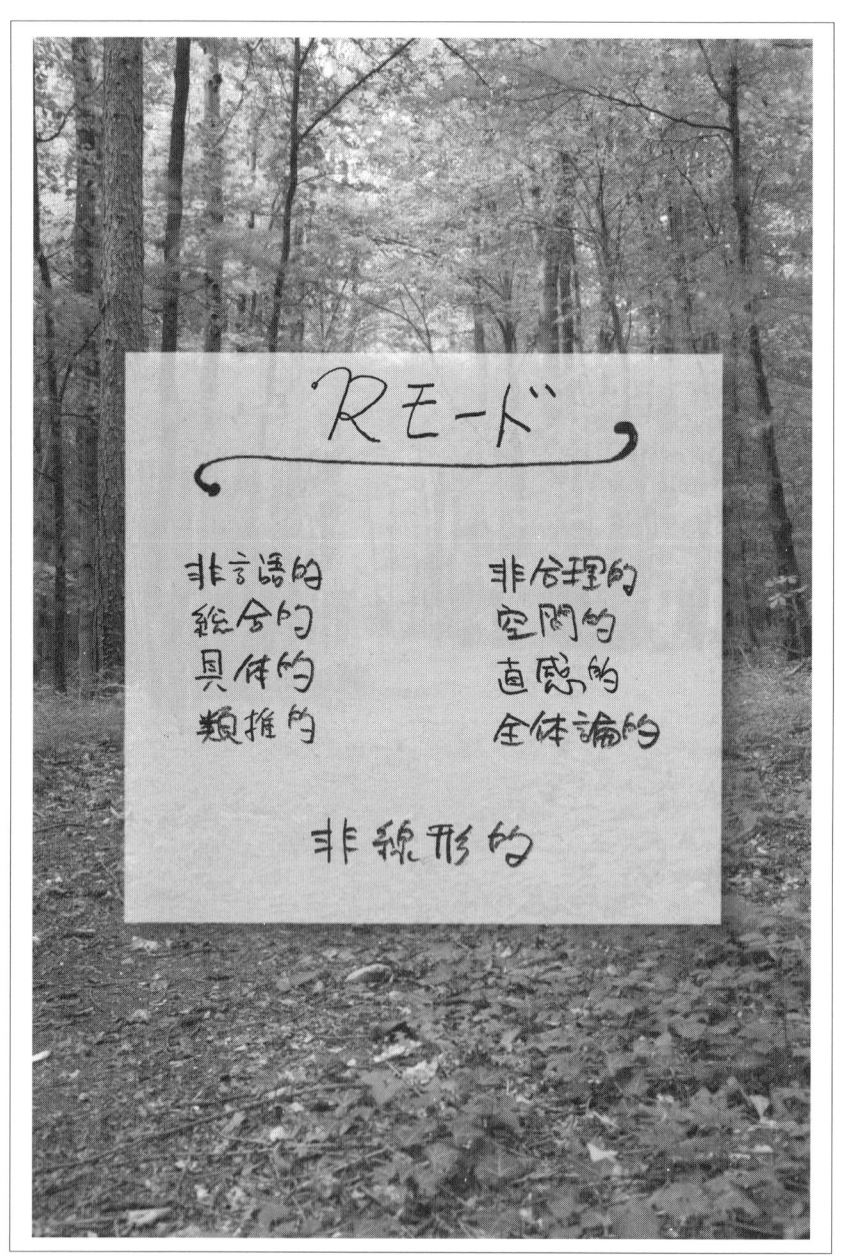

「非合理的」についてはどうでしょう。この形容詞をプログラマーに対して使うのは無礼とさえ言えるかもしれません。そんなことを言われるくらいなら、殺人罪で訴えられる方がましだと思うプログラマーも、ことによったらいるかもしれません（笑）。

しかし、直感をはじめとする、多くのきわめて有効な思考プロセスは、合理的でも、理性的でもないのです。それでよいのです。結婚している人なら、それが理性的な決断であったか思い起こしてみてください。良い点と悪い点をリストにしたり、意思決定木を作ったりして、論理的で合理的な方法で決断しましたか？　そんな人はまずいないでしょう。

何もおかしいことではありません。思考過程が合理的でなくて二度と同じにならないからといって、非科学的で無責任で不適切だということには決してならないのです。

ドレイファスモデルに基づく議論が、証明可能な理論ではないからという理由で受け入れ難いと感じましたか？　そうであれば、あなたはLモードに偏っているということになります。

我々が使っていない$\mathcal{R}$モードの処理は、大変有用なものです。多くのパワーが浪費されているのです。皆さんがどうかはわかりませんが、率直に言っ

> **パワーが浪費されてしまう**

て、私は得られる脳のパワーすべてを使うことができます。そして、$\mathcal{R}$モードには多くの興味深い、活用されていないパワーがあるのです。

なぜ$\mathcal{R}$モードを重視するのか

$\mathcal{R}$モードを我々はこれまで以上に利用しなければなりません。$\mathcal{R}$モードによって得られる直感は、達人になるためには絶対に欠かせないのです。これなしには達人になれません。ドレイファスモデルでは達人は無意識的な知識を活用すると強く主張していますが、その無意識的な知識もこの$\mathcal{R}$モードにあります。また、達人はパターンによる識別を頻繁に行いますが、パターンの照合（マッチング）もここにあります。

$\mathcal{R}$モードの類推的で全体論的な思考形式は、ソフトウェアのアーキテクチャやデザインを考える上で非常に大切です。そうした思考形式からこそよいデザインが得られるのです。

多くのプログラマーは、すでに自分たちが意識している以上に、統合的な学習を活用する方向に動いているのかもしれません。デザイン上の難題やわかりにくいバグに直面したとき、多くの優れたプログラマーはコードをいじって、それによって何かを得られるものを構築してみようとします。これは$\mathcal{R}$モードの統合的な手法

であって、Lモードの分析的な手法ではありません。我々がプロトタイプや単体テストを好む理由はここにあります。このような統合的な手法によって、つまり構築によって学ぶ機会が得られるのです。

「統合」はきわめて効果的な学習テクニックで、マサチューセッツ工科大メディアラボのニコラス・ネグロポンテは『Don't Dissect the Frog, Build It』[Neg94] で、「本当にカエルについて学びたいなら、伝統的な解剖はやるべきことではない。カエルについて学ぶよりよい方法は、それを作ることだ」と述べています。

つまり、学生にカエルのような性質をもったモノを作ることを課すのです。これは、カエルをカエルたらしめているものは何か、いかにしてカエルがその特定の環境に適応しているかを真に学ぶ、優れた方法です。「統合」による学習のすばらしい例なのです。

> **ヒント9**
> 分析と統合の両方を使って学ぶ

しかし、「統合」を学習テクニックとして受け入れることは、初めの一歩にすぎません。問題解決のための「脳力」の増大に役立てるため、Lモードと$\mathcal{R}$モードの両方を活用する手段は数多く存在します。考え事をしながら手で何かをもてあそぶ、電話中にいたずら書きをするといった単純なテクニックから、本当に興味深い（そして奇想天外な）テクニックまで、さまざまなものがあるのです。

そういったテクニックを、皆さんを$\mathcal{R}$モードの世界に導きつつ、これからすべて紹介していきます。しかし、まずは少し寄り道をして、もう少し大きな視点から、このようなものがなぜ重視されつつあるのか、また、なぜこの$\mathcal{R}$モードが想像以上に重要なものでありうるのかを感じ取っていただくことにしましょう。

2.4　$\mathcal{R}$モードの躍進

ここまでにあげたLモードと$\mathcal{R}$モードの特徴からすでに感じ取った方も多いと思いますが、我々はこの二つのモードの思考とそれに関係のある活動にいささか文化的偏見を持っており、従来の考え方では、$\mathcal{R}$モード思考を劣った人間の領分だとする傾向があるやに思えます。$\mathcal{R}$モードは、「世界は平らで、雷鳴は目に見えない神々の戦いが原因だ」と信じられていた、そんな昔に属する奇異な残骸や名残のようにさえ感じられます。

人間を一般の動物とは一線を画する存在にしたのは、Lモードの力でした。Lモードのおかげで、人間は森やジャングルを出て村や町に至り、畑を後にして工場へ入り、ついにワードやエクセルで作成された文書を前に落ち着く場所を見いだしたというわけです。

人間はLモード思考の分析的、言語的な能力のおかげでここまで進歩したものの、Lモードに依存しすぎ、Rモードを犠牲にしたために、いくつかの重要な能力を失ってしまいました。人類の発展のため、次の改革に着手し前進しようとするなら、軽視されてしまっているRモードによる処理を、Lモードに再び統合することを学ばなければなりません。

> Lモードは必要だが、それだけでは足りない

うんざりしてこの本を放り投げる前に、内なる自分から聞こえてくる、ちっぽけで弱々しい存在の声に耳を傾けてはいただけないでしょうか。ここで、2009年3月現在、ゼネラルモーターズ（GM）の副会長を務めているロバート・ルッツ氏のことをお話したいと思います。

ルッツ氏は元海兵隊員でパイロットだった人物です。『ニューヨークタイムズ』紙のオンライン版には、まじめそうで、どちらかというと堅物の印象を与える顔をした、短髪の顔写真が載っています。GMの副会長といえば、かなり大変な仕事と言えるでしょう。

同紙のインタビューで、GMがルッツ氏の指揮下で将来どのような方向へ向かうのかを尋ねられ、次のように述べています。「もっと右脳的なアプローチです。私は自分たちがアートビジネスに携わっていると思っています。アートであり、エンターテイメントであり、動く彫刻です。それがたまたま同時に輸送手段でもあるのです」。

ルッツ氏は車作りの技術や車の機能のことは話していません。もう、どの車にもドリンクホルダーやiPodコネクタは付いています。ルッツ氏の話題の中心は技術ではなく「美意識」なのです。

これはロフトで暮らすアーティストや、常軌を逸した理論を信奉する研究者の弁ではありません。米国でも指折りの企業の重役の言葉です[†]。ルッツ氏は、まさにこの時代にあっては美意識に焦点を合わせることこそが取るべき行動だと考えているのです。

作家ダン・ピンクも同意見です。ベストセラー『ハイ・コンセプト──「新しいこと」を考え出す人の時代』[Pin05]の中で、「経済と社会の力によって、こうした

[†] しかしながら自動車産業は現在非常に厳しい状況にあります。

芸術や美意識につながるRモードの特質が、趣味人の格好いい贅沢ではない時代に我々は到達した」と主張しています。グリーティングカードを自作するような人物である、ライフスタイル・コーディネーターのマーサ・スチュワートのような人々にとって重要と言っているのではありません。ごく一般的で伝統的なビジネスの本流で、本当に必要とされているのです。

デザインが機能を凌駕する

商品化とは、美意識で競うこと

商品の低価格化について考えてみましょう。自分がデパートかスーパーの社長で、トイレブラシのようなありふれた商品を売らなければならないとします。値段で競うことはできません。誰でも中国製のトイレブラシをただ同然の値段で手に入れられるからです。では、どのように自分の商品を差別化したらよいでしょうか。

米国のディスカウントチェーン「ターゲット」は、この問題に対処するため、有名デザイナーであり建築家であるマイケル・グレイヴスのデザインを表に出しました。値段では競争できないのですから、美意識で競わなければならないのです。

トイレブラシはこれくらいにして、もう少し我々の心と耳に近い存在である、iPodについて見てみましょう。市場を独走するiPodの各機能は、競合品より優れていますか？　それとも、ただ他よりデザインがよく、美的観点から見て心地よいというだけでしょうか。

まずパッケージを見てみましょう。iPodのパッケージはそれほどうるさくはなく、書いてあるのは曲と動画がいくつ入るかということです。図柄もなかなかです。飾り気はありませんが、上品です。

比較として、もしマイクロソフトがiPodをデザインしたらどんな風になるか、というパロディーがYouTubeに流れています[†]。そのパロディーはかなり辛辣で、箱はシンプルとは程遠いものになっています。文章、商標、ロゴやアイコンなどがぎっしり詰め込まれているのです。

箱には数枚の折り込みページが付けてあり、法的免責事項や購入者の声、それにでかでかと「30GBモデル*」だということが書いてあります。さらには、「*」で注を付けて、1ギガバイトはきっちり10億バイトではないこと、使える容量は場合によって異なり、いずれの場合も容量のすべてを音楽やビデオに利用できるわけではないことが説明されています。

---

† http://www.youtube.com/watch?v=aeXAcwriid0

ここが重要な点です。iPodには「何曲」入るかが書いてあります。

マイクロソフトのパロディー（と、多くの競合品）には、**何ギガバイト**入るかが書いてあります。消費者にとってギガバイトのことはどうでもいい

> 肝心なのは曲の数であって、ギガバイトではない

のです。気にするのは私のようなオタクだけです。現実には、人は**曲が何曲**、または写真や動画がいくつ入るのかを知りたいのです[†]。

iPodは、パッケージからユーザーインタフェースに至るまで、デザインがよく魅力的です。そしてご存知のとおり、それは単なるマーケティングのための見せかけではありません。魅力的なものは、実際に性能もよいのです。

魅力的なものは性能もよい

いくつかの研究によって[††]、「魅力的な」ユーザーインタフェースは、「魅力的でない」（より厳密な言葉を使えば「醜い」）インタフェースより使いやすい、ということが明らかになっています。

日本では、銀行のATMのインタフェースについての研究が行われました。被験者は、機能と作業の流れが同じでも、ボタンのレイアウトが美的観点から見て心地よい方が、醜いレイアウトよりはるかに操作しやすいと感じました。

文化的偏見が働いたのかもしれない、と考えた研究者たちは、同じ実験をイスラエルでも実施しました。しかし、より大きな差が出たのです。大きく異なる文化においても同じ結論が導かれました。しかし、なぜこのようなことが起こるのでしょうか。美に対する反応は情緒的な影響を持つだけのはずです。認知過程には影響しないはずではないでしょうか。

いや、影響することもあるのです。それどころか、一歩進んで、まさにそのことを明らかにした実験があり、「肯定的な感情は学びや創造的思考に欠かせない」と結論づけています[‡]。「幸福」であることによって、思考の幅が広がり、脳のハードウェアのより大きな部分がネットワークに接続されるのです。

[†] 噂によるとこのパロディーは、実際にマイクロソフト社内のデザイングループによって、恐らく自分たちが置かれた制約に文句を言うために作られたそうです。

[††] 『*Emotional Design: Why We Love (or Hate) Everyday Things*』[Nor04]、
『*Apparent Usability vs. Inherent Usability: Experimental Analysis on the Determinants of the Apparent Usability*』[KK95]、
『*Aesthetics and Apparent Usability: Empirically Assessing Cultural and Methodological Issues*』[Tra97]などを参照。

[‡] 『*A Neuropsychological Theory of Positive Affect and Its Influence on Cognition*』[AIT99]を参照。

企業のロゴでさえ認識力に影響することがあります。デューク大学で行われた研究[†]によると、iPodの開発元であるアップルのロゴを短時間見ただけで創造性が向上するとのことです。人は、一旦何らかのステレオタイプのイメージを植え付けられると、自分がそのステレオタイプと結びつけている行動パターンによって、自分自身の行動パターンが影響を受けてしまうようになります。この場合アップルのロゴは、多くの人が非協調、革新、創造といった概念と結びつけているので、人が創造的で革新的になるような影響を与えるのです。

その逆も揺るぎない事実です。恐れや怒りを抱いている、つまり否定的な感情に囚われていると、脳は避けることができない闘争や逃走に備え、余分な資源をシャットダウンし始めます（こちら側の反応については、6章で詳しく見ます）。ついでに言うと、荒廃した環境にあることも、破壊的な状況につながります。我々は「割れた窓理論」（『達人プログラマー』[HT00]を参照）が適用されてしまう場面を長年見てきました。修正せず放置されている問題（コードのバグ、使いにくいインタフェース、組織におけるまずい課題の処理プロセス、お粗末なマネージメントなど）は、全体を弱体化させるウイルスのような影響力を持ち、最終的には予想以上に深刻な損害につながります。

美意識によって違いが生じます。それがユーザーインタフェースであれ、コードやコメントのレイアウトであれ、プログラム中の変数名の選択であれ、デスクトップの配置であれ、何であれです。

> **ヒント10**
> 優れたデザインを追求すること。優れたデザインは性能もよい

しかし、ここで我々は定義のはっきりしない曖昧な領域に入り込んでしまいます。何をもって魅力的か否かが決まるのでしょう。どうしたら美しくデザインできるのでしょうか。美しいとは、いったいどういう意味なのでしょうか。

20世紀を代表する建築家のひとり、ルイス・カーンが、美とデザインの関係についてこんな説明をしています。「デザインは美を作ることではありません。美は選択、共感、調和、愛から浮かび上がるものです」。

[†] 『*Automatic Effects of Brand Exposure on Motivated Behavior: How Apple Makes You 'Think Different'*』[FCF07]を参照。

2.4 Rモードの躍進

籠もるとニューロンが死んでしまう

　人間の脳細胞の数が増えることはない、という説を何度か耳にしたことがありませんか？　脳細胞は死んでしまうことはあっても、決して増えることはないという説です。また、アルコールと加齢は脳細胞が死滅する原因とも言われています。そう聞くと、この点に関しては年を重ねることが歓迎できないものになります。生まれたばかりの頃に比べると徐々に脳細胞が少なくなってしまうことになります。

　うれしいことに、エリザベス・グールドは、成人期においても新しい脳細胞が生まれ続けることを明らかにしました。とてもおかしなことですが、従来の研究者は、それまで成人のニューロン新生を一度も目撃したことがなかったのですが、それは被験者の置かれた環境が原因でした。

　ケージに詰め込まれている実験用の動物には、新しいニューロンが生まれることは絶対にありません。

　殺風景なパーティションに閉じ込められたプログラマーには、新しいニューロンが生まれることは絶対にありません。

　その反面、学ぶもの、観察の対象となるもの、やりとりを行う人や物が溢れた豊かな環境に置かれれば、新しいニューロンが多く生み出され、またニューロン間のリンクも増殖していきます。

　何十年もの間、無菌の実験用ケージという人工的な環境で人工的なデータを生み出していたせいで、科学者たちは間違った説を唱えていました。ここでも状況（コンテキスト）が鍵です。人が働く環境は、感覚が豊かに刺激されるものでなければなりません。さもないと、文字どおり脳が傷つくことになるのです。

　美は選択から浮かび上がる、とカーンは説明しています。つまり、芸術は創造という行為そのものに由来するというより、ほとんど無限にある選択肢の中から選び出すことで生まれるのです。

美は選択から浮かび上がる

　音楽家は、さまざまな楽器、リズム、音階、テンポ、それに定義するのは難しいものの聴けばわかる「ノリ」の組み合わせを、ほとんど無限に持っています。画家は識別できる 2400 万色ほどの中から色を選びます。英米の作家にはぴったりな言葉を選び出すための『オックスフォード英語辞典』（全 20 巻、主見出し語数は約 30 万語）があります。

創造性は、選択と組み合わせによってもたらされます。本当に必要な要素が、その作品が本来あるべき姿に提示されたときに初めて創造性が発揮されるのです。そして、このときの選択——何をどのようなコンテキストで選択するか——は、「パターンマッチング」によってなされます。このパターンマッチングについては、これから何度も言及することになります。

2.5　$\mathcal{R}$モードは森を見て、Lモードは木を見る

パターンマッチングは達人が示す重要な能力です。これはいかに選択の幅を狭め、問題の本質的な箇所だけに焦点を絞れるか、ということです。

パターンマッチングは、ほとんどの場合、従来軽視されがちだった$\mathcal{R}$モードの活動に含まれます。しかし、Lモードと$\mathcal{R}$モードはどちらもパターンマッチングに対して別々のアプローチを持ち、結局のところ両方が必要になります。

次の図をよく見てください[†]。

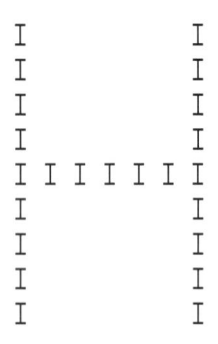

```
      I           I
      I           I
      I           I
      I           I
      I I I I I I I
      I           I
      I           I
      I           I
      I           I
```

ここに、文字Iが集まってできたHがあります。この種のパターンは「階層文字」と呼ばれています。心理学者は被験者に、このような図を一度に片方の目にだけ——しかも一瞬——提示し、大きい文字と小さい文字が何であったかを尋ねます。

脳の各半球は、この問題に異なる方法で取り組みます。片方の半球はローカルな規準（小さい文字）を識別する方が得意であるのに対し、もう片方はグローバルな規準（大きい文字）の方が得意です。

被験者は、左目に見せられたときに全体的なパターンを問われると、かなり正しく答えます。この場合、主に$\mathcal{R}$モードを使います。右目に見せられたときに小さな文字（部品となっている方）を問われても、うまく答えます。この場合、主にL

[†] この図についてはジューン・キム氏に助けを借りました。

モードを使います。しかし逆のことを求められると、結果は相当お粗末なものになります。左右で何らかの専門化が行われているようです。

この実験は、グローバルで全体論的なパターンを求めるには $\mathcal{R}$ モードが必要である、という事実をうまく説明しているように思われます。各部分を分析し細部を調べるには、L モード的なアプローチが必要になります。多くの人について、レベルの違いはこのように「専門化」されているようです。つまり、$\mathcal{R}$ モードは森を見て、L モードは木を見るのです。

しかし、少数の幸運な人たちに関しては、半球ごとの違いはこれほど大きくはありません。特に数学の天才には、この差が見られません。このような人たちの脳の両部分は、はるかに協力的です[†]。I の文字や H の文字を見るときに、左右の半球がほぼ等しく関わっているのです。

数学の天才ではない人は、$\mathcal{R}$ モードと L モードを協調させ、両モードの処理がより一体化するような、何か他の方法を試みる必要があります。どうしたらそのようにできるかは、次の章で見ていきましょう。

2.6 自分でできる脳の手術と神経の可塑性

脳は物理的に配線し直すことができます。ある分野の能力を高めたければ、そのように自分で配線すればよいのです。脳の各領域は、異なる機能を果たすように、用途を変えることができます。特定の技能に、より多くのニューロンと相互接続を充てるようにすることが可能なのです。つまり、自分が望む脳を作ることができるわけです。

メスやハサミはいりません。簡単に脳の「手術」をする方法があります。道具は必要ないのです。

最近まで、脳の容量と内部の配線は生まれたときから決まっている、と信じられていました。つまり、脳の各部は、すでに決められた地図に従って一定の機能を果たすよう専門化されている、ということです。ある領域は視覚からの入力情報の処理に充てられ、別の領域は味覚に、といった具合に。これは、生まれ持った能力と知性は大部分が決まってしまっており、訓練や発達が加わっても、あるレベルに固定された最大値を超えることはできない、という意味でもあります。

我々、そして人類にとって幸いなことに、この考えは誤りであることが判明しま

[†] 『Interhemispheric Interaction During Global/Local Processing in Mathematically Gifted Adolescents, Average Ability Youth and College Students』[SO04] を参照。

した。

　それどころか、人間の脳はすばらしく柔軟です。研究者たちが、目の見えない人に舌で「見る」ことを教えられたほどです[†]。この研究では、ビデオカメラのチップの出力を、16×16 ピクセルという小さな形で患者の舌に接続しました。患者の脳の回路は、舌の神経による入力をもとに視覚の処理を行うよう、ひとりでに配線し直され、患者はなんと駐車場でコーンを避けて運転できるほど、目が「見える」ようになったのです。入力装置の解像度がわずか 256 ピクセルと、それほど高くないことにも注目してください。脳が情報を補完してしまうので、このように低解像度の入力でも足りるのです。脳の神経は可塑性を持っています。

> **ヒント 11**
> 信じて訓練を続けることで、脳を配線し直す

　脳が可塑性を持つということは、学べる知識の量や獲得できる技の数に最大値はない、という意味でもあります。そう信じる限り、上限はありません。スタンフォード大学の心理学者で、『「やればできる！」の研究 —— 能力を開花させるマインドセットの力』[Dwe08] の著者、キャロル・ドゥエックによると、知性は伸ばせないものと信じ込んでいた学生は、実際に知性を伸ばせず、脳の柔軟性を信じていた学生は、容易に能力を伸ばしたということです。

思うとおりになる

上のどちらの報告でも、脳の持つ能力について、思ったことが脳自体の配線に物理的に影響しています。なかなか意味深長な話ではありませんか。自分の脳は、より多くを学べるのだと思うだけで、そうなるのです。

　これが自分でできる脳の手術というわけです。

皮質の競争

　脳の再配線を引き起こすのは、信じることだけではありません。脳の皮質の領域では常に競争が起こっています。

　常に使い、常に実践している技量や能力は優位に立つようになり、脳のより多くの部分が、そうした目的のために配線されるようになります。

　同時に、使われる頻度が低い技量は後退していきます。脳は、何であれもっとも

[†] 『脳は奇跡を起こす』[Doi07] を参照。

多く行われていることに、より多くの資源を回そうとするのです。「使わなければ失ってしまう」わけです。

　こうした理由があるからこそ、音楽家はたえず音階の練習をしているのでしょう。パソコンの揮発性メモリをリフレッシュしているようなものです。今より優れたプログラマーになりたいですか？　それならもっとコーディングしましょう。1章の「専門技能の習得に必要な年数は10年？」のコラムに書いたような、計画的で集中的な練習に励んでください。外国語を学びたいですか？　どっぷりとその外国語に浸りましょう。常にその言語で話し、考えるのです。まもなく脳はそのことを理解し、この新しい言語を簡単に使えるよう適応するでしょう。

2.7　どうやって目的を達成するのか

　この章では、LモードとRモードの認知過程をはじめとする脳の特性と、訓練による脳の再配線の可能性を見てきました。皆さんにも、今まで使われていなかったRモードのパワーと、その価値がわかり始めてきたのではないでしょうか。

　さて、このRモードとか称するものがそれほどすばらしいのなら —— 少なくとも、今まさに非常に多くの人に必要とされているものなら —— それを活用してみない手はないでしょう。Rモードの処理を実感するためには、あるいはRモードを開拓し、LモードとRモードをさらに密に統合するためには、何をすればよいのでしょうか？

　次の章では、この開拓と統合をどのように進めればよいか、いくつかの詳しい例を見ていきます。

さっそく実行 ⬇

- □ 気に入っているソフトウェアの簡単なリストと、好きになれないソフトウェアのリストを作ります。その選択に際して、美意識が果たした役割はどのくらいですか？
- □ 仕事と家庭生活のどの面がLモードを対象にしているか考えます。Rモードを対象にしているのは仕事と家庭生活のどの面ですか？　二つはバランスが取れていると思いますか？　バランスが取れていないと思うなら、何をどう変えればよいでしょうか？
- □ 机に（車に、ノートパソコンの脇に、枕元にも）いつもメモ帳を置き、使いましょう。

- □ さらに、いつでもどこでも肌身離さず、何かメモを取るための道具（ペンと紙でも、別のものでも）を持ち歩きましょう。

試してみること

- □ 何か新しいことを、主に分析ではなく統合によって学ぶ、という努力を意識的にしましょう。
- □ 次に開発するソフトウェアの設計を、キーボードとモニタを**離れて**やってみましょう（これについては、少し先でさらに詳しく議論します）。

3章
$\mathcal{R}$モードへの転換

> 心の内側からキラリと輝くあのかすかな光をこそ、感じとり育むことを学ぶべきだ。
> 外側の天空全体のほのかな明るさに惑わされることなしに。
> しかし人は自分の一風変わった考えを、変わっているというだけで
> いきなり追い払ってしまう。
> ——ラルフ・ワルド・エマソン

　この章では、皆さんの知的処理能力向上を助けるテクニックを多数紹介します。おなじみの方法もあるかもしれませんが、奇想天外としか言えないようなものも登場します。奇妙だからという理由でしりごみしてはいけません。異を唱えたくなること、やってみたくないことこそ、まず第一に試してみるべきものなのかもしれないのです。

　冒頭の引用でエマソンは、人は変わった考えや不快な考えを追い払ってしまいがちだと指摘していますが、これはよいことではありません。生涯最高の思いつきを逃してしまうかもしれないのです。そうではなく、自分の心が提示せずにはいられなかったすべての考えに注意を払う必要があります。確かに、箸にも棒にもかからないものもあるでしょうが、世界を大きく変えるアイディアを見つける可能性もあります。ですから、すべての考えに注意を払いましょう。それが良いものであれ、悪いものであれ、そして、醜悪なものであろうとも。

　Lモードの処理がどのようなものかは、誰もが知っています。普通に考えている時はLモードの状態です。では$\mathcal{R}$モードはどのような感じがするものでしょうか？　$\mathcal{R}$モードへの「認知転換」のための練習をした後で、$\mathcal{R}$モードの処理を行う手助けとなるさまざまな方法を見ていきましょう。

　また、Lモードと$\mathcal{R}$モードとを効果的に統合する方法を紹介します。さらに、$\mathcal{R}$モードがいつの間にか働いて得た成果を獲得するためのさまざまなテクニックを紹介します。

3.1　関与する感覚の増加

　より多くの神経経路を活性化させることができれば、脳のより多くの部分を問題

の解決に使うことができ、より創造的な活動ができるようになります。

　感覚的な関与をより大きくすればよいのです。普通は使わない感覚をも動員するのです。その効果は決して過小評価すべきではなく、ある研究では、多感覚を利用した学生たちには500%の改善が見られたということです[†]。驚くほど単純なことでも助けになるのです。

　たとえば、退屈な電話会議につかまっている時や、厄介な問題について考え込んでいる時には、クリップか立体パズルでもいじってみてください。

> **ヒント12**
> 脳のより多くの部分を動員するには、関与する感覚を増やす

　私はいくつもの開発チームが触覚を刺激することによって成功するのを見てきました。ソフトウェアの設計段階で、UMLなどに基づいた市販ツールを使って考えたり、ドキュメントを作成したりする代わりに、レゴなどのブロックを使います。色数の多いものがよいようです。

　レゴブロックを使用したオブジェクト指向設計は、グループで行うと非常に効果的です。キーボードやホワイトボードのマーカーの取り合いをせずに、誰でも参加できます。アクションやビヘイビアを簡単に描写でき、複数の感覚器官を関与させることができます。提案されたシステムが動作する様子を視覚化し、イメージを生成することができるようになります。CRCカード[††]も触覚を使うので、多感覚的と言えます。

多感覚にまたがったフィードバックを使う

次の段階は多感覚にまたがったフィードバックを強く意識することです。これには感覚をひとつ追加して関与させることが第一歩です。次に二つ以上の感覚を関与させ、相互に影響を与え合います。ひとつのデザインを採用したと仮定しましょう。それに対して以下のようなことを行います。

- 従来の形式で書き出す。
- 絵を描く（UMLや公式のダイアグラムではなく、一般的な意味での絵です）。

[†] 『Improving Vocabulary Acquisition with Multisensory Instruction』[DSZ07] を参照。
[††] ケント・ベックとウォード・カニンガムが考案したもので、インデックスカードにクラス、その役割、関連クラスを記入します。（UMLクラスダイアグラムが得意とする）システムの静的な性質ではなく、動的な性質を見るのに便利。

どんな視覚的な比喩†(メタファー)が当てはまるでしょうか？
- 言葉で表現する。
- チームメイトとオープンに議論する。質問や批判に答える。
- デザインした役割を実際に劇のように演じてみる（具体的なものに喩えて行う必要があります。比喩についてはこの後でかなり詳しく議論します）。

最後のアイディアは非常に強力なものです。現実の例が「ロールプレイング」のコラムにありますので参照してください。

上にあげたような活動では、複数の感覚を用いていること、各感覚が別の感覚と相互に作用し合うようになってきていることに注目してください。新たな入力モードを追加すると、脳のより多くの部分が活性化されます。同じことを処理するのに、CPUを追加して処理能力をアップするのに相当します。

小学校教育に携わる人々は、多感覚を利用したフィードバックが、理解力と記憶保持力を増大させるのに非常に効果的な方法であることを相当以前から知っていました。すでに確立された教授法です。恐らくこれが、小学校の授業でジオラマや模型などを作ったりすることの理由なのでしょう。

脳はいつでもこのような目新しい刺激を欲しています。環境に常に適応するようにつくられているのです。ですから、環境を定期的に変えて、脳に栄

脳に栄養を

養を与えましょう。五感以外の感覚を刺激するような行動であればどのようなものでも、この役目を果たすことになるでしょう。カサカサと音を立てる葉の中を飼い犬と長い散歩をすることも、窓を開けてその日の天気をうかがうことも（新鮮な空気を実際に鼻から吸ってみればなおさら結構！）、休憩室やジムまで歩いていくだけでも（ジムの空気は屋外ほど新鮮ではありませんが、運動も脳機能の改善に非常に効果的です）。

3.2 右脳で描く

私はここまで、人間は $\mathcal{R}$ モードの能力を最大限に利用していないと何度も述べてきました。さて、これからちょっとした実験を行って、それを証明しながら正真正銘の $\mathcal{R}$ モード認知状態にゆっくりと入っていく方法を紹介しましょう。

---

† 英語のmetaphorは厳密には暗喩（隠喩）を意味する言葉ですが、日本語で「比喩」という場合はmetaphorの意味で使われることが多いので、以下では「比喩」という言葉を用いています。「メタファー」とカタカナで書かれることも多い。

私は米国と欧州をまたにかけて多くの講演を行い、その内容をこの本にまとめました。講演では、ちょっとしたアンケートをとるのですが、これがなかなか面白いのです。そのアンケートはというと「どのくらい絵が上手に描けますか」というものです。その結果はいつもほとんど変わりません。

技術系の人（プログラマー、テスター、マネージャーなど）が100人いるとすると、自分は絵を描くことにかなり自信を持っていると答える人がひとり、ふたり、といったところです。5人から8人くらいは、絵を描く技術にはある程度自信はあるが構図を取るのが苦手だと答えます。そして残りの大多数の人たちは、私と同じで「絵はまるで苦手だ。実にひどいものだ」と答えるのです。苦手なのには理由があります。

「描く」ことは見ることである

絵を描くことは R モードの活動です。ところで、ここで「描く」というのはどういう意味で言っているのか少し説明させてください。描くということは、実は紙の上に印を付けることではないのです。絵を描いたりスケッチをしたりするのが、紙の上に印を付けるだけのことなら、身体的な障害のない人には、何の問題もなくできるはずです。難しいのは描くところではありません。「見ること」なのです。そして、視覚的な認知能力は、基本的には R モードの仕事です。

問題の本質は少し前に紹介した「共有バス」です。L モードが席に座ってしゃべり続け、R モードの仕事を邪魔してしまいます。そして面白いことに、人々が余暇を過ごすときに行う活動、音楽を聴いたり、絵を描いたり、瞑想やジョギング、針仕事などをしたりといった活動中には、R モードの流れが L モードのおしゃべりを遮断することができるのです。

脳の R モードを利用するには、言語的、分析的な L モードを抑制する仕事を脳に与えることが必要です。（カリフォルニア工科大学でロジャー・スペリーのもとで分離脳に関する研究を行った）ジェリー・レヴィが言うところの「別の情報処理のモード —— もっとよく見えるようになる、いつもと少しだけ違う意識の状態 —— への移行を引き起こさせる条件を整える」必要があるのです。

認知的干渉を制限する

1970年代後半、美術教師ベティ・エドワーズが大きな影響を与えた著作『脳の右側で描け』[Edw01] を発表し、その本で紹介されている、描画やスケッチがあまり得意でない者にそれを教える方法があっという間に大人気になりました。ロジャー・スペリーの研究に触れたエドワーズは、多くの人にとって絵を描くことを難しくしている要因は、支配的な影響力を持つ L モードからの認知的な干渉だと悟ったのです。

ロールプレイング

　ジョアンナ・ロスマンは設計時の問題に対して、「ロールプレイング」を用いてみた経験を次のように語っています。

　「チームは会社の存亡に関わるプロジェクトに携わっていました。システムへの入力は、リクエストが並ぶキューに入れられています。このリクエストを処理する新しい方式に対応する必要があったのです。私は全員に一役ずつ割り当てたロールプレイングをしてみることを提案しました。スケジューラー役が笛を持ち、リクエスト役が待ち行列に並び、ディレクター役がリクエスト役にどこへ行けばよいのか指示する、といった具合です」

　「ばからしいと考える者も二人ほどいましたが、皆、疲れていて変化が欲しかったので、演技をしてみることになりました。私はストップウォッチと、ノートを取るための筆記板を持ち、時間を測りながら観察したことをメモしていきました」

　「最初に動いた二人がいきなり衝突してしまいました（その二人の表情がとてもおかしくて、大笑いしてしまいました）。そこで、設計を変更し、役柄を変えました。一般的なシナリオをいくつか演じて見ました。そして、あるシナリオでは別のタイミングの問題が生じることに気づいたのです」

　「この時点で、それまでに費やした小一時間ほどが、設計見直しのためのどんなミーティングよりも価値あるものであったことを皆が認めざるを得ませんでした」

　「ロールプレイングはディスカッションとは違います。実際にその対象の一部として参加し、行動しながら設計を観察することなのです」

　リンダ・ライジングはロールプレイングにはもうひとつ、トレーニングという用途があると言います。いくつかのチームに対して、ある新しいフレームワークを導入しようとしてみたのですが、どうしてもうまく行きませんでした。そこで、次のチームに説明するときに、同僚のデビッド・デラノと一緒に、このフレームワークを劇として演じさせてみました。すると、開発者たちは、「理解できない」と文句を言う代わりに、「簡単すぎる！　こんな問題をわざわざ劇にするなんて時間の無駄だ」と文句を言ったのです。

　効果的すぎて文句を言われてしまったというわけです。

Lモードはシンボルを使った処理が大得意です。感覚からの入力があると、すぐにシンボルによる表現を作り出そうとします。読んだり書いたりといった活動には、このような処理が役に立つのですが、ほかの活動には適切な表現ではありません。

例を見てみましょう。すぐできるちょっとしたテストがあります。紙と鉛筆を用意してください。5秒間であなたの家の絵を描いてください。

> 🛑 5秒でこれをやってみてください……

一軒家にお住まいの方は、図3-1のようなものを描いたのではないでしょうか？ さて、本当にこんな格好をしていますか？ エドウィン・A・アボットの作品『フラットランド』[SQU84]に描かれているような二次元空間に住んでいるのでもない限り、家は正確にはこんな形をしていません。いつも皆さんを助けてくれる**L**モードが駆けつけて、「家なら知っている！ 四角の上に三角が載っているものだ」と叫んでいるのです。

ニコニコマークが人の本当の顔ではないのと同様、図3-1の図も実際の家を描いたものではありません。これはシンボル、すなわち本当の姿を簡略化して表現したものなのです。しかし、使い古されたシンボルではなく、本当の姿を捉えたいときもあるはずです。たとえば絵を描くとき、そして仕様に取り入れるべき項目を収集するために開発予定のシステムの利用者にインタビューするときなどです。

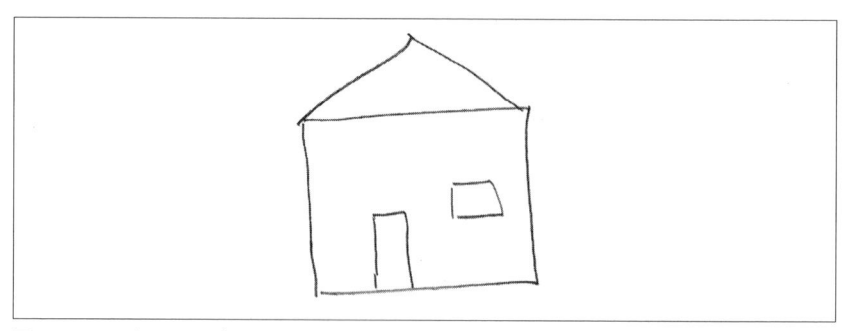

図3-1 これがあなたの家ですか？

認知転換によって $\mathcal{R}$ モードを感じる

　本当の知覚にたどりつくためには、Lモードを遮断して、$\mathcal{R}$モードに適した仕事をさせる必要があると、最初に提唱したのは美術教師ベティ・エドワーズでした。このために、認知転換を経験する手助けとなる次のような作業を提案しました。

　この作業によって $\mathcal{R}$ モードがどのような感じのものかがわかるでしょう。次の四つのルールに従えばよいのです。

1. 30分から40分くらい、静かな邪魔の入らない時間を確保する。
2. 図3-2の人物像を書き写す。
3. ページの向きを変えてはいけない。
4. 特定の部位を認識しても、その名前を意識してはいけない。「上へ行って、ここでこう重なって、こちら側に曲がって」といった感じに、自分に語りかけてください。

　自分が見ていると思っているどんな部分にも名前を付けないことが肝心です。そこが難しいところなのです。線そのものと、他の線との関係だけに集中してみてください。

　描き終えたらその絵を上下反対にしてみてください。その結果に驚くことでしょう。

　　　　　　続きを読む前に、実際に描いてみてください……

　どうしてこの方法がうまくいくのでしょう？

　それはあなたがLモードにやりたくない仕事を与え続けたからです。見ている部分に名前を付けるのを拒否し続けると、しまいにはLモードがとうとうあきらめます。これはLモードに対処できる仕事ではないので、Lモードは道を譲り、代わりに $\mathcal{R}$ モード処理にまかせます。まさにそれがこちらの望むことなのです。

　以上が『脳の右側で描け』の核心部分です。要は、仕事にあった道具を使いましょうということが書いてあるのです。

　この練習の間、どんなふうに感じましたか？　いつもとは違うと感じましたか？

　時間の感覚を失って流れに飲み込まれたような感覚がありましたか？　いつものやり方で絵を写そうとした時よりも上手に描けましたか？

　そうでなかったとしても、がっかりしないでください。この練習は数回やってみ

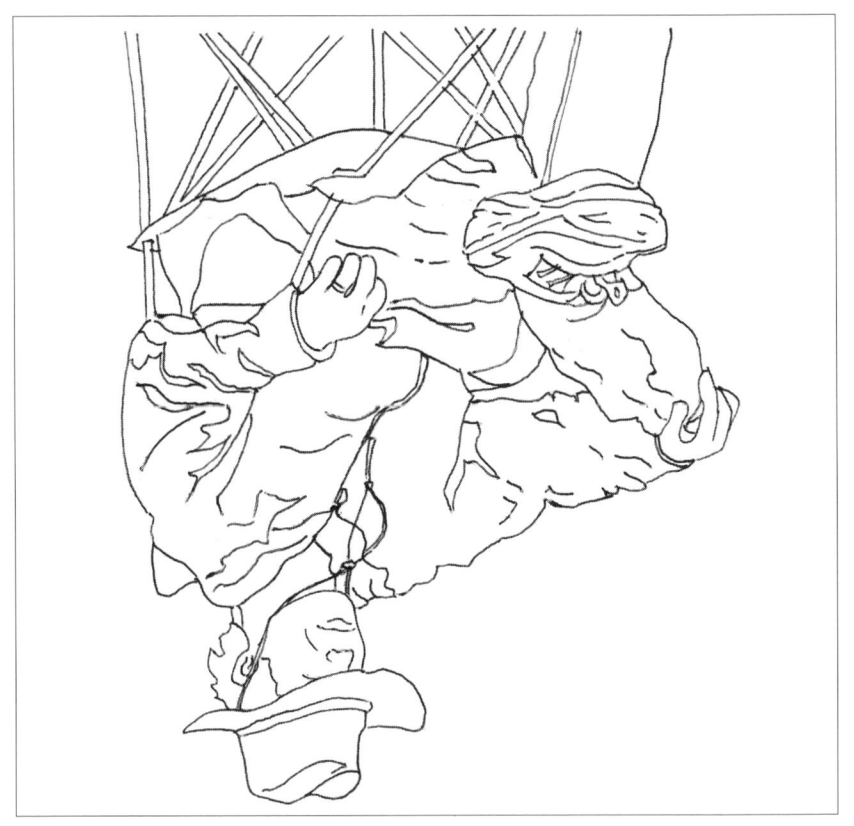

図3-2　この絵を描いてください

ないとうまくいかないこともあります。一度、認知転換を経験してしまえば、純粋な $\mathcal{R}$ モード処理がどんな感じかがよくわかるようになり、そのうち $\mathcal{R}$ モードに簡単に入れるようになります。

3.3　$\mathcal{R}$ モードからLモードへの流れを作る

　これまで $\mathcal{R}$ モードの美点を褒め称えてきましたが、それだけでは終わりではありません。数年前、右脳に基づくありとあらゆる長所を約束した自己啓発本が続々と出版されました。右脳の料理本まであったと思います。

　もちろん、そんなのは意味がありません。「アホだ！」と言ってもいいくらいです。

伝統的に無視されてきた $\mathcal{R}$ モード処理を活用することができるからといって、$\mathcal{R}$ モードは特効薬でも万能薬でもありません。単独では、すべての問題を解決するどころか、言葉すらまともに処理できないのです。

我々が必要としているのは、$\mathbf{L}$ モードによる処理と $\mathcal{R}$ モードによる処理をうまく同期させる方法なのです。アタマ全体がよりよく、効率的に働くための方法です。

これを可能にするテクニックがあり、私はこの方法にまったく偶然に出会いました。「出会った」というよりは、「登り着いた」という表現の方が的確かもしれません。

ロッククライミングの講習

ある時、妻が二人でロッククライミングをやってみたら楽しいんじゃないかと言い出しました。参加して周囲を見回してみると、ほとんどの人が不安そうな様子をしていました。二人とも今までこんなことをやろうと思ったことはなかったのですが、覚悟を決めていました。

インストラクターが現われ、全員が正しく安全装置を着用しているか確認しました。全員の準備が整いチェックが済むと、インストラクターは皆の前に立ちました。我々は黙り込み、講義が始まるのを待ちかまえていました。

ところが講義は始まりません。代わりにインストラクターは我々に登り始めるように言ったのです。ただそれだけです。30分間。そうしたら皆ここに戻って来るように、と。人々の間から不満の声が聞こえました。この入門講座には結構な金額を払ってるのに、あのインストラクターは我々を狼の前に（この場合、壁の前に、と言うべきですが）放り出そうとしている。インストラクターはコーヒーを飲みに行ってしまいました。

それで、我々はしばらくの間、壁に手や足をかけて右往左往していました。何をやっているのか本当にはわからないまま。30分後、インストラクターが戻ってきて、なんとそれから講義を始め、登り方を説明したのです。その時には、（短い時間とはいえ）いくらか経験を積んでいましたから、その説明に非常に納得がいきました。我々は説明がしっくりくる状況にいたのです。体重移動の方法を説明した時、非常に納得がいきました。インストラクターが単純に講義から始めていたとしたら、これほど説得力はなかったでしょう。

思い返してみると、このインストラクターは実に正しいことをしたのです。我々

が探検しても安全な環境を与えていました（上に書いたように、自由に行動させる前に全員の安全装置を点検しました）。最初に我々に多感覚を応用した経験ができる状況を与え、我々が言わば「身体をはって理解」できるようにし、その後で従来の事実詰め込み式の講義を行いました。

> **RモードからLモードへの流れを作る**

このインストラクターがここで行ったことは、RモードからLモードへの流れを作り出すことでした。結局のところ、それこそが学習を容易にするために我々が為すべきことなのです。

ロザノフの降霊会

1970年代後半、ブルガリア人で心理学専攻の教授ゲオルギ・ロザノフは自ら「降霊会」[†]と名づけた実験を開始しました。その目的は、RモードからLモードへの流れを創り出しやすくする学習環境を整えることで、特に外国語訓練のためのものでした。

ロザノフは暗くした部屋の中に学生たちを連れて行き、BGMに静かなバロック音楽を流しました（1970年代の話なので、訴訟の可能性はなかったのです）。このリラックスした心地よい環境の中で、ヨガからヒントを得た呼吸法とリズミカルな体操を用いれば、学生たちの集中力や、新しいものを吸収する能力が上がるだろうと教授は考えたのです。

学生たちをこの状態において教授は外国語の例文を大量に聴かせました。なんの講義も説明もなしに、外国語をただ浴びせたのです。他の授業時間には従来どおりの訓練を行いました。

これは功を奏し、この集中特訓を受けた学生たちの成績は、通常の授業に参加した学生たちを上回りました。以後長年にわたり、多くの教育者たちがRモードの習得能力を利用するこの発案に飛びついてきました[††]。

刺激的な新しい技術が生まれるといつもそうなのですが、一方向に突き進みすぎる人たちが現われ、Lモードを完全に無視する、Rモード専門の技術を提唱します。右脳ボウリングやそのほか多くのよろしくない考えを勧める本が一時期流行しました。

これはまったくのお門違いです。どちらの思考モードも無視はできません。両方のモードを協調して働かせる必要があります。Rモードを先頭に立たせ、その後

[†] Education Resources Information Centerのページ（http://eric.ed.gov）参照。
[††] たとえば『The Neuroscientific Perspective in Second Language Acquisition Research』[Dan94]を参照。

で、具現化のためにLモードに切り替えればよいのです。

> **ヒント13**
> Rモードを先頭に立たせ、Lモードを後に続かせる

RモードとLモードは協調して働くようにできています。たとえば、関連性や理論を考えるためには類推的プロセスから始め、その後で自分の考えを実証するために分析的プロセスを使えばよいのです。しかし、一方通行の旅ではないことを忘れないでください。アイディアが流れ続けるためにはRモードに戻る必要があります。Rモードが源泉なのであり、自由で制約のない支配力をRモードに与えるのです。

酔って書き、素面でリライト

作家志望者に助言するある老作家の金言に「酔って書き、素面でリライトせよ」というものがあります。皆さんがワインやビールを買いに走る前に、この意味を考えてみましょう。

創造性に「常識」や「実用性」に縛られない自由な支配力を与えます。まずはとにかく、あふれ出てくるものをすべて記録します。おかしなアイディアを削る作業はあとでゆっくりと時間をかけてやればよいのです。

早すぎる段階でアイディアを固定してしまうと創造性が抑えられてしまうことがありますが、同じように、全体を把握していないのに細部を記憶しようとすると学習が妨げられてしまいます。

急ぎすぎる必要はありません。問題解決の際に、不確実なことがあっても落ち着いていられるようになりましょう。創造する時には、不合理なことや | **慣れることが大切**

実用的でないことがあっても落ち着いていてください。学習する時には、強いて記憶しようと頑張らないこと。最初はただ「慣れる」ことです。まず意味を理解しようと努力し、全体像を捉えましょう。

それから、次のステップに進むために従来どおりのLモードの活動を後に続けます。RモードからLモードへの流れをつくり出すのです。

これらと同じ方針に沿った動きが教育界に少しばかりあります。デビッド・ガリンはカリフォルニア大学サンフランシスコ校のラングレー・ポーター神経精神病学研究所に所属する著名な研究者です。博士は、今日の教師は生徒に対して三つの重

> ## つたない草稿
>
> 　不確実なことがあっても落ち着いていられるという意味は、ひとつには、不完全な状態、終わっていない状態のものがあってもあたふたしないということです。「完璧」な仕事をしようとがむしゃらに突進するのは避けましょう。作家のアン・ラモットは、つたない草稿を意図的に作ることを提唱しています。つまり、つたない草稿を完成させる方が、どうしても完全なものを完成できないでいるよりも良いということです。著書『Bird by Bird: Some Instructions on Writing and Life』で、ラモットは完璧主義の危険性について次のように説明しています。
>
> 　「完璧主義は人々の敵である迫害者の声です。そのせいで皆さんは終生窮屈な思いをし、人生全体がつまらないものになってしまいます。つたない草稿に到達できないことの主因なのです。私が思うに、完璧主義は、『十分気をつけて飛び石をひとつひとつ正しく踏みしめれば死ななくて済むだろう』という強迫観念に基づくものです。誰もがいつかは死ぬのであり、足元を見もしない大勢の人々の方が、あなたよりもうまく、しかもはるかに楽しんで過ごしています」

要な責任を負っているという信念を持っています[†]。

- 脳の両側を訓練する。(従来のように) 言語、象徴、論理を扱う左脳モードだけではなく、空間的、相関的、全体論的な右脳モードも鍛えるべきである。
- 仕事に適した認知様式を使えるように学生を訓練する。
- 問題に対して、両方のモードを統合的に利用できるように学生を訓練する。

　皆さんも自分自身に対して同じ責任を負っています。最終的には L モードと R モードの両方を、必要に応じて、効果的に、協調して使うようにしなければなりません。

　しかし、比較的教育を受けた期間が長いホワイトカラーや技術専門職にある人は、一般の人に比べて大きく不利な点を持っています。思考と学習に適した L モード様式に極度に集中するようになった (そしてその恩恵を享受してきた) ため、R モードを無視しがちなのです。R モードによる処理に対して、敬意を払い、評価し、それを発展させる必要があります。

---

† http://www.rogerr.com/galin/

このほかにも、LモードとRモードをうまく「共働」させる方法をいくつか見てみましょう。

ペアプログラミング

　LモードをRモードと共働させる面白い方法に、別の人を自分と反対のモードとして利用する方法があります。言い換えると、自分のLモードを他人のRモードと一緒に働かせる、あるいは他人のRモードを自分のLモードといっしょに働かせるのです。

　エクストリームプログラミング（XP）に支持されている、非常に効果的で、議論の的ともなっているプラクティスのひとつが「ペアプログラミング」です。ペアプログラミングでは、二人のプログラマーが同一のキーボードとモニタを使用して作業します。ひとり（ドライバー）が開発ツールを使ってコードを入力し、もうひとり（ナビゲーター）は手を出さずにヒントを与えたり、助言したりしてこれに関わります。

　この方法が非常にうまくいく場合があるのは、ドライバーが言語モードに固定されているのに対し、ナビゲーターはより非言語的な中枢を自由に使っているためです。RモードとLモードを同時にと

> ひとりはLモードで、
> もうひとりはRモードで
> 作業する

もに使うのに、二つのアタマを利用しているというわけです。読者のディエルク・ケーニヒ氏はその経験を次のように語っています。

　「ペアプログラミングの最中に、ナビゲーターが一種の『パターンマッチング』モードに入っていき、一方、ドライバーにはそれができないのを何度も経験します。これは意見の不一致の元になります。ナビゲーターが「こっちのコードは全部あっちのコードとまったく同じだ。個々の単語は違うけれど……」などと言います。でもドライバーは同意しません。ドライブしている間は、単にそれに気がつかないのです」

　ナビゲーターは、より大きな視点に立って、物事の関係を自由に見ることができます。そして多くの場合、ドライバー側からはこのような関係が見えないのです。ですから、ひとりでプログラミングをしているのであれば、一旦立ち止まってキーボードから離れるという作業を意識的に行う必要があるのです。

　他の人に話しかけたり、ホワイトボードや紙を使って誰かに説明したりするときには、思考の抽象度が増す傾向にあります。新しい抽象的なパターンを発見する可能性が高くなるわけです。それこそがプログラマーに求められていることです。

　中学生にある問題を解かせてみた研究[†]でも、抽象的認識の高まりという現象が

実証されました。その問題とは「一列に並べられた硬貨のように、五つの歯車が横一直線に接するように並べられています。左端の歯車を時計回りに回転させると、右端の歯車はどちら向きに回転するでしょうか？」というものです。

何人かの生徒はひとりで問題を解き、他の生徒はペアで解きました。そして、歯車の数を徐々に増やしていきました。歯車の数を131個まで増やしたときには、抽象的なパターン（歯車の数が奇数か偶数か）を発見できたかどうかに明白な差が生じました。ひとりで作業した学生の14％しかこの法則を発見できませんでしたが、ペアでは発見した割合は58％に達していたのです。

別の実験では、ひとつのペアが、非常に具体的な問題文から抽象的な行列表示を思いつきました。次のように報告されています。

> ……二人にどうやって行列を思いついたのか尋ねた。「彼が縦列を作ろうとし、ぼくは横列を作ろうとしました」。その問題について二人で話し合ううちに、縦列と横列の両方を含んだ行列形式を思いついたのだ。
>
> ——シュワルツ他

ペアでの作業が、意味のある抽象的概念の発見に効果的であることが実証されたわけです。

比喩の中での出会い

すでに見てきたように、Lモード処理とRモード処理は根本的に違うものです。しかし心の中には両者共通の「集会場」があり、そこで創造性が新しいアイディアを生み出します。LモードとRモードは比喩を介して、類似性を創り出す行為を介して出会うのです。

「比喩は、言語表現とイメージの双方にとって共通の場であり、潜在意識と意識の間、右脳と左脳の間を行き来する手段を与えてくれるものである」[††]

比喩を使うことは創造性を広げる強力なテクニックなのです。

> **ヒント14**
> LモードとRモードが出会う場として比喩を使う

[†] 『The Emergence of Abstract Representations in Dyad Problem Solving』[Sch95]。この文献を紹介してくれたのはジューン・キム氏です。
[††] 『Conscious/Subconscious Interaction in a Creative Act』[GP81]を参照。

さて、比喩とかたとえとかいう言葉を聞くと、「小学校か中学校の国語の授業で習ったな」と思う人もいるでしょう。しかし実際には我々は比喩をいつも使っています。コンピュータのスクリーン上のウィンドウと呼ばれているものは、本当の窓ではありません。マウスは実際には齧歯類の動物ではありません。ハードディスクのフォルダも本当のフォルダ（書類ばさみ）ではありませんし、ゴミ箱も本当のゴミ箱ではありません。

「スレッド（糸）」を使って並列処理のプログラムを書いているときには、縫い物をしているわけではありません。ただの比喩なのです。Unixのゾンビプロセス（なかなか消滅しないプロセス）、印刷時の中途半端な行を示す「widows」「orphan」などの用語†もすべて比喩です。

我々は絶えず比喩を使っています。認知言語学者ジョージ・レイコフなどは、比喩を使わなければ我々は考えることさえできないと言っているほどです††。多くの人は抽象的なものを扱うのがあまり得意ではありません。抽象的な概念を何か具体的なもの、日常で見慣れたものと関係づけるために比喩を使うことで、理解がはるかに容易になるのです。

しかし比喩にはまた別の効能があります。日常的によく使われる一般的な比喩はLモードの象徴であることが多いのですが、これに対して、もっとスケールの大きな比喩があります。そういった種類の比喩は我々の思考を変え、自ら独自の解答を生み出します。スケールの大きな比喩とはどのようなものなのでしょうか？

座標軸の並置

比喩（暗喩）を意味する英語 metaphor は「移転する」という意味のギリシャ語に由来し、ある物体の特性を別のものに、実際には不可能な方法で移転させるという意味合いを持っています。

二つの異なった、両立しない考えを結びつけるというこの概念は、文筆家であり哲学者でもあるアーサー・ケストラー‡によるところの創造性の定義そのものです。ケストラーのモデルでは、ある特定のトピックエリアは特定の座標軸を形成します。ある自己矛盾のない座標軸から、異なった、予想だにしなかった、本来両立し得ない座標軸に、突然の転換をすることが強力な比喩の土台となるのです。こうし

---

† http://en.wikipedia.org/wiki/Widows_and_orphans
†† 『認知意味論——言語から見た人間の心』[Lak87]を参照。
‡ 『*The Creativity Question*』[RH76]中の「Bisociation in Creation」を参照。この情報はスティーブ・トンプソン氏が提供してくれました。ケストラーは風変わりな信念を持っており、女性に対する暴力事件で告発もされています。天才と狂気は「仲間」になることが多いようです。

た二つの異なる座標軸の結合を双連性(バイソシエーション)と呼んでいます。

　元々の座標軸が離れていればいるほど、結合されたときの創造の度合いが大きくなります。この考えはエドワード・デ・ボノのPo(ボー)のテクニックの土台となります。PoはYesとNoという二値的な概念を超えようとして考え出された造語ですが、suppose（仮定する、推定する）の超強力版といった感じの意味を表す言葉です[†]。

> 比喩を創り出すために
> ランダム並置を使う

　Poテクニックのひとつに「ランダム並置」があります。自分の関心領域からひとつの言葉を取り出し、まったく関係のないランダムな単語と結合させます。たとえば、「タバコ」と「信号」という単語を考えます。このまったく関係のない概念から双連性を見いだすのです。タバコと信号は、「禁煙の助けになるようタバコの上に赤いゴム輪をかける」といった具合に融合できます。

　概念がかけ離れているほど、結合させて効果的な比喩を創り出すのは難しくなります。ことに独創的な比喩、座標軸がほどよく離れている比喩ができあがると、作者は何百年も称えられることになります。

　　だが、柔らかい！　あそこの窓から洩れてくるあの光は？
　　あれは東だ、ジュリエットは太陽なのだ！
　　愛はため息でできた煙だ。
　　逆境は甘いミルク、哲学だ。

　　　　　　　　　　　　　　　　　——ウィリアム・シェイクスピア

　窓の中のあの明るい光は何でしょうか？　天体ではありません。ロメオが仮面舞踏会で会ったばかりの少女のことです[††]。愛は感情であり、「煙」や「ため息」とは何の関係もありませんが、すばらしいイメージを喚起してくれます。恋にとりつかれた若い男から生まれた煙の筋が、もうもうたる力強い濃霧となっていくのが見えてきそうです。

　煙が位置する座標軸の特徴が、感情（愛）の位置する座標軸と結合します。煙に関する既知の（しかし明示はされていない）特徴が、感情の座標軸に写像され強い感情を引き起こします。この種の、ある座標軸から別の座標軸への「刻印」は非常に強力で、これこそ我々が手に入れたい強力な武器です。

　比喩があり、そしてまた比喩があるのです。

[†] 詳しくは『デボノ博士のポー』[DB72]を参照。
[††] グリーティングカードのおかげで現代人はこの種の比喩には慣れっこになってしまっていますが、シェイクスピアの時代ならはるかに大きなインパクトを持っていたでしょう。

システムメタファー

　XPに関する最初の書籍『XPエクストリーム・プログラミング入門——変化を受け入れる』[BecOO] に、とても面白いプラクティスが載っていました。システムメタファーです。つまり、どのようなソフトウェアでも適切な比喩（メタファー）がガイド役になるというものです。たとえば給与振込システムは、個々人の郵便受けや配達スケジュールなどを含む郵便局に喩えることができるでしょう。

　比喩は最終的には何らかの形で破綻することになるのですが、うまい比喩ならばデザインを導く役割を果たし、開発途中に生ずる疑問点に対する答えを見つける手掛かりとなってくれるはずです（これは『達人プログラマー——システム開発の職人から名匠への道』[HTOO] で我々が議論した「システム不変条件」とよく似たポイントです）。

　比喩的な座標軸の特徴は、それ自身をソフトウェアシステムに刻印することが可能です。実世界の、暗黙のうちに仮定されている誰もが知っている特性がソフトウェア自体の中へ「移転」を開始するのです。

　しかし、ふさわしい比喩を思いつくこと——疑問に答えるのに役立つ比喩、かえって疑問を増やしてしまわないような比喩を思いつくこと——は容易ではありません。このため、システムメタファーは、プラクティスとしては、たとえば「テストファースト開発」や「ペアプログラミング」といったものほど広く受け入れられていません。

　XPの生みの親であるケント・ベックと比喩一般について話をしてみたら、次のように語ってくれました。

　「比喩的思考はプログラミングの基本だ。なぜなら比喩はすべての抽象的な思考に存在するものだからだ。自分が用いている比喩に気づいていないと、道に迷ってしまう。比喩をいくつも一緒に使うと互いに打ち消し合ってしまう。なぜ我々は**サブクラス**（**副次的**クラス）のメソッドを**オーバーライド**（**上書き**）するのか。明確な比喩は、学習を、論理的思考を、そしてコードの拡張を容易にしてくれる」

　明確な比喩は強力な道具ですが、我々がいつもそれを正しく理解できるとは限りません。ケントは続けます。「なぜ我々は比喩を台無しにしてしまうのだろう？ add() の反対がいつも delete() でないのはなぜだろうか？　コンテナに追加するのになぜ insert() を使って、add() を使わないのだろうか？　プログラマーは比喩の使い方がいいかげんだ。テーブルはちっともテーブルに似ていないし、スレッドも糸に似ていない、memory（記憶）と cell（独房、細胞）の二つがくっついた memory cell は、記憶にも独房にも似ていない」

　我々はあまりにもよく比喩を使っているので、その多くに気づいてさえいません

（ウィンドウ、マウスなどの例を思い起こしてください）。あまり考え込まずに自然に浮かんでくる最初の比喩をつかまえるのは実に簡単です。しかし、それが最高の比喩であることは多くはないでしょう。

> **生成的な比喩は難しい**

コンテキストにマッチした生成的な真に意義深い比喩を思いつくことはさらに難しいことです。その比喩が正しいかどうかを教えてくれる「比喩コンパイラ」などありません。実践あるのみです。デザインをうまく導いてくれそうな比喩を使い、それがどれだけ役立っているか、あるいは役立っていないかに留意しましょう。すぐにはわからないと思います。成果は不確実なものでしょう。この章で見てきたように、不確実なことがあっても落ち着いている必要があります。決着をつけようとしないことです。気づいてさえいればよいのです。

いくらか経験を積むと、最初に思いついた比喩は間違っていたが、「こっちの考えならもっとしっくりくる」と突然悟るかもしれません（もちろん、それでもよいのです。いくらか「リファクタリング」が必要になるだけの話です）。

意図的に比喩を創り出すことに慣れていないと、システムを比喩で表現するのは難しいかもしれません[†]。しかし、比喩や類似性を創り出す能力をアップする方法はあります。しかも楽しみながら。

そして、このアヒルはバーの中に歩いていった……

ユーモアは時間の無駄でも、たわいない気晴らしでもありません。それどころか、思考、学習、創造性にとって不可欠、かつ重要な能力を映し出します。すべては「関係」に関係するのです。

ユーモアは、本質的に異なる概念間に目新しい関係を作ることから生まれます。多くのユーモアは、物事の関係を特定して、それをねじ曲げることが基本となります。たとえば、「親友が私の妻と駆け落ちした。きっと彼奴のことが恋しくなるだろう」といった具合です。常識的に大切なのは妻との関係の方ですが、そうは来なくて、親友との関係の方が重要だという展開になります。関係がねじ曲がるところがこの話の面白さとなっているのです。

[†] 私はこの点個人の考えでは、システムメタファーが広く受け入れられて来なかった大きな要因だと思います。

3.3 RモードからLモードへの流れを作る | 81

コメディアンのヘニー・ヤングマンの古典的ジョークに"Take my wife. Please."というフレーズがあります。"Take my wife"の所まで聴いた | Take my wife.

ところでは、「たとえば、カミさんを例にしてみると……」といった感じで話が続くと思っているのですが、"Please."とくるので、「カミさんを持ってっちゃってくれ。頼む。」という、もの悲しいお願いに途中で変わってしまうのです。その突然の言語学的方向転換がユーモアの源なのです。ここでの創造性は、"take my wife"が複数の意味を持ちうることを知っていて、わざと誤解を生じさせているという点です。

これまたコメディアンのスティーブン・ライトは、「ラジオのアナウンサーをやっている僕の友人は橋の下を運転中に姿を消す」といったような、面白い類似性を抽出することで有名です。ラジオ放送は橋の下などで時々聞こえなくなるからラジオアナウンサー自身も消えてしまうのかもしれないという類似性を見つけ出したのです。「車のキーをうっかりアパートのドアに挿してしまい、アパートをひとっ走りさせてこの界隈を一周した」などといったことも言っています。

類似性を抽出する代わりに、既存のアイディアを常識を超えたところまで拡張するという方法も有効です。たとえばこんな具合です。「飛行機事故でブラックボックスを回収できるなら、その中から飛行機全部を取り出せるようにしちゃえばどうだろう？」

どのケースでも、ユーモアは、関係性を基準を超えて抽出したり拡張したりすることから生まれています。頭の回転の速さ、つまり、関連のないものの間のつながりを抽出したり、拡張して限界点を超える能力は、チームの中で実践し、磨き、奨励する価値が大いにある技術です。

> **ヒント15**
> 強力な比喩を作り上げるためにユーモアのセンスを養う

"Have you seen my fishbowl ?"という文を耳から聴いたとき、「金魚鉢を探しているのだな？」のだと思うでしょう。しかし、もし答えが「もちろん、最後はストライクだったでしょ」であれば、bowlが「ボウリングをする」という動詞として使われている、完全に漫画チックな座標軸に入り込むことになります。

このように遠く離れたものを結びつける訓練を積めばよいのです。これによって脳の構造そのものが、この新しい活動に適応するために変わり始めるのです。

さっそく実行 ⬇

- □ もっと比喩を考え出しましょう。ソフトウェアの設計だけでなく、より芸術的な活動にも。自分で考えたジョークや寓話、歌などにも応用しましょう。
- □ 比喩など考えたこともないという人は、まず簡単なものから始めてみましょう。類語辞典です（本屋で辞書の隣に置いてある、あれです。あるいはネットにもいくつか類語辞典が用意されています）。
- □ WordNet を試してみるのもよいでしょう（どのプラットフォームでも http://wordnet.princeton.edu で使えます）。同義語だけでなく対義語、上位語、下位語、その他各種の派生語が見られます†。

3.4　$\mathcal{R}$モードが提供してくれるヒントを手に入れる

　$\mathcal{R}$モードは長年無視されてきたにも関わらず、いつもコツコツと働き続けてきました。共通点のない事柄を比較したり、かけ離れた事柄を関連づけたり、平凡な記憶の泥沼から、とうの昔に忘れてしまっていた大切なデータを探し出してきたりするなど、バックグラウンドでせっせと働き続けているのです。

　いや、それどころか、皆さんが今取り組んでいる一番重要な問題に対する答えを$\mathcal{R}$モードがすでに持っているということも大いにあり得る話なのです。

　しかし、そういう答えをどうしたら手に入れられるでしょうか。この章のここから最後まではすべてのページを割いて、皆さんの脳にすばらしいアイディアを出させるため、けしかけたり、おだてたり、刺激したり、揺さぶったりするワザを見ていきましょう。

もう知っている

　上で書いたように、皆さんを悩ませている超難問についての「すばらしいアイディア」や解決法を、もう知っているのかもしれません。

> 入力はすべて記憶される

我々の脳は、受け取った入力をすべて記憶します。とは言っても、必ずしも索引をつけて記憶するわけではありません（あくまでもコンピュータに即したたとえを求めているこだわりの方には、「入力にポインタをつけて記憶するわけで

---

† 無料で利用できる日本語の類語辞典としては、Yahoo!の『必携 類語実用辞典』（http://dic.yahoo.co.jp/ の一部）や類語玉手箱（http://www.dictjuggler.net/tamatebako/）などがあります。

はありません」と書いておきましょう）。

　2章で見た、いつものように車で職場に来たときの道中のことがまるで思い出せない、という現象は、ほかの場合でも起こり得ます。たとえば講堂で授業を受けていたときのことや、セミナーを受講していたときのこと、ある本を読んでいたときのことなど。この本を読んでいたときのことも。

　しかし、どの記憶も失われてしまったわけではありません。難問に直面して、それを解こうとしているときに、ありとあらゆる記憶がスキャンされます。意識のレベルで思い出せないものも含めて。あまり効率的な方法とは言えませんが（たとえばSQLでとても長い大きなテーブル全体をスキャンするようなものですが）、結果は出ます。

　こんな経験はありませんか——ラジオから昔の歌が流れてきて、それから数日後に突然そのタイトルや歌手の名前を思い出す。$\mathcal{R}$モードが思い出そうと数日間ずっとバックグラウンドで非同期的に働き続け、やっと結果が出たのです。

　しかし、答えが簡単に見つかることはそうはありません。なにしろ$\mathcal{R}$モードには言葉の処理ができないのですから。記憶の一部を取り出してくることはできても、それを使ってどうこうすることはできません。そのため、妙なことが起こる場合もあります。

エリアス・ハウの不思議な体験

　1845年、エリアス・ハウという人が、上糸と下糸をからませる実用的なロックステッチ式のミシンを発明しようと頑張っていましたが、なかなかうまくいきません。ある晩、悪夢を見ました。日がな1日、頭を絞りに絞った挙げ句、何の成果も得られずに終わった日の夜のことです。悲鳴を上げて飛び起きてみると、全身が冷や汗でぐしょぐしょだった、そんなたぐいの悪夢でした。

　夢の中でハウはアフリカにいて、腹ぺこの人食い人種につかまっていました。釜の中に入れられ、まさしく釜ゆで寸前。逃げ出そうとしましたが、首狩り族は妙な形の槍でハウを突っつき続けます。

　翌朝、家人に悪夢の話をして聞かせていて、「妙な形の槍」のところになりました。「その槍の何が妙だったかって言うとね、矢の先っぽみたいに突起のついた端っこに穴があるのさ。手に持って使う縫い針と同じような穴なんだけど、太い方じゃなくて先っぽに穴があってね。あ、そうか……」

　結局ハウは、恐ろしい思いをして手に入れたインスピレーション——ミシン針は、手縫い用の普通の針とは逆の位置に穴がなければならないというインスピレーション——をもとに自動縫製機械を作り出し、アメリカ初の特許を取得しました（図

3-3)。

　ハウはこの技術上の難問に対する答えを、あの悪夢を見る前にすでに知っていたのではないでしょうか。少なくともハウの $\mathcal{R}$ モードは答えを見つけていました。しかし $\mathcal{R}$ モードは言語を使ったコミュニケーションができませんから、その答えをどう L モードに伝えたら処理してもらえるか、ということになります。

　$\mathcal{R}$ モードは答えを柵越しに投げました。視覚的な形にして。突拍子もない悪夢という恐ろしい——だからこそ忘れられない——イメージにして。

アイディアは言葉で表せないものが多い

　結局のところ、言葉では到底言い表すことのできない、すばらしい技術やアイディアが山ほどあるのです。すでに2章で触れたように、我々は何千という人の顔を見分けることができますが、連れ合いでも親でも子供でもいいです、誰かの顔を正確に言葉で言い表そうとしてみてください。できないでしょう？　それは、顔の識別（いや、それどころか大半のパターン認識）作業を受け持っているのが

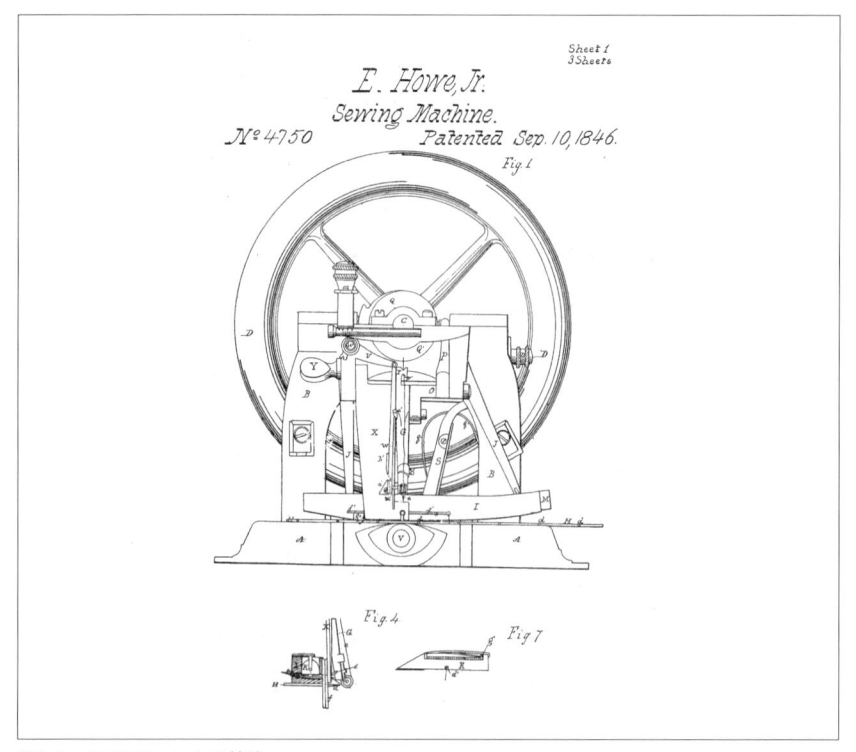

図3-3　エリアス・ハウの特許

> ### 言葉では言い表せない能力
>
> ある研究者グループが次のような実験をしました[†]。コンピュータの画面を縦横にそれぞれ二分割してできた四つの平面に無作為の数字を一瞬だけ表示させ、それを学生に認識させます。一部の学生には、認識すべき数字を表示する前に、飛び跳ねる数字を見せますが、対照群の学生たちには飛び跳ねる数字は見せません。飛び跳ねる数字は、四つの平面を無作為に飛び回るように見えますが、実際には無作為ではなく、言葉では表現できない一定のパターンを持っています。
>
> 飛び跳ねる数字を見せられた学生たちが、認識すべき数字を認識する所要時間は、対照群の学生よりはるかに短いという結果が出ました。しかし、どうしてそうなるのか、飛び跳ねる数字を見せられた学生たちには説明できませんでした。予測して、たまたま運良くその予測が当たったのだろうと考えましたが、実のところ、前述のパターンを無意識のうちに学習したのであって、それを言葉で言い表せなかっただけなのです。
>
> 以上の研究結果はジューン・キム氏が紹介してくれました。この研究は『Hare Brain, Tortoise Mind: How Intelligence Increases When You Think Less』[Cla00] にも載っています。

$\mathcal{R}$モードだからです。

また、道路標識や新聞雑誌の見出しなど、夢の中に出てきた文を読もうとして読めないことに気づいた人はいませんか。たいてい読めないものです。

こうした$\mathcal{R}$モードによる識別結果を手に入れる方法を二つ、ざっと紹介しましょう。イメージストリーミングと自由形式の日記です。

イメージストリーミングで$\mathcal{R}$モードのイメージを手に入れる

エリアス・ハウが探し求めていた答えは、夢という形で示されました。皆さんも、自分の夢の内容に注意を払うようになると、同じことを経験するかもしれません。すべての夢が「何かを意味する」わけではありません。ジークムント・フロイトが言った（と言われている）ように「夢に出てきた葉巻が、単なる葉巻にすぎな

[†] 『Acquisition of Procedural Knowledge About a Pattern of Stimuli That Cannot Be Articulated』[Lew88]を参照。

い」ときもあります。しかし、$\mathcal{R}$モードが皆さんに何かを伝えようとしている場合も多いのです。皆さんが知りたいと思っている何かを。

「イメージストリーミング」は、$\mathcal{R}$モードのイメージを受け取るためのテクニックです[†]。基本的には、心の中のイメージを意識的に観察する、つまりイメージを注視して、心の中で少しその向きを変えてみる、という手法です。

まず、自分で自分に問題を出してみてください（あるいは、自分に質問をしてみましょう）。それから10分間ほど目を閉じます。両足を机の上に載せてみてもよいかもしれません。勤務時間にぴったりの姿勢でしょう。

イメージが浮かんでくるたびに、次のことをやってみてください。

1. そのイメージに目を向け、できるだけ細かいところまで全部見るようにしてください。
2. そして声を出してそれを説明します（本当に声に出して言ってください。それが大切なのです）。これで皆さんは勤務中に机の上に両足を載せ、しかもひとりごとを言っているというわけです。
3. 五感を総動員して（関係ない感覚がある場合は、それ以外を総動員して）イメージを思い浮かべます。
4. たとえイメージがほんの一瞬浮かんで消えてしまったとしても、現在形で説明してください。

ほんの一瞬浮かんで消えるイメージに、このようにあえて注意を払うことによって、より多くの回路を使い、イメージとのつながりを強めます。また、イメージを解釈しようとすることによって、$\mathcal{R}$モードの検索パラメータが充実し、関連情報をまとめ上げる効果が得られるでしょう。いずれにしても、「無作為に」浮かんで意識の領域をよぎるこうしたイメージを注意深く観察することによって、新たなひらめきが得られるようになるのです。

これは魔法ではなく、誰にでも効果があるというものではありませんが、脳の普段意識しない部分と連絡を取る恰好の方法だと思われます。

実験してみると、かなりの割合で、この方法ではイメージが見えないという人が出ます。そういう人は両目を軽くこすったり光源を短時間見つめたりすることによって「無作為の」イメージを人工的に作り出してみましょう。こうすれば、非視覚的に生じる光「眼閃（がんせん）」が見えます。

[†] これは『頭脳の果て（アインシュタイン・ファクター）——学習促進効果の限界への挑戦』[WP96]に出ています。このテクニックの効果を立証するためにあげられている証拠の大部分は事例的なものなのですが、それはこの場合、ある意味当然のことと言えるでしょう。

どうやってイメージを浮かべるかはあまり重要ではありません。それをどう解釈するかが重要なのです。この現象についてはあとでまた触れます。

自由形式の日記で $\mathcal{R}$ モードの出力を手に入れる

$\mathcal{R}$ モードによる前意識の宝箱を手に入れるもうひとつの簡単な方法は「書くこと」です。

ここ数年、ブログが大変な人気を集めていますが、当然のことかもしれません。以前は、皆、手紙を書いていました。ときにはとても沢山の手紙を。ヴォルテール、フランクリン、ソローら偉大な思想家や作家などのすぐれた書簡は後世に向けて保存されてきました。

手紙を書くというのはすばらしい習慣です。たいして面白くもない内容の場合もあります——天気がどうだとか、市場でものの値段があがったとか、女中が馬丁と駆け落ちをしたとか。しかし、日常の些細なことの中に哲学的な珠玉がころがっているときもあります。この種の自由形式の日記には古い伝統があり、こうした過ぎ去りし時代の優れた思想家たちは、手紙を書いたことで後世の人々から「文人（a man of letters）」として高く評価されるようになったのです。

今日では、ブログがこうした手紙に取って代わりました。「今朝、○○を食べた」といったたぐいのブログはよく見かけますし、精神を病んでいることを示す毒気に満ちた暴言に出くわすこともありますが、世界を変えてしまうような、鋭い洞察力から生まれた見解やアイディアの芽もあります。いや、すでに世界を変えてしまったものもあります。

とはいえ、自分の考えを記録する方法は山ほどあって、その中に、この本の目的を果たす上で、他のものより効果的な方法があります。とりわけ「モーニングページ」という方法は最良の部類に数えられます。

モーニングページ

私がこの方法を知ったのは、ライティングの研修会でのことです（この方法は『ずっとやりたかったことを、やりなさい』[Cam02]にも出ています）。文筆家の間ではよく実践されている方法です。しかし、人気のある MBA 受験講座など上級管理職級の講座や研修会でも採り上げられているのを知ったときはびっくりしました。

この方法のルールは次のとおりです。

- モーニングページは**朝一番に**書くこと。お茶やコーヒーを飲むより前に、交通情報を聞くより前に、シャワーを浴びるより前に、子供に身支度をさせて学校へ送り出すより前に、犬を散歩に連れていくより前に。
- 少なくとも3ページは書くこと。しかも手書きで。タイプライターやコンピュータは御法度です。
- 自分の書いた内容をチェックしたり直したりしないこと。すばらしい考えであろうが陳腐なアイディアだろうが関係なく、ただ書き出します。
- 間に休みの日を設けてはなりません。

何を書いたらよいかわからなくてもかまいません。このプログラムに参加していたある管理職の人は、こんなトレーニング、**まったくの時間の無駄**だと公言してはばかりませんでした。で、その人はけんか腰で3ページにわたってこう書いたのです。「何を書いたらよいのかわからない。ああたら、こうたら」。でも、これでもよいのです。

というのも、次第にこの人の「モーニングページ」にほかの話題が登場し出したからです。マーケティングのプラン。製品に関する目標。問題点の解決法。画期的なアイディアの芽。結局この人は、この方法に対する最初の抵抗感をぬぐい去り、ひらめきを得る上で非常に効果的だということを認識しました。

なぜ効果的なのでしょうか。私が思うに、無防備な状態で脳の中身をさらけ出すからではないでしょうか。朝一番に書くため、自分で思っているほどには目覚めておらず、まだ無意識が優位な状態にあるわけです。心理的なガードが完全ではなく、現実の世界にあまり適応していません。少なくともしばらくの間は R モードとの直接的なつながりが、まだかなりあるのです。

こうした「モーニングページ」とよく似たワザを駆使していたのがトーマス・エジソンです。エジソンはボールベアリングをいっぱい入れたカップを片手に持って昼寝をしました。眠りに落ちる寸前のうとうとした状態のときに、自分の抱えている難問を無意識が引き受けて解決法を授けてくれるということを知っていたのです。深く眠ってしまうと、ボールベアリングが落ち、そのガラガラいう音で目が覚めます。そのとき頭の中にあることを何でも紙に書きつけたというわけです[†]。

[†] これは『頭脳の果て(アインシュタイン・ファクター)——学習促進効果の限界への挑戦』[WP96] で紹介されています。このことはリンダ・ライジング氏から教わりました。

> ### ツールは毒にも薬にもなりうる
>
> 　ブログや記事、あるいは本を丸々1冊書く（ご成功をお祈りします！）といった創造的なことを始めようとすると、大きな「壁」に突き当たるものです。この「壁」はさまざまな形を取って現れます。大きな創造性をはらんだ先延ばしに対する「これでよいのか」という自己不信、気を散らす種々の要因、言いわけなどなど（『やりとげる力』[Pre02] を参照してください。「壁」の例がいやになるほどあげられています）。
>
> 　特にブログを書く場合、そのためのツール自体に足を引っ張られることがあります。たとえばサードパーティのウェブサービスを使ってブログを書いている人、オフラインで書き込みをする設定になっているでしょうか。あるいは、インターネットが使えないときに何かひらめいた場合、ネットに接続できないことを言いわけにして、ブログを書かない人がいるのでは？　ブログを書くためのソフトウェアを自分で作った人、ブログの新しい記事を書くよりもそのソフトやブログのデザインの微調整に時間を取られてはいませんか。産業革命の時代に、自分たちから職を奪う機械の打ち壊しをしたイギリスの熟練工「ラダイト」ほど過激な主張をするつもりはありませんが、紙に書くというのはもう何千年も前から実践され、効果を上げてきた方法です。アイディアが浮かんできたら、まず紙に書きとめておいて、あとでブログのエディタにタイプする方が、はるかに手早いかもしれません。
>
> 　一度書き始めたら、その流れを維持することも大切です。文法などの技術的な問題に気を取られて中断してはなりません。訂正が必要な箇所も気にしないで、まずは全部書いてしまいましょう。
>
> 　有名な文人の書簡は後世のために丁重に保管されました。皆さんのブログはいかがですか。バックアップが取ってあるでしょうか。ブログの記事を書いたら、Google のキャッシュ以外にもどこかに保存しておきましょう。

「ただ書いてみる」という方法

　次に、ブログそのものがあります。何であれ、書く機会があれば、よい練習になります。ある話題について、**本音**で自分はどう考えているだろうか。その話題について実際に何を知っているだろうか。どう考えるかだけでなく、何か主張すべきことがあるだろうか。こうやって大勢の読者を相手に書くというのは自分の考えや主義主張を明確にする上で絶好の方法でしょう。

ただ、どこから始めたらよいのでしょうか。何か特定の話題について書きたくて書きたくてしかたがないといった場合でもなければ、腰をおろして何かについて**ただ書く**ことなど、難しいはずです。そこで試してみていただきたいのが、ジェラルド・ワインバーグの自然石構築法です[†]。

「自然石構築法」というのは、自然石で壁を作り上げるようにして文章を組み立てる方法だからです。壁を作るため事前に特定の石を集める計画を立てるといったことはしません。ただ歩き回って、将来役立ちそうなきれいな石をいくつか拾ってきては集めていきます。そして、いざ壁作りに取りかかったときに、前に集めておいた石を眺めて、作っている最中の壁にぴったりくるものを探します。

心の中で自然石を集める習慣をつけましょう。いくつか集まれば、壁作りも楽になります。

習慣とするには、なかなかよい方法です。

「歩くこと」の効果

$\mathcal{R}$モードが提供してくれるヒントは、歩くことでも得られます。正しいやり方でやれば。「迷路」という意味を持つ英単語としてlabyrinth（ラビリンス）とmaze（メイズ）の二つがあります。

ラビリンス協会[††]によると、メイズには複数の出入り口があって、道筋も自分で選べます。出口は壁に遮られて見えません。つまりこれはパズルです。

一方ラビリンスはパズルではなくて瞑想の道具です。道筋はひとつしかないため、選択の余地はありません。ラビリンスに沿って歩くことにより、**L**モードになすべき「仕事」を与え、$\mathcal{R}$モードを解き放ちます。

森の中を長い間歩くとか、ほかにあまり車の通らないまっすぐな幹線道路を長時間ドライブするとかいった方法と同じですが、スケールを小さくし、簡便にしたわけです。

ラビリンスは何千年も前からあります。今日では教会、病院、癌センター、終末期医療施設（ホスピス）など、治療や思索・瞑想の場にあります。

こんなことに気づいた人はいませんか。すばらしいアイディアやひらめきは片手間仕事をしているときに湧いてきがちだ——たとえばシャワーを浴びているとき

[†] 『ワインバーグの文章読本　自然石構築法』[Wei06]。この方法は以前出版した本の読者の方々に教えてもらいました。また、要約はジューン・キム氏が提供してくれました。
[††] http://www.labyrinthsociety.org

図3-4　サンフランシスコのグレース大聖堂

や、庭の芝刈りや皿洗いなどの雑用をしているときに。

　これは、**L**モードがそうした単調な雑用に飽き飽きしてそっぽを向いてしまうため、**R**モードがすでに発見していたものを自由に見せられる状態ができあがるからです。だからといって、この効果を得るために皿を何枚も洗ったり無理矢理芝刈りをしたりする必要はありませんが。

　そんなことをしなくても散歩をすればよいのです。

　有名な数学者アンリ・ポアンカレは、この方法のバリエーションを問題解決法として活用していました[†]。難問に出くわすと、それについて知っていることを全部紙に書きつけます（これと似た方法を4章で紹介します）。それによって出てきたいくつかの問題に目を通し、簡単なものはその場で解いてしまいます。

　そして残りの「難問」のうちで一番簡単なものを「サブ問題」として選び出します。ここで研究室をあとにして散歩に出かけ、

---

† この例を教えてくれたのはジューン・キム氏です。

散歩中は今選んだ「サブ問題」のことだけを考えます。何かひらめいたら、すぐに散歩をやめて研究室に戻り、答えを書き留めます。

　以上の方法を、すべての問題が解けるまで繰り返します。答えがひらめくときの感覚をポアンカレは次のように書いています。「アイディアは群れをなしてやってくる。ぶつかり合い、やがて『かみ合う』ものが出てきて、安定した組み合わせができあがる」

　近くにラビリンスがなければ、駐車場のまわりや廊下を歩いてみたりしてもよいでしょう。しかし、オフィスの中を歩くのはダメです。気の散るもとが多すぎるからです。同僚の会話が聞こえてきたり、上司や顧客と鉢合わせしたり、給湯室での野球談義を小耳にはさんだりして、問題に集中できなくなる恐れがあります。

> Rモードには命令はできず、促すことしかできない

　ここまでの数パラグラフで、読者の誤解を招いてしまったかもしれません。「思索のための散歩」では、**考える**ということはしません。LモードとRモードの処理をはっきりと分けることが大事なのです。Lモードは意識的です。意識を集中しているときに働くのはLモードです。Rモードは違います。命令はできず、促すことしかできません。

　Rモードに働くよう促すためには、いわば焦点を少しぼかすような感じにしなければなりません。これについて数学者のジョージ・スペンサー・ブラウンは著書『形式の法則』[SB72]で、「知る必要のあることを」考えるのではなく「心に留める」だけでよいと言っています。

　目標に焦点を絞り込むと、たちまちLモードによる処理が優位を占めるようになりますが、この場合それは望ましくありません。代わりに目標を指向しない思考法を身につけたいのです。ポアンカレがしたように、すべてを紙に（あるいは、どうしてもと言うなら、エディタかワープロのウィンドウに）書いてしまって、あとはそのままにしておきます。見直したり、心の中で練り直したりしてはなりません。ブラウンが言っているように、心に留めてはおきますが、それに集中してはいけないのです。ごく軽い気持ちで覚えておくだけにとどめます。書き留めた種々雑多な事実や問題をじっくりと漬け込むわけです（これについては7章で詳しく説明します）。

> **ヒント16**
> 難問を解くには、キーボードから離れる

こうしておけば、思いもかけないときに答えが自然に浮かび出てくるかもしれません。

> **STOP** さて、この本を置いて散歩に出かけてください。私は待っていますから……

3.5　パターンを利用する

　ここまでで、すばらしいアイディアを得る方法についてあれこれ紹介してきましたが、ひらめきを促すための方法によって得られるのは、なにも「すばらしいアイディア」だけではありません。$\mathcal{R}$モードの検索では、あるパターンのわずかな破片でさえ手がかりにしてパターンマッチングをしてしまいます。

　Cna yuo raed tihs?（こじぇが読べばずが？）[†]
英単語を構成する文字の順序についてですが、最初の文字と最後の文字以外であれば、どんなに入れ替えても単語の識別に支障はないという研究結果があります。人間は1文字1文字ではなく、単語全体をひとまとめにして読んでいるからだそうです。驚きですね。

　人間の頭脳はパターンの断片をもとにして全体像を再構築することがとても上手です。不完全なデータをもとにして連想をすることができ、それを、自覚するしないに関わらずいつもやっているわけです。

コードのパターン

　プログラマーなら、恐らく経験していると思われるパターンの例を紹介しましょう。ソースコードは、等幅、固定幅のフォントで書かれている場合でも、文字の配置を見れば作成者の意図がつかめるものです。

　覚えておいてください。ソースコードの書き手は1回書くだけですが、読み手は何度も読みます。読み手にわかりやすくしようという努力は意味のあ

> **コードを書くのは一度だけだが、読み手は何度も読む**

ることなのです。つまり、コードをなるべく大きなパターンにするとわかりやすくなるということです。

[†] 『The Significance of Letter Position in Word Recognition』[Raw76] および 『Reibadailty』[Raw99] を参照。

> ### 武術で集中力を高める
>
> ジューン・キム氏が次のような話をしてくれました。
>
> 「私は武術をやるようになってから、集中していられる時間が長くなり、気が散るような環境でも集中力をうまくコントロールできるようになりました。それからというもの、ソフトウェア開発など知的労働に就いている人たちに、いつもその訓練法を勧めています。「気天」と呼ばれる訓練法で、武術的な要素のほか、太極拳、瞑想、呼吸法といった要素もあるんです」
>
> 「この訓練法を始めた友人にもはっきりと効果が現れたのをこの目で見ました。始めて1ヶ月もしないうちに明らかな違いが出てきたのです。友人も、簡単に集中できるようになったし、集中度も高まったと言っていました」
>
> ヨガも瞑想も呼吸法も武術も、脳の情報処理に影響を及ぼします。人間は複雑なシステムであって、それはつまり（「システム思考」のところで触れたように）すべてが互いにつながっているということです。呼吸法という単純なことでさえ、思考のしかたに大きな影響を与え得るわけです。

たとえば、固定幅フォントを使うのはなぜでしょうか。コンパイラにとってはどうでもよいことですが、人間はテキストや句読点や記号をきれいに揃えたいのです。

```
String foofoo = 10;
int    bar    = 5;
```

こうすれば、ざっと目を通したり理解したりすることが容易になります。同様に、次のようにコードを絵文字で区切るということもしますね。

```
/********************/
/**  とても重要!  **/
/********************/
```

こうすると読み手の注意を引き、これを規則的にやれば、読み手にとってわかりやすい、より大きなパターンができます。読者のひとり、ディエルク・ケーニヒ氏は、この方法で意識的にコードをわかりやすくする努力をしているそうです。

初心者は最初からこの方法を採り入れてください。なにしろ簡単にできるのですから。しかし、プログラミングの経験を少し積んだレベルの人の中には、コードの

レイアウトに時間を割くなんて時間の無駄だと文句を言って、先延ばしにする人も多いでしょう。熟練者や達人レベルの人は、どのようなものであれパターン化されているものを見慣れていますから、わかりにくいコードだとイライラしてしまうはずです。

　こうした視覚的な手がかりとしては、上の例のような変数の並びやコメントなど、さまざまな要素があります。メソッド定義の長さといった、もっと微妙な手がかりもあります。わずか2、3行という非常に小さなメソッドを見るのに慣れてしまうと、長ったらしいメソッドは「何かおかしい」と感じられるものです。

　括弧の配置も視覚的パターンとなり得ます。だからこそ {...} の記述パターンをめぐる論争が続いているのでしょう。これは論争のための論争ではありません。この種のパターンマッチングは認識や理解に影響を及ぼすのです。

　コードのパターンマッチングにはマイナスの側面もあります。歴史あるC言語で書かれた、次の古典的に著名なコードを見てください。

```
if (receivedHeartbeat())
    resetWatchdog();
else
    notifyPresident();
    launchNukes();
```

　あいにく launchNukes() は receivedHeartbeat() の値に関係なく必ず実行されてしまいます。読みやすいようにと、きちんと字下げ（インデント）したつもりでしょうが、コンパイラはそうは見てくれず、notifyPresident() だけが else に続いていると解釈してしまいます。字下げがかえって災いしたのです。このように、文字の並びによって、良かれ悪しかれ理解や認識が大きく左右されるわけです。

　視覚的な理解を助けるため、文字の並びによる手がかりは常に統一しましょう。コンパイラは気にかけませんが、我々人間は気にしますから、この種の

> さまざまな技能レベルに通用するものを作る

影響には敏感になりたいものです。チームの他のメンバーより皆さんの方がレベルが上だとして、他のメンバーが抵抗感を示したら、それは他のメンバーがまだ皆さんのようには認知できていないからだと理解してあげてください。文字の並びによる手がかりの価値を自然に感じ取ることができないのですから、説明してあげなければなりません。

　また、皆さんにはこうしたパターンの価値がわからないけれど、もっとレベルが上のメンバーにはわかるという場合には、レベルが上のメンバーに調子を合わせていればよいのです。変に気取って時間の無駄になるようなことをしているのではな

く、重要なコミュニケーションのツールを駆使しているのだと理解してください。

「頭にガツンと一撃」

> 轍（わだち）と墓穴の違いは凹みの深さだけ

我々人間はパターンを一定の見方で見ることに慣れきってしまっているため、目の前にあるものがなかなか見えません。型にはまってしまいがち、一定の月並みな思考パターンに陥ってしまいがちなのです。そこで、インスピレーションが湧くようにするためのコツは、問題をまったく違った視点から見ることです。

たとえば、こんな問題を考えてみてください。「マイケル・スピンドラーとジョン・スカリーの共通点は何でしょうか？」。これには予想外の答えが用意されています[†]。たしかにばかげたジョークですが、ここで言いたいのは、皆さんが普段はまったく関与しないようなコンテキストでのみ意味を持つ、文字通り「文字通りの答えだ」ということです。

創造性を高め問題を解決するためのカギは、問題を検討する際、これまでとは違った視点を見つけることにあります。今までと違う連想によって$\mathcal{R}$モードは否応なしに異なった検索を開始し、それによって新たなデータが浮かび上がってくるかもしれないのです。

俳優兼コメディアンのデイヴ・トーマスは難問にぶつかると、よくこう言います。「逆立ちさせて回してみろ」。つまり、**脳を一発ぶんなぐれ**ということです。マンネリ状態から抜け出させて、違った視点から問題を見させるための方法なのです。

音響技師が録音のミキシングをするときに用いるテクニックは有名です。できるだけよい音にするため、まず終わりまでよく聴いて、それからそれぞれの楽器の音をできるだけ**悪く**します。サキソフォンなら耳障りな摩擦音を、ギターなら弦のきしむ音を、エレキベースならブーンという音を強調するといった具合に。それができたら、逆のことをやります。できるだけひどい音にするよう強調したものを小さくしたり取り除いたりして、澄んだ生き生きした音に仕上げていくのです。

> 問題を別の角度から眺めてみる

問題を正反対から見てみるという、単なる視点の転換そのものが、非常に強力なテクニックなのです。これはプログラムのデバッグにも使えます。なかなか見つからないバグを見つけようとする代わりに、同じ問題を意図的に生じさせる方法をいくつか考えてみるのです。その過程で、実際はどうなっているのかがわかるかもしれません。あるいは、同じ方法をユーザーインタフェースのデザインにも

[†] 名字が「ス」で始まること。

応用してみてください。完璧なレイアウトやワークフローを考えようとしないで、**最悪**のレイアウト、**最悪**のワークフローを作ってみるのです。こうすれば、本当に重要なのはなにかがわかってくるかもしれません。

> **ヒント 17**
> 問題を解くには、視点を変える

コンサルタントのロジャー・フォン・イークは著書『頭にガツンと一撃』[vO98]で、さまざまな「一撃」を紹介しています。たとえば、正反対から見てみる、アイディアを誇張してみる、類似点のないアイディアをしらみつぶしに調べてみる、といった方法です。

こうした「一撃」のほかに、ロジャー・フォン・イークは別の選択肢を見ることを妨げがちな、よくある「知的渋滞」も紹介しています。たとえば、正解はひとつしかないと思い込むこと、得られた解決法が論理的でないと思い込んでしまうこと、遊びは不まじめとはねつけてしまうことなどです。

どれも真実ではなく、危険な思い込みにすぎませんから、前進する上で大きな妨げとなりかねません。たいていの問題に、複数の解決法、複数の「正解」があるものです。「正解はひとつだけ」という考え方が当てはまるのは、恐らく小学校の算数だけでしょう。ある解決法が論理的でないのではないかと思っている人。あなたの脳の処理も大半が論理的ではありませんが、だからといって頭がおかしいわけではありません。また、あるアイディアをもて遊ぶというやり方は、我々に備わった最強レベルのツールです。目標を指向せずにアイディアをもて遊ぶことによって、つながりや関係性を見出し、インスピレーションを得ることができます。視点を変える効果があるのです。

　　必要は発明の母。遊びは発明の父。

——ロジャー・フォン・イーク

視点の転換によってインスピレーションが得られることを示す好例が、T・H・ホワイトの『永遠の王』[Whi58] に出てきます。若きアーサー王を教育している魔術師マーリンが、アーサー王をさまざまな獣や鳥に変身させ、この世界をさまざまに経験させるのです。

あるときアーサーは野生の雁とともに飛ぶことを覚え、田舎の空高くを飛んでいます。そして眼下に広がる風景を見下ろして気づきます。国境は人間が作り出した

ものにすぎない、王や諸侯の領土の境界線が実際に地面に描いてあるわけではないのだ、と。こうして、イギリス全土をひとりの王のもとで統一できることに気づいていくのです。

ただし、皆さんまでアーサーのように鳥に変身する必要はありません。ただ、（たとえば）鳥になったと想像するだけで同じ効果が得られます。見通しのきく高い所から見れば、皆さんの脳はまた違った検索をして、違ったアイディアをかき集めてくることでしょう。

たとえば、今抱えている問題の不可欠な構成要素のひとつに自分が変身したと想像してみてください。自分がデータベース・クエリーになったとしたら。ネットワーク上のパケットになったとしたら。待ち行列でうんざりしたら、どうするでしょう。誰に文句を言うでしょうか。

神託という魔力

古代ギリシャ・ローマ時代には、司祭長が神のお告げを請うため寺院で神託（オラクル）の儀式を行いました。ほとんどの占いや新聞の星占いと同じで、神のお告げの内容はおしなべて曖昧で、「謎」に近いものでした。それを自分で「解釈」しなければなりません。これこそ「頭にガツンと一撃」です。

> あり得ないパターンを受け入れる

禅の逆説的な公案と同じです。「片手で拍手をするとどんな音がするか」というような。合理的に見ればまったく意味をなしません。脳はあり得ないパターンを受け入れるよう強いられるため、思案中の問題の範囲が広がります。もっと身近な例をとってみましょう。ワードゲーム「スクラブル」です（図3-5）。このボードゲームでは、各人がアルファベット1文字が書かれたコマを7個ずつ持ち[†]、それを使ってマス目状に区切られたボード上に、クロスワードのように英単語を作っていきます。手持ちのコマでどうしても単語が作れそうにないとき、どうするでしょうか。（やったことがある方ならご存じでしょうが）コマをあれこれ並び替えて、新しいつながり、新しい単語ができるかどうか考えます。

同じ路線で、作曲家ブライアン・イーノと画家ペーター・シュミットは、「煮詰まってしまったときに役立つ箴言（しんげん）集」を作りました[††]。それぞれのカードに書いてある質問と答えを読むと、類推を強いられ、抱えている問題についてさらに深く考えさせ

[†] 図3-5の手前に移っているQのコマの左の空白のコマは任意の1文字として使える「ワイルドカード」。

[††] http://www.rtqe.net/ObliqueStrategies

図3-5　スクラブル（Wikipediaの「スクラブル」の項より）

られます。行き詰まったときに頼れる優れ物です（Mac には Dashboard Widget が、iPhone 用には専用のものが、また Palm OS 用はテキスト版が、Linux 用はコマンド行版が、それぞれオンラインで入手できます）。質問の内容は、たとえばこんな具合です。

- ほかには、どんな風なところがありますか。
- 何も変えずにずっと続けてください。
- ドアを閉めて外から耳をすましてみてください。
- あなたのおかした間違いには隠された意図があります。

私が一番気に入っているのは最後の例です。あなたのおかした間違いは、結局のところ、そんなにひどい間違いではなかったのかも。フロイトもこの例がきっと気に入るでしょう。

この箴言集でも神託でもなんでもいいです。手に取って、それが今日の自分にとってどんな意味を持つか、考えてみてください。

> 先へ読み進む前に本当にやってみてください……

シェイクスピアの「頭の体操」

　パターンの中には、あまりにも常識はずれであるからこそ「脳を目覚めさせる」ものがあります。つまり、（またまた CPU にたとえて言うなら）その珍しい入力に対処するため脳がしばらくの間クロックアップされるのです。

　たとえば、子供たちは造語の名人で、imaginate（imagine + create——想像＋創造）[†]のような生き生きとした動詞や、prettiful（pretty + beautiful——カワイイ＋美しい。あるいは pretty + full——かわいさで一杯）のような「合成形容詞」を作ってしまいます。さらには flavor（風味、味わい）というを語を通常は用いない方法で拡張して "I'm not flavoring that food today."（今日はその食べ物の味わいに乗り気がしない？）といった表現も作り出してしまいます。こうした造語能力が、大人になると多くの場合、退化してしまうのは残念なことです。というのも、こうした新語には音的な面白さ以上のものがあるからです。

　ウィリアム・シェイクスピアはこの種の造語をよくやっていました。いや、それどころか、我々が今でも使っている次のような慣用句の中に、シェイクスピアの考え出したものがかなりあるのです[††]。

- Full circle —— 一周して、ぐるりと回って
- Method to the madness —— 見かけほど無謀ではない
- Neither rhyme nor reason —— わけもへちまもない、筋道が立っていない
- Eaten out of house and home —— 人の財産を食いつぶす

　シェイクスピアはこのように新しい句を作り出しただけでなく、重要な語に斬新な意味や用法を与えるということもしました。たとえば、"He godded me."（彼は私を神としてあがめた）といったように、名詞を動詞として使うとか。この手法は「機能推移」と呼ばれており、これによって脳が突然活性化します。

[†] IEEEの「Imaginate」と題する私の論文を参照してください[HT04]。
[††] 『*Brush Up Your Shakespeare!*』[Mac00]で詳しく解説されています。

> **変化は脳によい**
>
> only wet babies like change —— 変化（おしめ替え）を喜ぶのはおしめの濡れた赤ん坊だけ —— という表現があります。我々人間は習慣の生き物です。しかし、身に染みついた習慣は脳にとって最良のものとは言えません。そのままでは新たな回路ができず、ほかの選択肢を見つけるための「視力」がどんどん衰えてしまうのです。
>
> たとえば朝の日課について考えてください。起きがけの身支度の順序が、どの歯から磨き始めるかといったごく細かいことまで決まっていませんか。そうした順序を変えて、はまってしまっている「型」から抜け出す必要があります。
>
> 普段使っていない方の手を使う、反対側に駐車する、髪の分け目を変える、違う種類のタオルを使う、伸ばしたヒゲを剃る、ヒゲ剃りをやめる、食事の時刻を変える、といったことを試してみてください。
>
> こうした小さな変化が脳によいのです。脳の「配線」を変え、神経細胞のマンネリ化を防ぎます。本当ですよ。脳は適応性を具えているのです。適応すべきものがないと、脳は「たるんで」しまいます。

予期せぬインプットですから、脳は意味を完全に理解しようと努力せざるを得ません。しかし面白いことに、我々は語の「意味」を、文におけるその語の「機能」より先に理解するということが研究の結果わかっています[†]。この方法を使えば、文章の活気を失うことなく、読者を月並みな成句や決まり文句から解放し、終始釘付けにしておくことができます。言葉の面で「頭にガツンと一撃」をくらわすわけです。

機能推移を使うと読者の脳はどんちゃん騒ぎとなりますが、校正をやってくれる編集者の方は頭の消化不良を起こす恐れがあります。とはいえ、これも非常にcleverful な（clever + ful —— 気の利き度120% な）方法です。

3.6　$\mathcal{R}$モードの出力を上手に手に入れる

この章では、$\mathcal{R}$モード思考の特徴を一部紹介しました。$\mathcal{R}$モードの処理方法は

---

† 詳しくは http://www.physorg.com/news85664210.html を参照。

言葉では表現しにくいもので、無理矢理処理を始めさせることはできません。

しかし、$\mathcal{R}$モード思考は、問題を解決し創造性を発揮する上で、バランスのとれた「全速力の」アプローチなのです。Lモードを除外して$\mathcal{R}$モードに集中することは望ましくありませんし、$\mathcal{R}$モードの入る余地がないほどLモードに集中し続けることもよくありません。代わりに、$\mathcal{R}$モードからLモードへの流れをつくり出すような学習と思考の方法を編み出すとよいのです。

手始めに、かすかな手がかりをもとにして、$\mathcal{R}$モードの既存の出力を手に入れてみましょう。「モーニングページ」や非目標指向の思考時間（つまり散歩）、文章を書くといった手法を実践して、$\mathcal{R}$モードに処理を促してみましょう。

そして、記憶というのは貴重で、はかない作用ですから、$\mathcal{R}$モードが渡して寄越す洞察のたまものを、いつでもどこでもすぐ書き留められる態勢を整えておきましょう。

さっそく実行 ⬇

新しい習慣
- □ 最低2週間は「モーニングページ」を続けてみましょう。
- □ 頭の回転を速くするよう努力してみてください。無関係な物事のつながりや類似性をさがしてみましょう。
- □ 難問にぶつかったら、五感を総動員してください。どの感覚がそのときの自分にとってもっとも役に立つかを見ます。
- □ 普段読むものとは違ったものを読んでみましょう。たとえば小説（ただしSF小説は除く）
- □ 映画、休暇、音楽、飲み物の種類を変えてみましょう。
- □ お気に入りのレストランで、食べたことのない料理を注文してみましょう。
- □ 問題に直面するたびに、それを別の角度から眺めてみましょう。裏側から見て、どんなことがわかるでしょうか。

試してみること
- □ 起きがけの身支度など、お決まりになっている日課に意識的に変化をつけてみましょう。
- □ レゴブロックやオフィス用品を使って何かをデザインしてみましょう。
- □ $\mathcal{R}$モードをよく使うセミナーを受講したり趣味を習ったりしてみましょう。そして毎日練習してみましょう。

- □ 「二人一組(バディーシステム)」を実践して、やる気を失わないよう相手に励ましてもらい、進歩の度合いを見てもらいましょう。
- □ 今進めているプロジェクトを、比喩を使って検討してみましょう（具体的な物事になぞらえて検討することが効果的かもしれません）。比喩や誇張を使って、自分のプロジェクトに関するジョークをいくつか言ってみてください。
- □ 知り合いの「達人」を観察してみましょう。「達人の奇癖」だと思っていたものが、実は意味のあることだった、といったケースはありませんか。
- □ 職場で使われる語彙の集合に、新しい単語や造語を付け加えてみましょう。

4章
アタマをデバッグ

俺は変人になろうと思ったことは一度もないよ。
いつも他のやつらにそう言われるだけさ。
——フランク・ザッパ

直感は偉大ですが、時によりけりです。

リーダーとは勤勉で思慮深い意志決定者であると思われています。曰く、リーダーは関連する全事実を収集し、評価し、論理的かつ合理的な決定を下

> **我々は合理的存在ではない**

す。しかし、実際のところ、達人といえども、高度の緊張の下で意志決定をしなければならない者が、このような理想化された過程をたどることは基本的にはあり得ません[†]。

事実は逆で、我々は不完全な記憶とその時点での感情によって意志決定し、問題を解決します。重要な事実は無視し、見当違いな些事に、たまたまそれがその時そこで起こったとか、目立つ色をしていたといった理由で、こだわってしまうのです。とりわけこだわるのが目立つ色をしていた場合です。

こんなシステムは「デバッグ」が必要です。

コンピュータのデバッグ（虫取り、debug）という概念は、文字どおりの虫（bug）、すなわち、Mark Ⅱエイケン型リレー式計算機（図4-1）の継電器に引っかかった1匹の蛾に由来しています。コサイン回帰テストを実行中、操作をしていた研究員たちがある不具合に気づき問題箇所を特定しました。その原因を調査して蛾を見つけたのです。研究員たちは日誌に蛾をテープで丁寧に張り付け、まさに「虫取り」をしたのでした[††]。

ハードウェアのシステムに関して言えば、バグという言葉はうまい比喩だと言え

[†] これは実はよく知られた事実なのです。たとえば『The Power of Intuition: How to Use Your Gut Feelings to Make Better Decisions at Work』[Kle04]を参照。

[††] このbugという単語自体にも長くて内容に富んだ歴史があり、bogeyman（悪い子供をさらっていくといわれている「子取り鬼」）と深い関係があります。

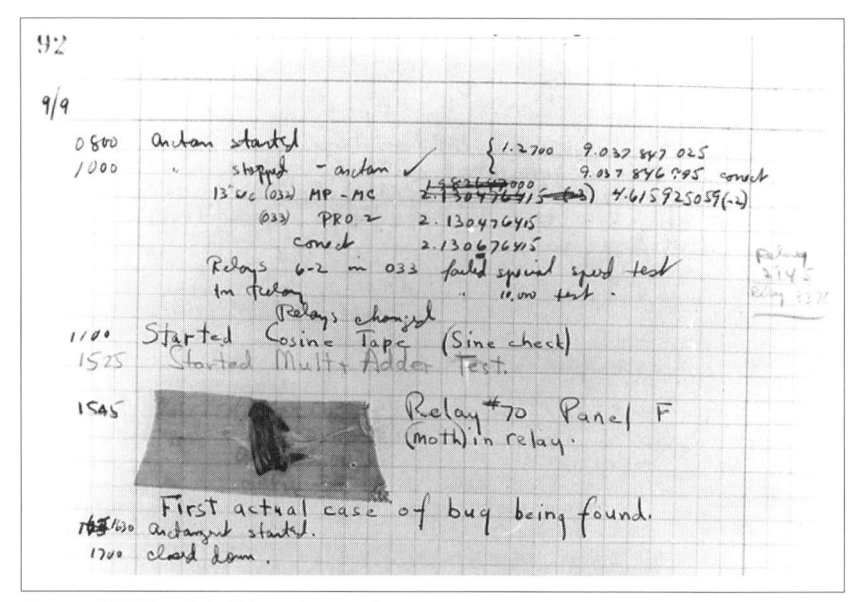

図4-1　世界最初の「バグ」(1945年9月9日)

るでしょう（時には比喩と言うより文字どおり虫が原因のこともありますが）。脳や心について「デバッグする」というのは、ちょっと繊細さに欠ける表現のように感じます。しかし、我々の思考の方法には「バグ」があるのです ── 情報処理、意志決定、状況判断の方法に根本的な誤りがあるのです。ジェイムズ・ノーブルとチャールズ・ウィアーはこの点について次のようにうまく要約しています。

「開発は常に人によって行われる。クライアントもユーザーも人である。そして、厳密な遺伝子検査を行えば管理職の大部分は遺伝情報の少なくとも50％を（いいかげんなことをまくし立てて人々を笑わせている英国のコメディユニット）モンティパイソンのメンバーと共有している」[†]。

あいにく、人間のアタマは「オープンソース」ではありませんから、こうしたバグを修正するのに「ソースコード」にすぐ手を出せる者は誰もいません。しかし、どこで間違いが起こるのかを示し、思考の過程で発生するこれらの誤ったプロセスの影響をもっと意識できるようにする手伝いなら私にもできます。問題を大きく四つのカテゴリーに分けて見て行きましょう。

[†] 『Process Patterns for Personal Practice: How to Succeed in Development Without Really Trying』[WN99]を参照。

- 認知バイアス——考えが横道に逸らされてしまう。
- 世代類似性——時代の影響を受けてしまう。
- 性格的傾向——性格によって思考が影響される。
- ハードウェア的バグ——脳の古い部分が、より優秀な部分より優位に立ってしまう。

まずは、こうしたバグに気づくことが、バグの影響を緩和する第一歩です。

4.1 認知バイアスを知る

アタマの「バグ」のひとつである認知バイアス——何かを認識したり、記憶したりする際に我々が持ってしまう先入観や性向——は意志決定、記憶、認識、合理性の判断、その他もろもろに影響します。認知バイアスは非常に数が多く、Wikipediaには約90種類が列挙されています（私は明らかにこの数を超えるバイアスを持っている人々に出会ったことがあります）。

私が個人的に特に重視しているものをいくつか紹介しましょう。

アンカリング

　ある数を見ただけで、何かの数量を予測したり決定したりする際に影響されてしまいます。たとえば、私が売りに出す本を100冊持っているというようなことを言い続けると、あなたにその数が植え付けられます。次に私が1冊の本を85ドルで売ってあげようと言うと、100という数が基準として植え付けられていて、85ドルが安いと聞こえてしまう傾向があります。

根本的な帰属の誤り

　我々には他人の行動を、その行動が起こった状態や状況を見ず、人格のせいにしてしまう傾向があります。そして、自分自身の行為については安易に言いわけをする傾向があります。たとえば「疲れていたんだ。風邪を引きかかっていたし」といった具合です。しかし、あらゆる点から見て正常な人でも、異常な行動に駆り立てられることがあるのです。盗み、殺人、傷害などが、とりわけ戦時や個人の危機的状況下において起こりますが、そのような極端な状況に置かれなくても起こりうるのです。前に紹介したように、コンテキストがすべてなのです。人間の行動は、コンテキストに対する反応として起こる方が個人的気質によって起こるより多いということを心に留めておいてください。

自己奉仕バイアス

これは、プロジェクトが成功すると自分のお蔭だと思う傾向のことです。大失敗となれば自分のせいではありません。この行動は恐らく防御機構によるものなのですが、覚えておいて欲しいのは、成功、失敗に関わらず、皆さんもシステムの一部だということです。

結末欲求

我々は疑いや不確実性が残っていると落ち着きません。そのため不確実な点を明らかにして未解決の問題を解決し結末に至ろうとします。しかし、不確実ということは良いことでもあり得るのです。選択の可能性を残しておけるのです。「未熟な結末」を強制すると、選択の幅が狭まり、誤りを犯しやすくなります[†]。たとえば、プロジェクトの終了日を人為的に宣言したところで、内在する不確実性は消えません。ただ覆い隠すだけです。

確証バイアス

誰でも自分の先入観やお気に入りの説に合致する事実を求めます。この本全体が(そして大多数の書物が)著者の確証バイアスの巨大な例であると言うこともできるでしょう。

露出効果

人間には、「なじみがある」というだけでそれを好ましく思い選択する傾向があります。その対象には、すでに有効に機能しなくなっているツールや手法だけでなく、逆に害を与えているものさえ含まれます。

ホーソン効果

人は観察されていると知ると行動を変える傾向があることが研究によって明らかになっています。ベストプラクティスやツールを、チームに新規導入したときなどが典型的な場面です。当初、皆が注目している――そして皆が見られていることを知っている――ときは結果は非常に良好で、統制がとれ、「未知との遭遇」の興奮が後押しをします。しかし、目新しさが薄れ、スポットライトがあたらなくなると、元の黙阿弥になってしまいます。

虚偽記憶

人間の脳では、想像上の出来事の記憶と事実の記憶の混同は容易に起こりうることです。我々は暗示に影響を受けやすく、前に見たように、記憶は脳の中の

[†] 例としては、設計手法としてかつて一般的だったBDUF(Big Design Up Front)があげられます。この手法では、最初にデザインと構造設計にリソースを投入し、細部の不確実性や不安定さは無視します。この影響でデザインそのものが役に立たなくなってしまうという事態がたびたび発生しました。

静的な記憶領域に書き込まれているわけではありません。そうではなく、記憶はアクティブなプロセスであり、**読み出しのたびに書き込みが起こる**のです。人の記憶は、その人が現在置かれているコンテキスト、つまり年齢、経験、世界観、注目しているものなどに照らし合わせて常に書き換えられています。6歳の誕生日のパーティーでの出来事だと思っていたことが、実際にはまったく起こっていなかったことなのかもしれないのです。

シンボル化による縮小の誤り
　すでに述べたように、Lモードでは複雑な対象やシステムにそれを象徴する簡単なシンボルを付けたがる傾向があり、シンボル化することで少なくともニュアンスが失われ、時としては事の真実までもが失われてしまいます。

命名の誤り
　シンボル化による縮小の誤りの一種です。ものに名前を付けると、それが説明できたとか理解できたと思ってしまう現象です。しかし名前は名前にすぎず、名前を付けただけでは役に立つ理解は得られません。「ああ、あの子はADHD（注意欠陥・多動性障害）なんだ」と言ってみても、「彼女は共和党なのよ」とか「あの人たちはエルボニア出身なんだ」と言うのと同程度しか理解はしていないのです。

　ここにあげた例は、よく知られている例にすぎません。認知の非合理的性質を詳細に議論するとなると何冊かの本が必要でしょう†。

予測の失敗

　予測というのは難しい仕事だ。特に未来に関する予測は。

―― ヨギ・ベラ、哲学者

　シンボル化による縮小は、我々の日常の分析的な思考やプログラミングの際の思考に非常に深くしみ込んでいるだけに害を及ぼす危険性が特に高いものです。実際のところ、脳が現実の複雑さに追いついて行くためには、大きく複雑なシステムを単純で取り扱いが楽なシンボルに縮小するしかないのです。これは脳の本質的なメカニズムで、プログラミングや知識をベースにした作業には非常に有用です。しかし、これを当然のことと思ってしまうと、シンボル化による縮小の誤りに陥りま

---

† 実際に本になっています。『予想どおりに不合理 ―― 行動経済学が明かす「あなたがそれを選ぶわけ」』[Ari08] という優れた本があります。

す。

　すでに我々はシンボル化による縮小の誤りの例を見てきました。たとえば人の手を描こうとするとき、Lモードは光、影、皮膚の質感などを捨て去って「5本の線と1本の棒」に縮小します。縮小化は、複雑な現実を取りあげ、あたかもそれが基本的で原型的な要素——プラトンの立体[†]——で構成されているかのように扱うことと考えてよいでしょう。

　プラトンにちなんで名付けられたこれらの立体は、ある種の普遍的で共通に理解されうるブロック（現実を構成する要素）の集合を形成していると見ることができます。

未来はプラトンの襞に隠れる

　子供が、立方体、直方体、円錐、アーチ、円柱の5種類の形があるブロックで遊んでいるとしましょう。この5種類の基本的な形からさまざまな構造物を組み立てることができます。プラトンの立体も同じように働きます。つまり、現実を構成する単純化されたブロックなのです。しかし、この現実を架空の立体に縮小するアプローチには欠陥があり、その欠陥は「プラトンの襞(ひだ)」と呼ばれています。この襞の中には恐ろしく多くのことが隠れてしまうため、それが露わになると不意を衝かれることになるのです。

　プラトンの襞という概念は『The Black Swan: The Impact of the Highly Improbable』[Tal07]で取り上げられていますが、過去の事象から未来の事象を推測するのが人間にとっていかに難しいかを示すものとなっています。我々は事象が、程度の差こそあれ、安定的で直線的な進行過程をたどり、容易に明らかにできる原因と結果に基づいていると仮定してしまいます。

　それは間違いです。ですから非常に多くの場合に未来の予想に失敗するわけです。それどころか、（プラトンの襞も含む）我々の盲点のせいで、歴史上のあらゆる重大事件が予想もしていなかったことに起因するということになるのです。

　『The Black Swan』というタイトルはこの事実に由来しています。長年の間、白鳥には白いものしかいないと思われてきました。誰も黒い白鳥を見たことがなかったので、科学者の間では存在することはあり得ないと考えられていたのです——黒い白鳥が現れるまでは。

[†] Winkipediaの「多面体」や「正多面体」の項を参照。

> ### 相関と因果
>
> 　科学的な研究成果が正しく理解されないことはよく起こります。一般人のほとんどは統計的分析に精通してはいません。非常によくあるのが、相関しかないにも関わらず因果関係があると断定することです。
>
> 　二つの変数に相関があるというだけでは一方が他方を引き起こしているとは言えないのです。たとえば、送電線の下に住む家族に白血病の発生頻度が高いという報告を考えましょう。見出しだけでは送電線が癌の原因となると報告しているようにさえなってしまいます。
>
> 　その可能性もありますが、この1件の相関だけではまったく証明になっていません。他にも可能性のある変動因子がさまざまあります。送電線の下の土地は価格が低く、こうした土地に住む家族は低所得であり、そのため食事、医療、早期発見などの点においてそれが悪い方に作用したのかもしれません。因果関係の決定は、相関関係の観察だけからなされるべきものではないのです。
>
> 　おまけに、実世界での因果関係は「事象xが事象yを引き起こす」といったように単純な図式で表せるものではないのが普通です。よくあるのはxがyのきっかけになり、yがxを増進し、従ってyが増強され、というような連鎖です。「xかyか」というより「xもyも」といった現象です。各事象が原因に関与する度合いは事象によって異なり、またそれを増強する効果も異なります。長期間の観察で繰り返し発生した同じ種類の事象であっても、各発現がまったく別の原因によることがありうるのです。

　集団としての我々を見ると、間違ったことに注意を向けていたり間違った問題設定をしていたりするために重要な発展の機会を逃す傾向が見て取れ

予想していなかった出来事はゲームの流れを変える

ます。たとえば昨年私がオフィスの掃除をしていて、1990年代初頭から半ばにかけて発行された雑誌の山を見つけました（こんがらがったケーブルの中に時代遅れの14.4Kbpsのモデムが埋もれているのも見つけましたが、それはまた別の話です）。

　雑誌というのはちょっとしたタイムカプセルです。表紙がその時々の最重要課題をめぐる激しい論争を次から次へと煽り立てています。たとえば「コンピュータのデスクトップを支配するのは誰だ？　Open LookかMotifか？」といった具合に。

　これは、後に明らかになったように問題の設定そのものに間違いがありました。結局は、競争に参加しているとすら見なされていなかったWindowsが勝利したの

です。その後には「ミドルウェア戦争」がありました。「勝利するのはどれだ？RMIか？　それともCORBAか？」

この問題設定も間違っていました。ウェブの成長が問題をほとんど意味のないものにしてしまったからです。ウェブは典型的な「ブラック・スワン」で、予期されていなかった分野の発展がゲームの流れを完全に変えてしまったのです。そして記事はまだまだ続きました。何ページもの分析と憶測、ほとんどすべてが間違った問題設定に基づいたものでした。我々の持つバイアスのために、未来の予言はほぼ不可能で、今どこへ行くべきかを知るのさえも非常に困難になっています。

おわかりのことと思いますが、「そう思う」からといってそれが正しくなるわけではないのです。自分自身の認知バイアスを知り、それを克服することは、「言うは易く行うは難し」です。しかし、役に立つかもしれない助言を以下にあげていきましょう。

「めったに」は「けっして」ではない

「天文学的に起こりがたい偶然の一致が毎日起こっている」[†]。最近米国では500年に一度の洪水や100年に一度の暴風を経験しましたが、地質学的見地から言えば、こうした出来事はそれほど稀なことではありません。人々は自分の記憶の中にないから、あるいは親や祖父母の記憶にないからといってお大騒ぎします。しかし、記憶にないからといって起こりえないわけではありませんし、3年続けて起こることすらありうるのです。

2004年には、米国内で落雷で死亡する確率は約6,383,844分の1でした[††]。随分低い確率だと思いませんか。しかし、この年、約600万分の1の確率にも関わらず64人が落雷で死亡しています。また、ベッドからの落下は特に危険なこととは思わないでしょうが、これが原因で死亡する確率は落雷の16倍です。稀ではありますが、それでも起こるのです。明るい要素について言えば、我々は100万分の1の確率の奇跡をほぼ1ヶ月に1回体験すると予想できます[‡]。

ブラック・スワンは、観測されたことがない現象や稀な現象を決して起きないと決めつけて無視してはならないと警告しています。

[†] 『Release It!: Design and Deploy Production-Ready Software』[Nyg07]でマイケル・ナイガードが述べています。
[††] 米国安全性評議会（http://nsc.org）によります。
[‡] 数学的な説明は「リトルウッドの法則」(http://en.wikipedia.org/wiki/Littlewood's_law) を参照してください。

真にランダムな事象は孤立した値と寄り集まった値が混じったものになります。一様性とランダム性は別物です。たとえば完全にランダムな「抽出」の結果、3回続けてカテゴリ5のハリケーンがやってくることは十分に起こりうることなのです。

> **ヒント18**
> 「外れ値」に注意。「めったに」は「けっして」ではない

プラトンの襞をかき分けて、何か見落としがありはしないか考えましょう。見逃している些細な要素のどれもが歴史を変えるようなものになる可能性があるのです。

「突拍子もない」外れ値や、「不可能な」天文学確率であり得ない事象についても時間をとって検討しましょう。もしそれが起こったとしたら自分にとってどんな意味があるでしょうか。そのために何を変える必要が生じるでしょうか。どんな懸念事項が考慮不要となり、代わって何が重要になるでしょうか。ただ、心に留めておいてください——そうは言ってもこうしたことは起こりそうにないのだ、ということを。缶詰を大量に買い込んだり防毒マスクを買いに走ったりする必要はありません。ただし、「絶対にない」とは絶対に言わないことです。

> 「絶対にない」とは絶対に言わない

結末を先に延ばす

我々が結論を求めたがるのは不確実性をできるだけ排除したいという力が働くからです。不確実性を排除できる段階に到達しているか否かに関わらず、そうした力が働くのです。しかし、その時が来る前に決定を下してしまうことにより、選択の幅が狭まり、ともすると成功につながる選択肢の排除することになりかねません。

試験的なプロジェクト、あるいは独創的なプロジェクトならばどの分野においても共通していることですが、ソフトウェアのプロジェクトにおいても、毎日少しずつ学習が行われていくというのは周知の事実です。図4-2に示すように、利用者について、プロジェクト自体について、プロジェクト構成員について、技術について、徐々に徐々に学んでいくのです。

これが何を意味するかというと、プロジェクトの終わる瞬間が知力のピークであり、開始時点ではもっとも低いということです。これでも、早い段階で決断を下すのが賢明な判断だと思えますか？　答えは「ノー」でしょう。よりよい決定を行う

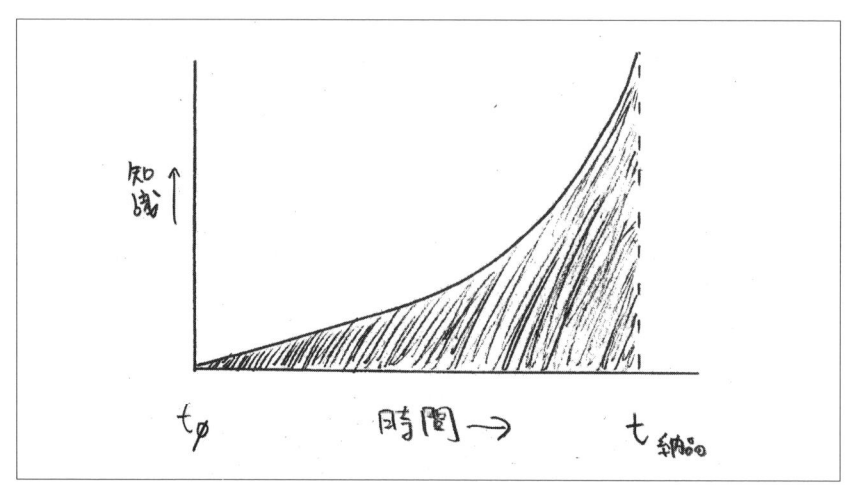

図4-2 プロジェクトに関する理解の度合い

ためにできるだけ結末を先延ばしにしたいと思うのが自然でしょう。しかし、そうすると決定的に重要な意味を持つ問題が長期間未決のままで置かれることになり、多くの人々が落ち着かない思いをすることになります。

　このプレッシャーに抵抗しましょう。必ず決定に至り、事態は収拾される。それが今日ではないというだけのことなのです。

ヒント19
不確実な状態に慣れる

　アジャイルなソフトウェア開発は不確実な状態での作業を許容する方法論です。最初のうちはプロジェクトの最終日が本当はいつになるのかわかりません。次の反　復（イテレーション）でどの機能が採用されているかは100%確実にはわかりません。反復が何回あるのかわかりません。でもそれでまったく問題ないのです。その不確実性に浸る心地よさを味わえるようになればよいのです。進んでゆく過程で徐々に答えが見つかり、最後にはすべての答えが出ています。

　もちろん、不確実性を少なくするための具体的な方策を講じることができる場合もあるでしょう。同僚と問題点について繰り返し議論したり、ウェブを検索してより多くの情報を収集したり、プロトタイプを作成したりといったことは可能かもしれません。こうしたことが少しは（ときには大きな）助けになるかもしれません

が、根本的解決策にはなりません。不確実な要素は単に不確実なまま常に存在しているのですが、**それは悪いことではありません**。コツコツと一歩ずつ進み、まだ準備もできていないのに慌てて細かいところまで詰めてしまわないようにしましょう。自分が十分な知識を持ち合わせていないことに不快感を感じる必要はないのです。

自分にはわかっていないにも関わらず、他人には知らせなければならないような事柄は、「目標（ターゲット）」として表明し、見積もりの確度の目安となるものを付けましょう。つまり、「運用開始の目標日は10月1日、達成の可能性は37%です」のように報告します。しかし、80%の確率を付けて日付を報告するときは気をつけましょう。人々はそれを「ほとんど確実」と受け止め、実現しない可能性が20%あることを無視してしまう傾向にあります。自分は内在する不確実性について率直に述べたつもりでも、それが伝わっていない可能性があります。

> **確率を意識して推測せよ**

しかし、このような考え方は他の人々にとっては受け入れ難いものかもしれません。それに気づいてください。何としてでも結末にもっていこうとプログラムされており、毎回そうしようと試みるのです。できる限り他の人々を教育しましょう。そうは言っても、抵抗にも備えておく必要があります。

思い出せない

最後に、人は覚えるのが苦手であることを覚えておきましょう。記憶は信頼できず、古い記憶は時とともに変化し、思い違いや偏見を正しいと思い込むようになってしまいます。自分の記憶のみに頼ってはいけません。「どんなに薄い墨でも最良の記憶力に勝る」という中国の諺は核心を突いています。

> **ヒント20**
> 記憶よりも記録を信用すること。すべての心的な読み込みは書き込みを伴う

記憶のみに頼るのではなく、何らかの形で現実をチェックすることで記憶を強化しましょう。メモを取ったり、ほかの人と会話をして確認を取ったりして、自分自身の記憶が現実から乖離してしまわないようにする手段が必要です。

さっそく実行 ⬇

- ☐ 自分自身の中に見出した認知バイアスをリストアップしましょう。誰にも偏りがあるものです。特に影響を受けやすいものはどれですか。
- ☐ 自分の人生の中で天文学的な確率であり得ない出来事をいくつ経験したか考えてみましょう。今の時点で考えてみて、それはどれほど稀な出来事だったのでしょうか[†]。
- ☐ 技術メモの日誌を付け始めましょう。デザインミーティングから始め、コーディングの疑問点、その解決策……と続けます。以前記録した項目で、そこに戻ったり、それを利用したりした項目があれば、それに印を付けるようにしましょう。

4.2　自分の世代傾向を認識する

> あなたが生まれた時に世の中にあったものは、どれも正常で普通で、世の中の仕組みのごく自然な一部として納まっています。
> 15歳から35歳の間に発明されたものは何でも新しく面白く革命的で、自分の職業もそういったものに関連していることが多いでしょう。35歳以降に発明されたものはすべて自然の秩序に反するものです。
> 　　　　　　　　　　　──ダグラス・アダムズ著『The Salmon of Doubt』

　認知バイアスについて見てきましたが、これまでのところは言わば静的な観点からでした。しかし、変わらないものはありません。皆さんが数年前に陥っていた認知バイアスは、恐らく現在よく囚われるものとは違っています。しかし、その時々で同僚とは共通するものが多く、皆さんより少し年上の人や年下の人とは大きく異なっているのではないでしょうか。

　ダグラス・アダムズが指摘するように、形成されるバイアスは時間とともに変化し、そして総体として見ると、特定の世代を支配するバイアスは、別の世代に属する人々を支配するバイアスとは異なっています。

　上司からどんなにひどい扱いを受けても仕事の安定を守ろうとする人もいます。ちょっと攻撃されたと感じただけで荷物をまとめて辞めて行く人もいます。いつも

[†] これを考えるとき、世界中のデータのほとんどが90日間限定保障のハードディスクに保存されているということを考慮するのは悪くないことかもしれません。

夜遅くまで仕事をしている人と、5時になるとうれしそうに荷物をまとめて家族のもとへ帰る人は、互いにわかり合うことができません。

こうしたことは我々が今まで見てきたバグよりも潜在的な形のバイアスで、疑ってかかることなど考えもしないほど心に深く染み込んだ価値観や態度です。しかし、人の判断や知覚に劇的な影響を与えます。

ここに自分が価値を置いているものがあるとして、それがなぜなのかを考えたことがありますか。両親が植え付けたものでしょうか？　それとも皆さんを養育した人々への反発からきた反応でしょうか？　革新的になろうとか、保守的であろうとか、無政府主義者になろうとか、じっくり腰をすえて考えた上で意識的に決断したことがありますか？　仕事中毒になろうとか、怠け者になろうとか、意識的に考えたことはありますか？

それとも生まれつきそうなのでしょうか？　部分的にはそう言えるかもしれません。ここからは、「生まれつき」の因子について見ていきます。しかし、コンテキストが一番ということは変わりません。仲間や同僚、環境というコンテキストにおける「あなた」について検討しましょう。

> **コンテキストを考慮せよ**

人は自分の生きた時代の産物です。恐らくは、自分で思っている以上に。親や同世代の人々の価値観が、自分の価値観、態度、知覚にきわめて大きな影響を及ぼしているのです。

同世代の人々とは、年齢や人生のステージをともにしているだけでなく、共通の出来事、共通の習慣や生活様式などで結びつけられています。たとえば9月11日に起こったテロリストの攻撃は全世界が共有する大事件であり、すべての人が影響を受けました。しかし、20代であるか、40代、60代であるかにより、この事件に対する反応が異なってきます。そして同世代の人々の反応は似通っているのです。

どう異なっているか、何が異なっているかを判定する評価軸をいくつかあげてみましょう。

- 危険を冒すか、危険から遠ざかるか。
- 個人重視かチームワーク重視か。
- 安定か自由か。
- 家庭か仕事か。

生まれた時が異なるというそれだけの事柄が、人の価値観に影響を与えます。そしてまた、年齢を重ねるごとにその価値観も徐々に変わっていきます。

自分の属する世代が年を取るにつれ、前の世代が明け渡す役割を担うようになり

ますが、自分の置かれた状況を自分自身のモノの見方に引き寄せて解釈していきます。

米国の最近数世代の概略一覧を、各世代のおよその誕生年とともに示します[†]。もちろん、年代の境界はあいまいです。移行期に生まれた人の場合は、むしろ隣の世代に近いと思う人も多いでしょう。

> **これらは大まかな一般化である**

もちろん、大雑把な一般化にすぎません。ですから、ある年に生まれたからこれこれの特徴があるというより、むしろ全体として見た時に、同世代の集団にここにあげたような特徴を持つ人が多いということです。法則でも変更不能の規定でもありません。標本集団の有用な抽象化であり、より広いコンテキストを自覚する助けとなるものにすぎません[††]。

GI世代[‡]（1901-1924）
　　アメリカを代表する、すべてを成し遂げた建設者
沈黙の世代（1925-1942）
　　灰色のフランネル製ズボンをはいた体制順応派
ベビーブーム世代（1943-1960）
　　道徳的な裁定者
ジェネレーションX（1961-1981）
　　フリーエージェント
千年紀世代（1982-2005）
　　忠誠心が強く、起業家精神に欠ける
ホームランド世代（2005-?）
　　生まれつつある世代。この世代の半数は千年紀世代を親に持つ。

とりあえず20歳未満は除外し、成人している各世代を順に詳しく見ていきましょう。

[†] 『*Generations at Work: Managing the Clash of Veterans, Boomers, Xers, and Nexters in Your Workplace*』[ZRF99]などによります。日本の「世代」については、Wikipediaの「世代」の項などが参考になります。
[††] 言い方を変えれば、イベント型理論に対するところのコンストラクト型理論です。1章のコラム「イベント型理論 vs. コンストラクト型理論」を参照してください。
[‡] G. I. は government issue の略。もともとは「政府が支給する品」の意味だが、米軍の兵士を意味することが多い。

最近の子供たちは……

見方によっては、怖い話をひとつ。

ベロイト思考態度表（マインドセットリスト）(http://www.beloit.edu/mindset/) は大学に毎年入学する各年齢層について興味深い事実と観察結果を報告しています。

たとえば、2008年入学の学生にしてみれば、ミュージックチャンネルとして有名なMTVのウリは、もはやミュージックビデオではありません（最近の動向を知らない方のために付け加えておくと、MTVは一般人の日常生活やプライバシーを撮ったビデオショー、セレブのゴシップ、ニュースが目玉になっています）。

ロシアには複数の政党があるのが当たり前で、野球やフットボールのスタジアムには企業名が冠されているのが当然ということになります。自動車の窓を「回して」下げたことはありません（もちろん、電話のダイヤルも）。俳優でテレビ番組の司会を30年間つとめたジョニー・カーソンはテレビに生出演したことはなく、4000本以上の安打を記録したピート・ローズが野球をするのを見たこともありません。

物心ついた頃からネット世界が身近にあり、生まれたときには、技術者やその職場を皮肉った漫画の主人公ディルバートも存在していたのです。

GI世代（1901-1924）

この世代は最初のミス・アメリカを生み出し、全米代表選手という考え方を広めました。都市に隣接する住宅地を創り出し、月ロケットを建造し、第二次世界大戦で立派に戦いました。

指揮管理系統のはっきりした厳格な序列に基づいた構成という軍隊での組織論がビジネスの世界に、さらにはソフトウェア開発の世界に適用されましたが、そのルーツはここにあります。

沈黙の世代（1925-1942）

次に来るのが灰色のフランネル製ズボンをはいた体制順応派です。この世代は司法制度の整備に多大なる貢献をし、法的なプロセスに重きを置く傾向がある反面、強い決断力を伴うような行為に対しては、必ずしも積極的に関わる態度を見せませんでした。

例として2006年12月に提出された「イラク研究グループ」の報告があげられるでしょう。同グループにはこの世代の人々が数多く

入っており、79項目にわたる推奨案を列挙しましたが、具体的行動は1項目も含まれていませんでした。

この世代はかつてない豊かさを生み出し、また享受しました。

ベビーブーム世代（1943-1960）

さて、ベビーブーム世代です。恐らくもっともはっきりとした——そしてもっとも母集団の大きな——世代で、第二次世界大戦後の楽天主義の絶頂期に形成されました。

この世代が生み出したものは犯罪発生率の急増、薬物乱用、そしてすべてに関してリスクをいとわない姿勢です。この世代は自らを国家の価値観の決定者と見なす傾向があります。常に「世界に歌うことを教え」たがるのです（1970年代のコカコーラのコマーシャルがこの代表例です）。

しかし世界を救いたいというこの内在的な欲求は、特に現実的、あるいは実践的な現れをするわけではありません。この世代は結果よりもアプローチに関心を持ちます。道徳観は、自分たちが重要であると考えている価値観を反映したもので、他の世代にとっては説教臭く響くことがあります。

ジェネレーションX（1961-1981）

> ジェネレーションXは起業家志向のもっとも強い世代である

今までに読んだ中でもっとも的を射たジェネレーションXの描写は「狼に育てられた」というものです。体制を生まれつき信用しないフリーエージェントであり、アメリカ史上もっとも起業家精神に富んだ世代です。

猛烈に個人主義的で、少々日陰側に寄っており、仕事に問題が起こるとあっさり退職し、転職していきます。また、レッテルを貼られるのを何としても避けようとします。他の世代からは躾が悪いと見られたり、ルールに従って行動していないと非難されたりする傾向にあります。

この世代が市民運動にあまり関心がないのは、個人個人の関わりの方がより効果的だと考えているからです。非常に実際的、実践的で、個々のイデオロギーやアプローチにはこだわらず、ポジティブな成果をあげるために働いています。

千年紀世代（1982-2005）

この世代では時流の振り子が個人主義から遠ざかり、集団ベースでの作業の比重が大きくなる方向に振れました。先輩であるジェネレーションX世代やベビーブーム世代に比べて、リスクを伴う行動や先端的なアプローチが減少しています。組織に忠実で、ジェネレーションX世代のような強い起業家精神は持ち合わせていません。

世界を救おうと何かを始めるわけではないのですが、市民運動には大きな比重を置いており、市民派の権威が問題を解決してくれることを期待しています。

現在の状況

今日（2009年頃）の文化は、前代未聞のユニークな状況にあります。我々の就業環境には以上の世代が全部おり、互いに影響し合って仲良くやっています（時として、そうでもない場合もありますが）。

社名を出すのは控えますが、以前フォーチュン誌が選ぶ大企業上位10社のひとつで働いていた時、幸運にも私に興味を持ってくれた先輩の達人が私の「師」になってくれました。仕事を始めてからまだ日が浅かったにも関わらず、私は同期の仲間が習得していないUnixの重要なスキルを習得していました。この先輩はそこに身内意識を感じ、身内のように接してくれたのです。

我々は数年間一緒に仕事をしました。先輩は私にドキュメントに載っていない奥義やコツを教えてくれ、私はその時はまだ最新だった大学での知識から高等な理論を先輩に教えました。しかし、私が会社を辞めることになったと話したその日から、先輩は私には基本的にいっさい口をきかなくなりました。

この先輩は会社に対する忠誠──生涯の忠誠──を重んじる沈黙の世代の人間でした。私の辞職は許されざる罪悪だったのです。そのような態度は現在では古くさい時代遅れのものとなりましたが、当時はかなり一般的でした。私は組織の中で多くの人からトラブルメーカーであると見なされました──忠誠心に欠けた一匹狼でルールに従って行動していないと見なされたのです。私は、学びたいことも学び終えて、通勤にも飽き、転職する条件の整った典型的なジェネレーションX世代人として振る舞ったわけです。

もちろん今日では人々の姿勢は大部変わってきています。（米国では）ひとつの会社に数年以上留まることは一般的には期待されていません。しかし

しかし、姿勢は変化する

これも変わるでしょう。千年紀世代が忠誠心を重要視するようになり、上下関係のしっかりした強い組織を望むようになる可能性は十分にあります。自分たちの世代が持っている、「ベビーブーム世代は説教臭く実践的でない、ジェネレーションXは怠惰で行儀が悪い」という世代としての認識に反応して行動することになるでしょう。

各世代が、先行する世代に感じ取る弱点に反応することによって、長い年月を経るうちに反復するパターンが形成されます。千年紀世代に続く世代が自分たちの価値観によって反応することでこのパターンが繰り返されるのです。

つまり、ある世代の考え方や姿勢はある程度予測可能であるということになります。次の世代についても同様です。実際、世代の「タイプ」は、次にあげる四つに集約できるのではないでしょうか。

4種の原型

ニール・ハウとウィリアム・ストロースの研究[†]によれば、合衆国におけるアメリカ人の歴史と、ルネッサンスにまで遡るヨーロッパの歴史を振り返って見ても、プロトタイプ的な「世代原型」は4種類しか認められません。

これらの4類型が何度も反復され、一連のサイクルになっています。1620年代にピルグリムファーザーズの乗ったメイフラワー号が到着してからのアメリカにおける約20世代には、例外はひとつしかありません。南北戦争直後の世代は受けたダメージがあまりに大きくて確固たる社会的地位を確立できず、隣接する世代（とりわけ先行する世代）が欠けた部分を補ったのです。

世代に対するこうした一般的知識をもっていると、人の持つ価値観が何に由来するのかがある程度理解できるようになりますし、自分の基本的価値観や世界観を、すべての人が共有しているわけではないことも気づくことができます。

以下に世代に見られる四つの原型とその主な特徴をあげます。

- 予言者——展望、価値
- 放浪者——自由、生存、栄誉
- 勇者——共同体、裕福
- 芸術家——多元的共存、技能、法の適正手続き

[†] 『Generations: The History of America's Future, 1584 to 2069』[SH91]を参照。『The Next 20 Years: How Customer and Workforce Attitudes Will Evolve』[HS07]もよくまとまっています。

技術と世代

数年前のこと、ベビーシッターが我が家の台所の電話機を驚きの目で見ました。「ハントさん、すごくいいアイディアですね。電話機を持って行かれないように紐でとめておくなんて。銀行のボールペンみたいですね」

このベビーシッターは電話機にコードを付けておく理由を他に思いつかなかったのです。すべての電話はコードレスか携帯電話であるというのは、この世代としてはごく自然なものです。技術的必要性から電話機にコードがついているという発想はまったくありません。

ハウとストロースはそれぞれの原型的世代が次の世代を生み出す仕組みを研究しました。原型は対立する原型を生み出し、「ジェネレーションギャップ」を生み出すのです。しかし、生み出された世代は今度は自分自身に対立する世代を生み出し、この連鎖が連綿と続きます。

> **ある原型は、その反対の原型を生み出す**

現在現役の世代については、図4-3に示した原型相関図を参照してください。

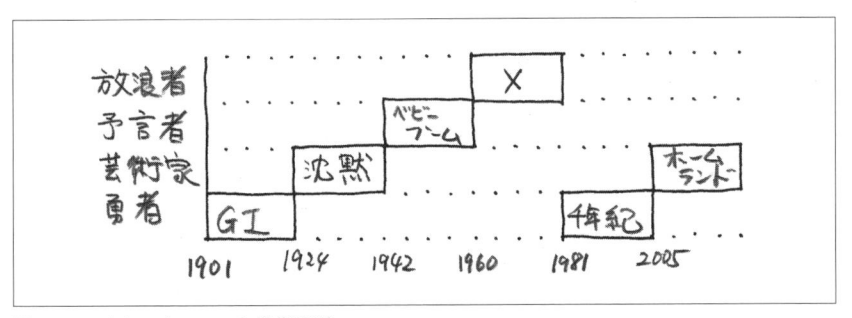

図4-3 ハウとストロースの世代原型

ハウとストロースのモデルによれば、私はベビーブーム世代に境を接するジェネレーションX世代の最年長に当たります[†]。私は、ジェネレーションXが持つと説明されている特徴を自分自身が持っていると感じることがあります。特にサバイバル意識、実用主義、現実主義です。そして、私にとって個人的にもっとも衝撃的な

[†] 研究者によって境界とする年が2、3年早まったり遅くなったりするので、どちらに入れられることもあります。

のは、皆が世界を私と同じように見ているのではないということです。

私はさまざまなレベルで、ひとつ上のベビーブーム世代の見方を使ってものを見ることができますが、この世代に見られる実用主義の生得的な欠如——実用性より自分自身の価値観を優先させることが多いところ——にフラストレーションを感じます。皆が実用主義に重きを置くわけではなく、この世代は理想の方が大切だと考えるということです。私の実用主義によるアプローチは「ごまかし」と見られることがあります。「うまく行くからそのやり方でやってるだけだろ」と言われるのです。

まあ、私についてはそれが一般的な見方でしょう。しかし、それは私に具わったものの見方で、私の世代では恐らく典型的なもので、他の世代では恐らく典型的ではないものなのです。どの世代も、ここに示したような、隣接する世代のやり方が自分たちのやり方と相容れない場面に直面します。そして、各世代の構成員は何にも増して自分たちの世代特有のやり方を擁護しようとする傾向があるのです。

取るべき道

皆さんの心に深く根差した価値観を全員が共有しているわけではありませんが、だからといって皆さんが正しく、ほかの人が誤っているということではありません。

では、どちらが正しいのでしょうか？ 「時と場合によりけりです」。コンテキストが最重要という点は変わりません。時にはベビーブーム世代のように、結果を度外視して自己の理念にこだわることが適切な場合もあるでしょう。また別の状況では、ジェネレーションX世代のように実際的、実践的なやり方を選択する方が明らかに優れていることもあるでしょう。指揮管理系統のはっきりした序列構造は、相応しい場合もあり非常に高い効果が得られることがあるので、（GI世代にばかりでなく）人気があるのです。しかし状況が変われば、たとえば商用ソフトウェアの開発現場では多くの場合、厳格な序列構造は悲惨な結果を招きます。

この影響力はどこからくるのか

人は自分が属する世代に支持されるやり方や価値観をごく自然に選択している可能性があるのです。しかし、この影響力がどこから来ているのかを自覚しましょう。猛烈な個人主義者でも、それはもしかしたら自らに固有の特性ではないかもしれません。他人の特徴を尊敬し、自分もそうでありたいと熱望しているとしても、それは深い推論や論理的基盤があってのものではなく、自分が生まれた時代のせいであるかもしれないのです。

何かについて熱心に擁護したり反対したりする時には常にこのことを心に留めて

おきましょう。論拠は論理でしょうか。感情でしょうか。それとも単に慣れの問題でしょうか。このコンテキストに限って考えて、自分の論拠は正しいものでしょうか。他の観点を本当に考慮に入れましたか？　他の視点を考慮に入れましたか？ひとつの論拠に賭けるのではなく、色々な観点を採用することでリスクの分散を図りましょう。

ヒント 21
多様性に目を向けリスクを分散する

　自分の属する世代に特有な認知バイアスの犠牲にならない最善の方法は、多様性を取り入れることです。自分自身もチーム全体も同じように考えているときには、自分の考えが皆の支持で補強され、唯一絶対なものと思えるかもしれません。しかし、それは間違いです。自分のやり方、自分の主義、自分たちのチームを大切にしているというだけでは、若い世代や年配世代が自分たちの考え方に同調してくれることにはなりません。そして、特定のコンテキストにおいて、それが正解であることにもならないのです。

さっそく実行 ⬇

- □ 自分の生まれた世代原型を特定しましょう。先にあげた世代原型の特徴に共鳴しますか？　他の世代原型の方がもっと共鳴できますか？
- □ 同僚の世代原型を特定しましょう。その価値観は自分のものと合致しますか？それとも相反するでしょうか？
- □ ソフトウェア開発手法の歴史を考えてみましょう。各世代の価値観と合致するような、傾向の変遷があるでしょうか。

4.3　性格の分類

　　　地獄とは、他者のことである。

　　　　　　　　　　　　　　　——ジャン＝ポール・サルトル

　先に見たように、我々は人の行動を、世代的傾向などを考慮に入れず、単純に人格のせいにしてしまいがちであるという事実があります（「根本的な帰属の誤り」）。

そうは言っても、我々の価値観や認識が自分自身の「性格」にも左右されることに疑問の余地はないでしょう。これは生来のもので、気質、性分、気性といった言葉で表現されます。自分に内在する物事に対する姿勢、態度と言い換えることもできるでしょう。もちろん、これも特定の場面における「コンテキスト」の一部を形成することになります。

　この節の内容は、バグの多いインタフェースに置き換えて考えてみるとわかりやすいかもしれません。自分のインタフェースがそれなりにうまく機能しているなら、それはそれで結構なことですが、誰のインタフェースも自分のものと同じだと考えるのは危険です。同じではないのです。外界に接するためのインタフェースは人それぞれで、「あなたのインタフェースは変だ」と思っている人もいるかもしれないのです。この点を確認するために、ここで見るところの「インタフェース」の特徴と、人によって違いが生じやすい箇所とを見ていきましょう。

　まず、有名なコンストラクト型の理論であるマイヤーズ・ブリッグス・タイプ指標（MBTI）を取り上げます。この指標は人の性向を 16 のタイプに分類するもので、カール・ユングの学説に基づいて開発されたものです[†]。MBTI において各被験者は、人の性向を表す四つの指標上のそれぞれについて、どこか一箇所に位置します。そして、各指標につきひとつの文字を割り当てられます。これも、優先する傾向を示す指標であって、これに基づいて人の行動が行われるといった性質のものではありません。四つの指標は以下のとおりです。

外向 (E) か内向 (I) か
　外向きか内向きかを示す指標。外向タイプは人と接し交流することで活力を得ます。内向タイプは逆で、自己の領域を守り、自分の精神的、環境的空間を必要とします。内向タイプは自分ひとりでの活動から力を得、他者と交わることに疲れを覚えます。集団の 75% は指標の外向側に寄る傾向があります[††]。残りの 25% はひとりでいることを好みます。

感覚 (S) か直感 (N) か
　情報の獲得方法の指標。すべての性格特性のうち、この指標で示されるものが、コミュニケーションの不備や誤解の最大の原因ではないでしょうか。感覚タイプは実用性と事実を重視し、常に現時点での情報を拠り所にします。直感

[†] 『MBTIタイプ入門 ── Myers-Briggs Type Indicator(MBTI)受検結果理解のためのガイド』[Mye98]を参照。

[††] この節の統計データは、『Please Understand Me: Character and Temperament Types』[KB84]より引用しました。

タイプは豊かな想像力と創造力を持ち、比喩を重視し、多くの可能性を見抜きます——つまり、常に「人生の可能性がすぐそこに転がっている」状態なのです。直感タイプは何も仕上げないうちに新たなことに飛び移ってしまうことがあります。これは感覚タイプの目には「気まぐれ」に映り、逆に感覚タイプは直感タイプの目には「鈍重」と映ります。集団の75%は感覚タイプです。この本では、少数派である直感タイプを目指し、もっと直感に耳を傾けるよう勧めています。

思考（T）か感情（F）か

決定の下し方の指標。思考タイプはルールに基づいて決定を下します。感情タイプは該当するルールに加えて、個人的、感情的影響を考慮します。ルールを厳守しようとする思考タイプの視点は、感情タイプからは冷たく見えます。思考タイプからは感情タイプが「大げさな同情屋」に見えます。この指標における集団の分布は五分五分で均等ですが、性別によるかたよりが見られ、女性はF側に男性はT側に多くなる傾向があります。

判断的態度（J）か知覚的態度（P）か

判断を下すか保留するか、つまり即断するか観察を続けるかの指標。早く結論を出したいと強く思う場合が判断的態度タイプです。このタイプの人は結論を出すまで落ち着きません。知覚的態度タイプの人は結論を出すと不安になります。この指標でも、一般的な集団ではJとPが同等に分布します。

報賞は例外なく歓迎されるとは限らない

ほとんどの企業が、業務チームに対して、必ずしもすべての性格タイプには適さないような顕彰を行っています。特に、外向タイプに適した顕彰方法は、プログラマーであれば喜ばない人がいそうです。

紙皿に載せたケーキが配られるなどして正式に祝われると、ばつの悪さを感じてしまう、という人はいませんか？　内向タイプの場合、たとえ賞賛されるとしても、大勢の前にひっぱり出されると居心地の悪さを強く感じてしまう人が多いのです。また、初心者の人たちにとってすばらしい報賞が、達人から見みたらかえって逆効果の場合があるでしょうし、その逆もまた然りです。

気質も技術レベルもさまざまであることを考えると、表彰のしかたも同じくさまざまなものを用意するとよいのかもしれません。

各指標について、縦軸と横軸のどちら側になったかに応じて、それぞれ該当する文字を割り当てられます。四つの属性の組み合わせによって、自分の**気質**が決まります。たとえば、外向、感覚、感情、知覚的態度の性格は ESFP、内向、直感、思考、判断的態度なら INTJ になります。

短いテストで自分の MBTI 指標を調べることができます。ウェブや引用した書籍で各種のテストが提供されています。

この気質タイプについての研究が大きな意味を持つのは、人間関係について考えるときです。N の傾向が強い人と S の傾向が強い人がともに仕事をしようとすると摩擦が生じます。J の傾向が強い人と P の傾向が強い人がともにスケジュールを作成するのはやめた方がよいでしょう、といった具合です。

一番大事なのは、次の点に気づくことではないでしょうか —— 一定の状況で、自分なら取らないような態度を他の人が取ったとき、それは相手がおかしいからでも怠け者だからでも、ただもう気難しいからでもない、ということです。自分がそうだということでもありません。また、MBTI による分類が合致するか否かも問題ではありません。人はそれぞれ異なった気質タイプをもとに振る舞うものであり、それはコンピュータの OS の違い、言ってみれば Windows と Mac と Linux の違いのようなものだということです。

> 他人を変えることはできない

解決や妥協を図る方法はいくつもあります。ただひとつ、確実に**失敗する**方法は、自分に合わせて他人の気質を変えようとすることです。これは悲惨な結果に終わる方法です。「大げさな同情屋」の F タイプは人が困っているのを無視してただルールを当てはめることには納得しませんし、厳格な T タイプは人情劇にほだされてルールを曲げたりしません。どちらの場合も性に合わないのです。当方が状況に応じて自分なりのやり方を選んだとしても、相手がそれを気に入ることはまずありません。

他人と共同作業をする場合に心に留めておくべき重要な予備知識はこれです。

他人は恐らく自分とは違うバグを持っている。

> **ヒント 22**
> 各人が持っているさまざまなバグを受け入れる

議論をする際に、上のヒントを思い出してください。

さっそく実行 ⬇

- □ 性格テストを受けてみましょう。同僚や家族と比べてどうでしたか。判定結果は肯けるものでしたか。
- □ それぞれの指標で自分が実際とは正反対のタイプだと仮定してみてください。そのようなタイプの人の目に世の中はどう映るでしょうか。そうした人とどう関わり合いますか。
- □ 自分と反対の性格タイプの人と付き合ったことがなければ、付き合ってみましょう。

4.4 ハードウェア的なバグ

　最後に、脳システムの低次のバグ——言ってみればハードウェア的バグ——について見ていきましょう。

　人の脳は全体が一度にできたのではありません。長い間に「建て増し」され積み上げられてできあがりました。これまで主に取り上げてきた新皮質は、比較的最近になって人類の脳に加わった部分です。こうした高度な領域の下に、より古い領域があります。この古い領域が「カワイクない」のです。

　脳のこうした古い方の領域は、より原始的な、生存本能的な行動をつかさどっており、攻撃・逃避反応を起こします。つまり、形勢が不利になった場合に、単純な「緊急停止」を起こすわけです。また、この領域は縄張り行動や相手を出し抜く行動の起源が見出される部分です。

　文化と文明の驚くほど薄いうわべの下に、攻撃的なボス犬が尿で縄張りのマーキングをするのによく似た神経配線が組み込まれているわけです。この行動は、都市の街角で、企業の重役会議室で、郊外居住者のパーティーで、企業内のチームミーティングで、よく見られます。これこそが我々の実体なのです。

　信じられない人は、最近の『ネイチャー』誌[†]に掲載された、現代特有の問題「ドライバー激怒症」についての報告を見てください。この調査によれば、ドライバー激怒症を起こしやすい傾向をもっともよく示すのは車を個性化する行為、つまりカスタム塗装やバンパーステッカーなどの量だそうです。さらに驚いたことに、バンパーステッカーの内容には関係がなく、単にその量が問題だということです。

[†] 2008年6月13日号 "Bumper Stickers Reveal Link to Road Rage."（http://www.nature.com/news/2008/080613/full/news.2008.889.html）。

たとえば「鯨を救え」のステッカー5枚の方が「武装する権利を」1枚よりも、危険の徴候なのです。なぜでしょう。それは、ステッカーが縄張りのマーキングだからです。

1989年、脳の下層部分の神経配線に関する一般向けの初めての解説書『*Dinosaur Brains: Dealing with All Those Impossible People at Work*』[Ber96] をアルバート・バーンスタインが出版しました。バーンスタインはこの層における処理を、その原始的な性質にちなんで「トカゲの論理」と呼んでいます。我々の行動にいまだに影響を及ぼしているこの層について詳しく見ていきましょう。

トカゲの論理

バーンスタインは困難な状況に陥ったときの爬虫類的な対応のさまざまな特徴を次のようにまとめています。つまりトカゲのような反応の仕方の特徴です。

戦うか、逃げるか、おびえる

実際に攻撃を受けたにしろ、攻撃されそうだと感じただけにしろ、即座に完全な興奮状態になります。回れ右をするか、死に物狂いで逃げ出す体制をとるのです。状況がきわめて悪い場合には、恐怖のため、ただ凍りつきます。そうしているうちに悪いものが消えうせてくれるかもしれません。これは、たとえばプレゼンテーションで自分の仕事に関して鋭く突っ込む質問をされたりした場合に効果的な対処法です（笑）。

ただちに行動する

すべてが即座に自動的に行われます。考えたり計画したりはしません。ただもう衝動に従い、一番重要なものではなく、一番面白いものに焦点を当てます。スポーツの比喩をよく用います。メールやインスタントメッセージに返答し、ウェブサーフィンをします。そのほうが現実の仕事よりも**常に**面白いからです。

支配する

ボス犬のように振る舞います。下位の者全員を酷使できるよう、がむしゃらに群れのリーダーになろうとします。ルールは全員に押し付けますが、自分だけは例外です。この場合、尿による縄張りのマーキングは、必ずしも行うわけではありません。

縄張りを守る

分かち合いなどは虫けらのすることです。情報やコツ、秘訣を教え合ったり、事務所のスペースを分け与えたりは決してしません。自分の縄張りには子犬の

ようにマーキングをし、自分の利権はどんなに些細なものでも守ります。他人が自分抜きで何かをしたりすれば、非難の声を上げ、どうして自分を除け者にしたのか問い詰めます。

傷つけられたら怒りの声を上げる

問題を解決しようとはせず、他の誰かを責めることに全力を注ぎます。できる限り何回も非難の声を上げます。不当な扱いをされたということを皆に知らせるわけです。

自分と同じ＝善、自分と違う＝悪

すべてが善と悪という二つのバケツに分けられます。自分の側は常に善です。相手の側はもとから悪です。これをチームの仲間に何度も、できるだけ長々と説きます。

知り合いにこうした振る舞いをする人はいませんか。インテリぶった上司とか、傲慢な同僚とか。

もっと悪いことに、**自分自身**がそうだったりして。

猿まね

ドレイファスモデルを紹介したときに触れたように、我々は生来の物まね師です。多くの場合、これは強みとなります。特に師匠や模範とすべき先輩など、その技術に熟達した人から学ぶときには。しかし、生来の物まね師という傾向にもマイナスの側面があります。感情は、麻疹やインフルエンザなどの病原菌のように伝染するのです[†]。

明るく陽気な人のそばにいれば、こちらの気持ちも明るくなりがちです。「負け犬」を自認してクヨクヨしている悲観的な人と一緒にいれば、こちらまで同じように暗くて悲観的な負け犬だと感じ始めることでしょう。態度、信条、振る舞い、感情——どれも伝染します。

その好例が暴徒です。

進化したヒトとして振る舞う

こうしたトカゲのような行動は生まれつき神経系統に組み込まれており、高次の認知思考過程によるものではありません。思考には時間がかかり、それより速く、

[†] 『*Emotional Contagion*』[HCR94]を参照。

> **天国にも地獄にも**
>
> 　6章でも解説していますが、脳内の神経配線は思考内容によって変えることができます。しかし残念ながら諸刃の剣で、肯定的な考え同様、否定的な考えによっても容易に再配線が起きてしまいます。
>
> 　否定的な考えを繰り返していると、アメリカの独立系の放送番組のようなことになります。つまり、さまざまなローカル局に放送権を買われて際限なく繰り返し放送される番組です。この「ネガティブ・ムービー」は、再生するたびにリアルさを増していき、心の中で大きな場所を占めるようになります。
>
> 　繰り返しだということは、「いつだっておまえは……」「あなたが……たことなんて全然ないんだから」といった対話や、「ケーブルテレビ警察」「ネット警察」「まぬけ軍団」といった登場人物（組織）によって判別できます。こうした否定的な「映画」の大半はドラマ仕立てで、通常、現実よりはるかに劇的です。
>
> 　こうしたお得意の「映画」を再生し出したら、自分にストップをかけて、これは「映画」にすぎないんだと言い聞かせてみてください。
>
> 　チャンネルは切り替えることができるのです。
>
> 　「心には己の場所がある。そして心は自らのうちに、地獄から天国をつくり、また天国から地獄を作り出す」──ジョン・ミルトン著、平井正穂訳『失楽園』

より容易に起こるのがトカゲのような行動と反応です。

　これこそが、メールが非常に有害なものになり得る、もうひとつの理由です。

　手紙が通信手段であった時代には、手書きに要する時間と郵便の集配を待つ時間とがあったため、その間に冷静な新皮質が介入して、「こんな手紙を送るのはよくないかもしれない」と思い直すことができました。

　しかしインターネットの時代には、新皮質を飛び越して爬虫類的な反応がそのまま出ていってしまいます。メールにせよ、ブログのコメントにせよ、インスタントメッセージにせよ、最初の本能的な反応をそのまま出してしまえるようになったのです。こうした素早く暴力的な反応は、密林で捕食動物に遭遇したときにはよいかもしれませんが、同僚やユーザー、ベンダと共同作業をする際にはそれほど役に立ちません（強引なベンダが相手なら効果的かもしれませんが……）。

> **ヒント23**
> 進化した生物らしく行動しよう──ひと呼吸置いて、声を荒げない

　激しい怒りがこみ上げてきたときの感覚はご存知でしょう。上司からトゲのあるメールを送りつけられたり、出口の前でマナー知らずの車に合図もなしに割り込まれたりしたときです。

　息を全部吐き出して肺の中の悪い空気を捨てましょう。そして深く吸い込み、十まで数えます。自分が進化した生き物だということを思い出しましょう。相手のトカゲの反応をやり過ごし、新皮質でその出来事を処理するのです。

さっそく実行 ⬇

- □ 脅威を感じてから自分が最初の反応を克服するまでに要する時間を知りましょう。こうした見方をするようになってから、自分の反応はどう変化したでしょうか。
- □ こみ上げてきた怒りに反応はするものの、それを即座には行動に移さないようにして、行動に移すための計画を練り、予定を立てます。それでもまだ行動に移す意味がありますか。
- □ 新しい「映画」を作りましょう。ある「映画」が頭の中で繰り返し再生されてしまうのがいやなら、腰を落ち着けて自分で新作を作ってしまいましょう。今度はハッピーエンドのものを。
- □ ほほえんで。ただほほえむだけで、抗鬱剤と同じ効果が得られることが立証されています[†]。

---

† 私個人としてはチョコレートも効果的だと確信しています。

4.5　では、どう考えたらよいのか

> 我々は、1億5000万km離れた所にある核の火の玉のまわりを回っている、ガスに覆われた惑星の表面で、深い重力の井戸の底に住んでいるのに、それが普通のことだと思っている。この事実だけをとって見ても、我々の視野がいかに歪みやすいかがよくわかる。
>
> ——ダグラス・アダムズ

すでに見てきたように、直感は強力な道具です。達人の「認定証」です。とはいえ、ひどく見当違いの直感もあり得ます。この章で見てきたように思考や理性もかなり疑わしいのです。我々の物の見方は、この節の冒頭でダグラス・アダムズが指摘しているように、個人的な価値観から宇宙での人間の居場所の理解に至るまで、さまざまに歪んでいます。我々が「普通だ」と思っているものが必ずしもそうだとは限りません。種々の偏見や先入観のほか、頭の中の神経配線によって簡単に誤解してしまい、それで万事問題なしと思い込んでいるのです。

では、どうしたらよいのでしょうか。

RモードからLモードへの流れを作り出す必要があると述べたときの、学習についての議論を思い出してください。つまり、全体論的に経験を積むところから始めて、それからより定型的な訓練で技術を習得していく方法に移り、学習を実り多きものにしていくという方法です。

同様に、ここでも直感には従うものの、それだけではなく立証可能な線形フィードバックによって裏も取りましょう。

> **ヒント24**
> 直感を信じる。ただし検証すること

たとえば、特定のデザインやアルゴリズムこそが**正しい**選択であり、ほかの案はそれほどはよくないと感じることがあるでしょう。何かがそう訴えています。すばらしい！

それなら、それを証明してください。

達人としての直感が働いたのかもしれませんし、単に認識上の偏見やその他のバグかもしれません。プロトタイプを作成したり、単体テストやベンチマーク解析を行ったりして、フィードバックを得る必要があります。自分の考えが優れたもので

あることを証明するために必要なことを実施しましょう。直感が誤っていたかもしれないからです[†]。

フィードバックがソフトウェアのアジャイル開発のカギとなるのは、ソフトウェア開発が**人間**に依存するからにほかなりません。ここまで見てきたように、人間にもバグがあるのです。要するに、我々人間は何らかの点で皆ぬけだということです。最善の意図を持ってやっていることでも、自己確認と相互の再確認が必要です。

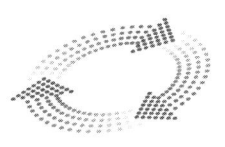

自分自身に対しても単体テストが必要なのです。

自己テスト

あることに関して絶対の確信があるときでも、「それはなぜか」と自問しましょう。**ボスは俺をやっつけようと躍起になっている**。どうしてそうだとわかりますか。**この種のアプリケーションには誰もが Java を使っている**。誰がそう言っているのですか。**自分はすばらしい（ひどい）開発者**だ。誰と比べて？

次のような質問を自分にしてみましょう。より大きな視野を得、自分の理解とメンタルモデルを検証をする上で効果的です[††]。

> どうして
> そうだとわかるのか

- どうしてそうだとわかるのか？
- 誰がそう言っているのか？
- どれだけ具体的に？
- 今していることが、自分にどう影響しているか？
- 何と、あるいは誰と比べて？
- それはいつでもそうなるのか？ 例外を考えられるか？
- それをしたら（または、しなければ）何が起こるのか？
- 自分が……をしない理由は？

[†] 一定の分野で達人になればなるほど自己フィードバックの能力が伸びますから、こうした立証作業も時とともに容易になります。
[††] NLPメタモデルに関する研究から引用した質問項目です。これを教えてくれたのはドン・グレイ氏です。詳細は『*Tools of Critical Thinking: Metathoughts for Psychology*』[Lev97]を参照してください。

実際に測定できるものはありますか。具体的な数値を得ることはできますか。統計はありますか[†]。これについて同僚と話をしたらどうなるでしょうか。自分と懸け離れた考え方をする同僚はどうでしょうか。こちらの言いなりで同意するでしょうか。それは危険信号でしょうか。それとも、こちらの考えに激しく反対するでしょうか。それでかえって信憑性を感じましたか。それとも、その逆でしたか。

何かを定義したと思ったときには、その逆も定義するようにしてみましょう。これは先に述べた「命名の誤り」を避けるのに役立ちます。定義したものがラベルひとつだけであれば、その反対になるものを詳細に特定するのは困難です（いえ、ラベルをもうひとつ作ったところで足しにはなりません）。挙動、所見、理論をそれぞれの正反対のものと詳細に比較対照しましょう。この作業によって、自分の「定義」をさらに掘り下げ、より批判的に注意深く見ることになります。

予想は現実に色を付ける

予想は現実を創り出します。これで言いすぎなら、少なくとも現実に色を付けます。他の人々や技術、あるいは組織から最悪のことを予想すると、それを見る準備をしていることになります。（7章で紹介している）感覚同調と同じで、自分が予想したものを急に多く見るようになるのです。

たとえば、いいかげんなニュースチャンネルが、あまりにも悲観的で終末論的な「ニュース」の報道に熱心であるため、我々はもう明日にもこの世の終わりがやって来ると思い込ませられそうです。実際にはそんなことはないのですが、放送局側が忌まわしい犯罪やとんでもない事件ばかりをわざわざ選んで流し続けていれば、視聴者はこの世の終わりの到来を容易に信じ込まされてしまうでしょう。

もっと個人的なレベルでも同じ現象が起こります。チームの同僚や上司、顧客に対する予断によって、皆さんの実際の知覚が歪められてしまうのです。他の人々の場合も同様に、**皆さん**に対する予断で、実際の知覚が曇らされてしまいます。

すべてはトレードオフである

最後に、盲目的にバラ色の希望的観測に陥ることを防ぐために、どんな決断もトレードオフだということを覚えておきましょう。ただ飯を食えることなどあるはずがないのです。何事にも裏の面があり、トレードオフを —— プラス面もマイナス面も —— 詳しく検討することによって、より充分な状況の評価ができるでしょう。

[†]「世の中には三つの嘘がある。ひとつは**嘘**、もうひとつは**大嘘**、三つ目は**統計**だ」という英国のビクトリア朝時代の政治家ベンジャミン・ディズレーリの言葉を覚えておく必要があります。偏見でも数字を巧みに利用すれば説得力をかなり増すことができます。

さっそく実行 ⬇

- ☐ 対立したら、基本的な性格タイプや世代ごとの価値観、自分自身の先入観、相手の先入観、経緯、周囲の環境を考えてみましょう。その結果、自覚する内容が増えることによって、対立の解決策を見出すのが容易になるでしょうか。
- ☐ 自分の立場を注意深く検討しましょう。今自分が知っていることは、どうやって知ったのでしょうか。なぜそう考えるのでしょうか。

我々は証明を論理によって、発見を直感によって行う。

――アンリ・ポアンカレ

5章
意識的な学び

精神とは何かで満たされるべき器ではなく、燃え上がらせるべき炎である。
——プルタルコス、45-125 年

　現代社会で成功する上で、もっとも重要な能力は何でしょうか？　それは、学習能力——いかにうまく学ぶか——ではないでしょうか。この能力の有無が、「成功する」か「まあまあ認められる」程度で終わるかを分けてしまうのです。
　まずこの章では、学習とは、学びとは何かということに目を向け、これがなぜ、にわかにこれほど重要になったのかを「学び」、より計画的な学習に役立つ手法を探ります。まず目的の管理方法や長期的な学びの計画の立て方を取り上げますが、L モードと R モードのバランスを保ち、互いに効率よく働かせることにも焦点を当てています。
　こうした考え方をもとに、目下の取り組みがうまくいくよう、読書法やマインドマップなど、学びを加速させるのに役立つ具体的な手法も紹介します。また、同じように取組みの結果を左右し得る、学びの方法や性格の問題にも言及します。
　皆さんの学びを加速させるお手伝いをする前に、まず学びとは、学習とは何かについてお話しなければなりません。

5.1　学びとは何か

　Java や Ruby、.NET に iPhone SDK——こういった具体的な事柄に関する知識は、現実にはそれほど重要ではありません。しかし、多くの人がいまだにこのことを理解していません。学ばなければならない新しい技術や、既存技術の新バージョンは、今後も常に存在します。重要なのは技術そのものではなく、学び続けることなのです。昔は必ずしもそうではありませんでした。中世の農民は自分たちの父親がそうしたように、父親とまさに同じ方法で土地を耕しました。情報は口伝され、最近までは、人は自分の家族に対して最低限の正式な教育や訓練を自ら施すことがで

きました。

　ところが、情報化時代の到来とともに、事情は一変しました。変化のスピードがかつてなく速くなり、新技術や新たな文化的基準、新たな法的、社会的問題が次から次から次へと押し寄せてきます。科学技術に関する情報の大部分がこの15年以内に更新されたものだといっても過言ではないでしょう。分野によっては、得られる情報量が3年ごとに倍増しています。「すべてのこと」を知り得た人物は、1873年に没したイギリスの哲学者、ジョン・スチュアート・ミルが最後だと言えるかもしれません[†]。

　我々には学ぶべきことが山ほどあり、前進しながら学び続けなければなりません。とにかく逃げ道はないのです。しかし、この「学び」とか「学習」という言葉には好ましからざる響きもあり、若かりし日にチョークの粉まみれになったことや、誰も彼もがやらなければならなかった退屈極まりない「丸暗記」、あるいはそれに代わる似たような教育的行事といったイメージが思い浮かびます。

　学びとはそのようなものではありません。そして、学びを助けるはずの「教育」という言葉の意味も、多くの場合、誤解されているようです。

　英語のEducation（教育）という言葉はラテン語のeducareに由来します。字義通りには「連れ出される」ことを意味し、「引き出される」という意味合いになります。ちょっとしたことですが、実に興味深いと思います。というのは、我々は教育を、学習者から何かを引き出すという意味だとは普通考えないからです。

　それどころか教育とは、引き出されるのではなく注ぎ込まれる何かのように、学習者「に対して」なされる何かだと捉える方がはるかに一般的です。この考え方は社員教育で特に目立ち、「シープディップ・トレーニング」という手法が用いられます。

　実際の「シープディップ（洗羊槽）」は寄生虫除去の目的で、疑うことを知らない羊を漬けて洗うための大型の水槽です（図5-1）。羊は羊らしく列を作って待ち、そのうちの1頭を掴んで水槽に漬けるのですが、羊にとっては思いもよらない、強烈でかなり有害な経験となります。当然その効果は徐々に薄れていくので、しばらくすると再び羊を水槽に漬けなければなりません。

　シープディップ・トレーニングはこれをモデルにしています。疑うことを知らない社員を集め、日常の世界とは隔絶された異質な環境で、集中的に3〜5日間の研修漬けにした後で、社員たちに「あなた方はJavaの開発者です」「.NETの開発者

[†] 『影響力の武器——なぜ、人は動かされるのか』[Cia01]。

図5-1　シープディップ。異質かつ有害かつ一時的な対処法

です」などと宣告するのです。当然その効果は徐々に薄れていくので、翌年には再教育、つまり再び研修漬けにすることが必要です。

会社は規格化されたシープディップ・トレーニングが大好きです。購入も簡単、計画も簡単、その後は誰もが思い通りのパッケージに収まるからです。

> シープディップ・トレーニングは役に立たない

そして .NET 開発者 9 人入りのパッケージが手に入るというわけです。まるでファーストフードのチキンナゲットです。欠点がひとつだけあります。次の理由から、この単純な手法は役に立ちません。

- 学びとは、「人に対して」行われることではない。「人が」行うことである。
- 経験の伴わない、知識のみの習得は効果がない。
- 目的やフィードバックのない無計画なやり方は、一貫性のない結果を招きがちである。

この章の冒頭でプルタルコスが指摘しているように、精神とは何かで満たすべき器ではなく、燃え立たせるべき炎、つまり自分の熱意なのです。誰かに代わりにやってもらえることではありません（引用の全文はコラムを参照）。これはまさに自分でできる努力です。

　さらに、意外かもしれませんが、単に知識をひととおり習得しただけでは、プロとしての価値を高めることにはなりません[†]。もちろん有用なことではありますが、それだけでは実際に日々の実践であまり役立たないのです。

　ここには興味深い含みがあります。シープディップ・トレーニングが繰り返し非難されているだけでなく、すべてではないにせよ、ほとんどの技術認定プログラムにも重大な疑問が投げかけられています。「ひととおりの知識」は、重要な部分ではありません。頭の中で構築する考え方や、その考え方を形作るために投げかける疑問、これまでに積み上げ、日々役立てている経験や習慣の方がはるかに意味のあ

自分の熱意に火を点けよ

「我々は、基本を一旦理解したら、自力で他のあらゆることを相互に関連させ、記憶に従って独自の考えを深め、他人の言うことを出発点（養分を与えられて成長する種）として受け入れるよう、（互いを）励まさなくてはならない。精神を正しく喩えるなら、満たす必要のある器ではなく、火を点ける必要のある薪であり、それ以上のものではない。火が点くと、人は創造性を刺激され、真理を求める心を植え付けられる」

「ある人が隣人のところへ行って火を借りるはずだったが、そこにずいぶん大きな炎があったので、ずっとその場に留まって温まっているとしよう。これは次のような人と何ら変わりはない。ある人が誰かのところへいくらかの良識を求めて行き、自分自身の熱意や知性を刺激すべきだと自覚する代わり、座って相手の講義に聞き惚れることで満足している。その言葉は連想のきっかけとなるばかりで、いわば、頬を紅潮させ手足を火照らせているだけである。哲学の暖かい光のもとで、この人は、じめじめとした心の闇を払拭することができなかった」

———プルタルコス（ギリシャの歴史家、伝記作家、随筆家）

[†] 『Relating Work and Education』の中の "Three Factors of Success" [VF77]、および『Knowledge and Competence: Current Issues in Education and Training』の中の "Identifying the Knowledge which Underpins Performance" [BW90]。

ることです。そうしたことにより、能力や専門技術が磨かれるのです。知識の習得だけでは十分ではありません。

　教室で集中的に、1回限りの、コンテキストとマッチしない勉強をするだけでは、せいぜい正しい方向にスタートを切るくらいが関の山です。必要なのは、一貫した目的と、進歩を自覚するためのフィードバック、意識的にすべての事柄に取り組む姿勢です。年に1回、窮屈な教室で学ぶのとは、まったく比較にならないほど、意識して、丹念に取り組まなくてはならないのです。

　この章の残りの部分では、より効果的に学ぶ方法を見ていきます。より系統的に取り組み、手軽に利用できるツールを用いることで、学びを加速する方法を紹介します。

　目的の管理方法と計画の立て方について詳しく見ていきましょう。

5.2　「SMART」な目標を定める

> 自分の行き先がわかっていないなら要注意だ。そこへはたどり着けないかもしれないから。
>
> ——ヨギ・ベラ

　望む場所にたどり着くには、つまり仕事や私生活において学び成長するためには、目的を定める必要があります。しかし、目的そのものだけでは成功の保証として不十分です。

　目的はすばらしいものですし、皆さんもいくつか目的とするものをもっているでしょう。体重を落とす、もっとよい仕事を見つける、今より大きな（または小さな）家に引っ越す、小説を書く、エレキギターを弾けるようになる、ますます勢いを増しているウェブ開発環境のRails（レイルズ）を使ってすばらしいアプリケーションを作る、最近仲間内で話題のプログラミング言語Erlang（アーラン）をものにする、などなど。

　しかし、多くの目的は、「……がもっとうまくなりたい」という程度の段階を乗り越えるのには役立ちません。ダイエットが一番の例です。大多数の人は今より引き締まって健康だったら、と思っています（特に、キーボードの前にどっかりと座ってかなりの時間を過ごす、我々のような人間は）。ところが、「引き締まった健康な体になりたい」というのは、（それが長期にわたる、望ましい状態を描いた立派な「未来像」ではあるにしても）あまり明確に定義された目的ではありません。

　体重を何キロ減らす必要があるのですか？　何キロのバーベルでベンチプレスをしたいのですか？　いつまでに？　カロリー制限を中心にしますか、それとも運動

を増やす方に力を入れますか？ 同じように、「Erlang を学びたい」というのも立派なことですが、それはどういうことでしょうか？ どの程度ものにしたいのですか？ それを使って何ができるようになりたいのですか？ どうやって始めますか？

　目的に焦点を合わせ、達成に向けてよりよい位置につけるように、コンサルタントが使うあの手この手から、私の昔からのお気に入りを紹介しましょう。目的を達成するためには、「SMART」な目標を使うのです[†]。

　ここで登場する SMART は、Specific（具体的）、Measurable（測定可能）、Achievable（達成可能）、Relevant（適切）、Time-boxed（期限を定める）の頭文字を取ったものです。想定する目的（体重を落とす、上司を退任させる、世界を征服するなど）がどのようなものであれ計画を立てる必要があります。つまり目的を遂げるのに役立つ、一連の目標を設定するということです。それぞれの目標には、SMART の要素がなくてはなりません。

> 目標によって
> 目的地にたどり着ける

「目的（goal）」と「目標（objective）」という言葉の違いが少しわかりにくいので、明確にしておきましょう。「目的」とは、短期間で到達しようとしている望ましい状態のことです。「目標」とは、その目的に近づくために取る行動を言います。しかし、人によってこうした用語の使い方は少しずつ異なるので、専門用語にあまりこだわる必要はありません。

　SMART とはどのようなものかを説明しましょう。

Specific（具体的）

　まず、目標は「具体的」でなければなりません。つまり、「Erlang を学びたい」と言うだけでは不十分だということです。「Erlang を使って、動的にコンテンツを生成するウェブサーバを作りたい」というように、具体的な内容に落とし込むのです。

Measurable（測定可能）

　どうしたら、いつ何かを成し遂げたとわかるでしょうか？（実は、この質問は私がコンサルティングをする際に、よくするものです）。目標を達成できるようにするためには、何らかの形でこれを測定できなければなりません。「測定できる」こ

[†] 『新訳 現代の経営〈上・下〉（ドラッカー選書）』[Dru54] が始まり。これ以降、広く用いられるようになった。

とは、具体的であることと密接に関係しています。一般的で抽象的なことを測定するのは困難ですが、具体的で明確な形を持ったものを実際の数値を用いて測定することはずっと簡単です。目標が測定できないと思うなら、恐らくその目標は十分に具体的ではないのです。

少し進んでは、着実で地道な進歩を測定するようにしてください。1週間で25キロ減らそうとか、新しいプログラミング言語全体とそのライブラリすべてを週末だけで学ぼうなどと考えてはいけません。目標は測定しなければなりませんが、少しずつ段階を踏んで進めてください。

> 「小説を書くのは夜に車を運転するようなものだ。ヘッドライトが照らす範囲しか見えないが、そんな風でも最後まで旅行することができる」
> ——E・L・ドクトロウ

行こうとしている場所を見る必要はありません。目的地や途中の通過地点すべてを見る必要はありません。ただ一、二歩先を見ていればよいのです。

Achievable（達成可能）

私は、世界第二の高さを誇る山K2に登れたらいいのにと思っています。ダライ・ラマと昼食をともにできたら素敵でしょう。ああ、それに、中東に恒久的な平和をもたらすことができたら、かなりの偉業となるでしょう。

そんなことは起こりそうにありません。

少なくとも私の力では。このような目的や目標は立派ですが、現実的ではありません。どんなに環境が整っても、恐らく私には達成できないでしょう。

達成不可能な目的や目標は目指すものではありません。ストレスとなってイライラし、そのことが頭を離れなくなるだけです。たとえばオリンピックレベルで競うなどは、ほとんどの人にとって不可能です。達成可能な場合でも、非常に時間とお金がかかってしまいます。

ですから無理はしないでください。来週までに新しい言語で「Hello, World!」と表示させたり、簡単なアプリケーションを作成したりはできるようになるかもしれませんが、恐らくウェブアプリケーションのフレームワークを作成し、ニューラルネットワークのオプティマイザでユーザーインタフェースのビルダーを作成できるようにはならないでしょう。

次の目標は「今」自分がいる位置から見て達成可能なものを設定してください。

Relevant（適切）

それは自分にとって本当に意味のあることですか？ 自分にとって大切であり、熱中できることですか？ さらに、自分で管理できることですか？

そうでなければ、その目標は適切ではありません。

自分にとって意味があり、自分で管理できることでなくてはなりません。

Time-boxed（期限を定める）

恐らくこれがもっとも重要な要素です。自分で期限を定める必要があるということです。期限がなければ目的は色あせ、日々の差し迫った要件のせいで絶えず脇へ押しやられてしまいます。目的が達成されることは決してないでしょう。

繰り返しますが、少しずつ進めてください。自分に対して小さな区切りをいくつも設けます。その区切りに到達するとさらに意欲が高まり、次の区切りに向かおうという気になるのです。

> **ヒント 25**
> 目的を達成するために SMART な目標を設定する

目標は、自分のものとして、前向きに、現在形で、または締め切りを明言して具体化するとうまくいくでしょう。「**私がいつまでに何を行う**」と明言するわけです。

目標を広いコンテキストに位置づける

ジョン・ダンには申しわけないのですが、「どんな目標も一島嶼(とうしょ)にてはあらず、みずからにして全きはなし」[†]です。目標はたとえば次のような、より広いコンテキストにおいて意味を持たなければなりません。

- 家族
- 仕事
- 経済状態
- 地域社会
- 環境

こうすれば、SMART の A（達成の可能性）と R（適切）に広がりが出ます。1

---

† 「Meditation XVII」、1623年。

> ### 目的、目標、実行計画
>
> 「それで、あなたは何かを学ぶと決めたわけですね。自分で目的を定めました。結構です。では、その目的をどうやって達成しますか？」
>
> 「実行計画の一部として、具体的で小さな目標を作ってみてください。私は、目的があったら、その目的を達成できるような実行計画を立てるために、小さな、ときには何でもないような目標を作り出すのが好きです」
>
> 「ピアノを習っていた頃、先生は私が1年で達するべき目的を定め、その目的を必ず達成できるように具体的な指示を毎週出しました。今、私は自分で自分の学習を監督しているので、同じことをしています」
>
> 「新しいプログラミング言語を学びたいと思ったとき、ある一定の数の小さなプログラムを書くという目的を定め、自分が実践したことと、すでにその言語を知っている人たちとから学べるように、点検を頼みました。さらにプログラム作成の腕を上げたいと思ったときには、講習をいくつか受けることにし、毎週決まった種類のプログラムを作る練習をしていました」
>
> 「目的を達成するために、1週間ごとの目標だけを決めているのではありません。私は、目的に到達できるための目標を達成するように、5分間というかなり小さな課題でも喜んで作ります。私の標準的な課題は、1日で終わるくらいのものです。でも、特にスタートで躓いているようなときは、スタートを切るためだけに、5分か10分の課題を作ります」
>
> 「自分で目的を定めるのが第一歩です。実行計画における次の一歩は、ほぼ毎日何かを達成できるような小さな目標を作ることです。目標が小さければ小さいほど、目的に対して自分のいる位置がわかりやすくなるのです」
>
> ——ジョアンナ・ロスマン

週間で4、5キロの減量は、それだけ考えれば達成可能ですが、長い目で総合的に健康を考慮すると、体全体にとっては賢明ではありません。同じように、プロジェクトの期間中ずっと徹夜をする必要のある目標を立てることで、プロジェクトの目的を遂げることはできるかもしれませんし、目標も達成可能かもしれませんが、ソフトウェアの開発者たちやその家族、ひいては事業そのものに多大な負担をかけてしまいます[†]。

[†] これを提案してくださったのはポール・オークス氏です。

ですから、視野の狭いレンズを通して目的を見るだけでなく、仕事や生活という、より広いコンテキストで与えうる影響を十分に考慮してください。

さっそく実行 ⬇

- ☐ 先を読む前に、自分のもっとも重要な目的を三つ書き出しましょう。それぞれについて一連の目標を考え、各目標がSMARTの要件を満たしているかを確認しましょう。

　　　　　SMARTな目標のリストを作成しましょう……

5.3　プラグマティック投資計画の作成

　目的がしっかり定まったら、その実行を助ける計画と呼ぶべきものが必要です。

　私は以前、『達人プログラマー――システム開発の職人から名匠への道』[HT00]で、自分の技能や素質を「知識のポートフォリオ」と考えようと提案しました。つまり、習得した技能や身につけた知識は、すべて自分のポートフォリオの一部になるわけです。それを、金融資産のポートフォリオなどと同じように、時間の経過に合わせて管理しなければなりません。

　この数年、デビッド・トーマスと著者は、コンサルティング業務の一環として「プラグマティック投資計画」を紹介してきました。ここでは、その簡略版を紹介しましょう。「プラグマティック投資計画」は単純ながら効果の高い方法で、金融資産のためのポートフォリオを管理するのと同じように知識のポートフォリオを形作るというものです。

　どんな目的を目指すにしろ、計画を「立てる」だけで驚くほど効果があります。多くの人は学習計画を立てることを怠りがちです。暇なときに新しいプログラミング言語を学んだり、空いた時間にその言語の新しいライブラリを調べたりする予定なのでしょうか。残念ながら、学習活動を「暇な時間」に回すのは、失敗のもとです。

おわかりでしょうが、実際には「暇な時間」などありません。時間はクローゼットやディスクドライブの容量のように、あっという間に埋まってしまいます。「……のために時間を作る」という言い方は

> 時間は作り出したり、破棄したりすることはできない。配分できるだけである

やや不適当で、時間は作り出したり破棄したりすることはできません。配分することができるだけです。計画的に学習を進め、適切に時間を配分し、その時間を賢く利用することで、はるかに効果的に学べます。

知識のポートフォリオを維持する上で重要な点は次のとおりです。

- 具体的な計画を立てる。
- 多様性を持たせる。
- 受け身にならず、積極的に投資する。
- 定期的に投資する。

では、プラグマティック投資計画（PIP）のポイントを順に見ていきましょう。

PIP——具体的な計画を立てる

計画を立てるだけで、大きな一歩を踏み出すことになります。できるだけ具体的に計画を立ててください。SMART な目標と目的という考え方を用い、たとえば次のように、時間軸に沿ってさまざまな段階の目的を考え出してください。

- 現在（すぐにもできること）
- 翌年の目的
- 5年後の目的

すぐにもできることは、たとえば製品をダウンロードしたり本を買ったりすることです。翌年の目的は、習熟の具体的な指標（あるプログラミング言語やツールで……ができるようになるなど）や、ある特定のプロジェクトをやり遂げるといったことになるでしょう。5年後の目的はさらに幅が広がり、たとえば学術的な会議で講演をしたり、記事や本を執筆するといった具合です。

この時間の区切りは自分で設定します。現在、3ヶ月後、6ヶ月後とする方がよい場合もあるでしょう。あるいは、動きの遅い業界で仕事をしている場合は、現在、3年後、10年後とした方がよいかもしれません。

アイゼンハワーは我々にこうアドバイスしています——「計画を立てることは、計画そのものよりもはるかに大切である」。下で見るように、計画は変更されます。しかし、目的に合わせて進もうとすることが大切なのです。

PIP——多様性を持たせる

どの分野に投資するかを決める際には、意識して多様なものに注意を向ける努力が必要です。ひとつのことにすべてを投資してはいけません。プログラミング言語や環境、技術、業界、それに非技術系の分野（経営管理、弁論術、人類学、音楽、芸術など何でも）をうまく組み合わせましょう。

多様性を持たせることの一環として、リスク対リターンの割合を考えます。どの分野に投資すると決めた場合でも、投資に対してリスクが高いものも低いものもあり、リターンについても同じことがいえます。たとえば、.NET などよく普及している技術を学べば、リスクはかなり低くなります。大勢のプログラマーが学んでいるため、サポートや既刊本、講座、求人などには事欠きません。しかし、それは投資に対してリターンがかなり低いという意味でもあります。大勢のプログラマーが学んでいるため、そうした求人に対する競争が激しいからです。その技術を学ぶことは、それほど特別なことではないわけです。

一方、リスクの高い技術もあります。Oak が Java と名を変えたばかりの頃、Java を学ぶのはリスクの高い選択でした。普及するかどうかは不透明だったのです。その後 Java が実際に一気に普及すると、リスクを冒した人たちは大いに報われました。これが、ハイリスク、ハイリターンの選択です。

現在、普及を待っている技術はいくらでもありますが、こうした技術はハイリスクで、もしかするとハイリターンです。行き詰まるかもしれない——これがリスクです。Erlang や Haskell は次に主要な言語となって、突破口を開くかもしれませんし、そうはならないかもしれません。Ruby が Java に取って代わるかもしれませんし、そうならないかもしれません。恐らく、iPhone は有力なプラットフォームになるでしょう。

> 知識への投資には、いつでも価値がある

知識への投資と金融商品への投資の主な相違は、知識への投資にはすべて何らかの価値があるということです。たとえ特定の技術を仕事でまったく使わないとしても、考え方や問題の解決方法に影響を与えます。そういうわけで、学ぶものが何であれ価値があります。直接的で利益に結びつく、仕事上の価値ではないかもしれないだけです。きっと $\mathcal{R}$ モードを発展させたり、$\mathcal{R}$ モードから L モードへの流れをよくするのに役立つでしょう。

価値といえば、時間と価値は同じではないことをお忘れなく。というのは、何かをするのに多くの時間をかけることが、知識のポートフォリオの価値を高めるわけではないからです。アメフトの試合を見たりテレビゲームをしたりすることは、息抜きや娯楽になるかもしれませんが、付加価値を生むことはありません（あなたが

クォーターバックやゲームの開発者ならば話は別ですが)。

PIP——受け身にならず、積極的に投資する

『達人プログラマー——システム開発の職人から名匠への道』[HT00] で扱ったもうひとつの重要なトピックは、「フィードバック」という考え方です。常に現実に照らして計画の良し悪しを見極め、進行状況を現実的に評価する必要があるということです。

金融の世界のキーワードは「積極的な」投資です。自分の資産の上にどっかりとあぐらをかいているだけではいけません。計画的に立ち止まり、自分のポートフォリオを見直さなければなりません。予想どおりに実行できているでしょうか？　自分が計画を実行に移してから、主要な技術や影響力を持つ企業の顔ぶれに変化があったでしょうか？

もしかすると、以前は考えなかった新しい要素を追加したり、よい結果の出ていない計画を取りやめにしたりする時期かもしれません。新たな進展を踏まえて、目標の修正や目的の変更が必要かもしれません。

PIP——定期的に投資する

最後に重要な点は、定期的に投資する必要があるということです。経済用語でいう「ドルコスト平均法」をとります。つまり、こういうことです。株を一定の金額で買うと、損をすることもあれば、大きな利益を得ることもあります。しかし長い目で見ると、そうした差はならされ、最終的には概して得をするというわけです。

これと同じことです。最低限の時間を定期的に投資すると決めてしまうのです。必要なら儀式にします。屋根裏の書斎へ避難したり、無料で無線 LAN

> 儀式にする

が利用できる喫茶店へ出かけたりしましょう。その時間すべてが等しく生産的になるとは限りませんが、定期的に予定に組み込むことで、長い目で見るとうまくいくでしょう。逆に、時間ができるまで待ったり、天から声が降ってくるのを待ったりしても、そんなことは決して起こりません。

投資を最大限に活用できるように、決めた時間になって席に着く前に、やるべきことを計画しておきます。予定を空け、日々の仕事や家族のプレッシャーから逃れたのに、何も映っていないパソコン画面を前に、これから何をしようかと考えることほどイライラする状況はありません。

時間になったらすぐに取りかかれるよう、事前に計画を立てておきましょう。たとえば著者の場合、FXRuby の GUI ツールキットを学びたければ、腰を落ち着

けて本格的に取り組む前に、まずは本を入手し、必要なコンポーネントをダウンロードし、FXRubyで作りたいプログラムを考えておきます。また、本当に没頭するために十分な時間を空けておきます。土曜日の午後や火曜日の夜だけでは、恐らく足りないでしょう。

> **ヒント 26**
> 計画的な学習に身を投じてみる

さっそく実行 ⬇

- ☐ 現在の目的、短期的な目的、そして長期的な目的を具体的に書き出しましょう。
- ☐ 自分のポートフォリオを多様化するため、未知の分野を新たに二つ追加しましょう。
- ☐ 毎週、投資に充てるための時間を確保しましょう。
- ☐ 定期的なポートフォリオの見直しを忘れない仕組みを設けましょう。何が変わり、何がうまくいかなかったでしょうか？ これからどうしますか？

5.4　自分の学習モード

　きちんとした計画ができたところで、じっくり学習する方法を検討しましょう。新しい情報を取り入れるために、自分にとってもっとも効率のよい方法を見つけ出す必要があります。人はそれぞれ違った物事と関わりを持ち、人によって効果的と感じる学習方法が異なるのです。

　昔から教育専門家の多くは学習者を視覚型、聴覚型、身体感覚型の三つのタイプに大別しています（図 5-2）。

　視覚型の学習者は、学習の対象物と講師を見ることが必要です。図や表はすべて視覚型の学習者に効果があり、身振り手振りや表情などにも敏感に反応します。

　聴覚型の学習者は、学習の対象物を耳で聴かなければなりません。講義やセミナー、ポッドキャストがこのタイプには有効です。声のトーン、速度、その他の微妙な変化も意味をもちます。

　身体感覚型の学習者は、動いたり触れたりして学習します。つまり教材を身体的に経験する必要があるのです。これは特にスポーツや芸術・工芸などには特に有効で、身につけるためには「やってみること」が必要です。

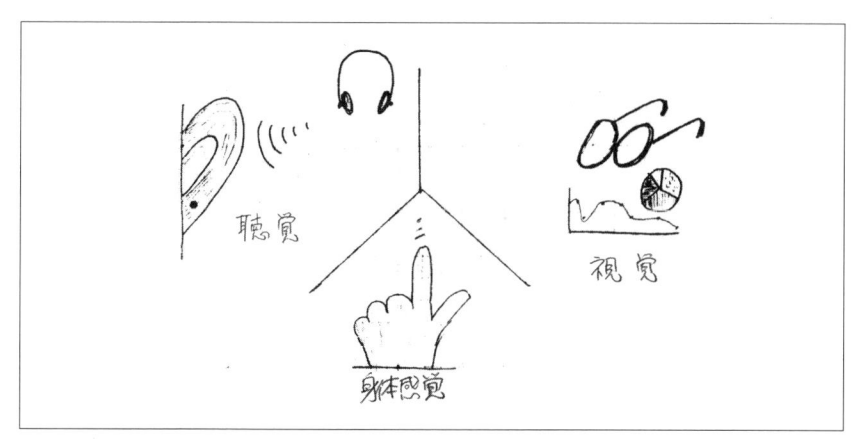

図5-2　学習者の三つのタイプ

　この三つのタイプはごく一般的なものなので、状況によってはそれに合う型が異なる場合もあるでしょう。しかしこれは最善の学習法を見極めるのに格好の出発地点なのです。
　セミナーやポッドキャストより読書の方が好きですか？　ポッドキャストは提供者が分らないのが嫌ですか？　教育ビデオを見ているとき、話し手の顔は見ていないことが多いですか？
　表5-1を見てください。この表の言葉はそれぞれの学習型に関連があるものです[†]。学習上の問題をどう表しますか？　「闇の中」や「もやもや」と言いますか？　もしそうなら圧倒的に視覚型の傾向がある印です。「アングルを見つけよう」とか、「前に運ぶ手段が分らない」などと表現するなら、恐らく身体感覚型の傾向があります。周りの人がそんな言葉を使っているか聞いてみてください。それは好みの学習タイプをはっきり示す言葉なのです。

[†] この表の複製許可に関してボビー・G・ボーデンハマー氏（http://www.neurosemantics.com）の協力を得ました。

表5-1 学習型を表現する典型的な語

視覚型	聴覚型	身体感覚型
admire（崇拝する）	announce（発表する）	angle（角度）
appear（現れる）	answer（答える）	beat（打つ）
attractive（魅力的な）	argue（議論する）	bends（屈伸）
blurred（ぼやけた）	asked（頼まれる）	bounce（反発力）
bright（明るい）	attune（同調させる）	break（破る）
clear（晴れた）	call（呼ぶ）	brush（磨く）
cloudy（曇った）	chatter（おしゃべりする）	burdened（重荷を背負った）
colorful（色鮮やかな）	cheer（応援する）	carry（運ぶ）
conceal（隠匿する）	complain（不平を言う）	clumsy（要領が悪い）
dark（暗い）	crescendo（クライマックス）	comfortable（居心地がいい）
dawn（夜明け）	cry（泣く）	concrete（明確な）
disappear（消える）	deaf（聾唖）	crouching（うずくまった）
display（展示する）	discuss（議論する）	crumble（粉々に崩れる）
envision（心に描く）	echo（反響する）	exciting（興奮した）
exhibit（展覧）	explain（説明する）	feel（感じる）
expose（露出する）	expression（表現）	firm（頑丈な）
eyed（注視された）	growl（うなり声）	fits（ぴなりと）
faced（直面した）	grumble（不満を漏らす）	flop（パタパタ動く）
flash（ピカッと光る）	gurgling（腹鳴）	force（強いる）
focus（焦点を合わせる）	harmonize（調和する）	grab（ひったくる）
foggy（霧がかった）	harsh（厳しい）	grapple（引っ掛ける）
foresee（予見する）	hear（聞こえる）	grasp（把握）
form（形成する）	hum（鼻歌）	grind（研磨）
gaze（凝視する）	inquire（尋ねる）	hard（きつい）
glance（ちらりと見る）	insult（侮辱）	hold（握る）
glare（ギラギラ光る）	lecture（講義）	hug（抱きしめる）
gleam（閃光）	listen（聞く）	hurt（傷つける）
glow（白熱）	loud（騒々しい）	impression（印象）
graphic（図形）	melodious（旋律的な）	irritate（いらだたせる）
hazy（もやもやした）	mention（言及）	mushy（やわらかな）
illuminate（光を当てる）	mumble（つぶやき）	movement（動き）
imagine（想像する）	noisy（騒がしい）	pinch（つまむ）
obscure（ぼんやりとした）	outspoken（率直な）	plush（贅沢な）
observe（観察する）	overtones（含み）	pressure（圧力）
look（見る）	question（質問）	pull（引く）
peer（同僚）	quiet（静かな）	rub（こする）
perspective（奥行き）	recite（暗唱する）	run（走る）
picture（写真）	reply（返事をする）	scramble（ごちゃ混ぜ）
preview（プレビュー）	request（要求する）	scrape（こする）
reflect（反射する）	resonance（共鳴）	shaky（よろめく）
watch（じっと見る）	sang（歌った）	skip（スキップする）
reveal（暴露する）	shout（叫ぶ）	slip（滑る）
scan（スキャンする）	shriek（金切り声）	smooth（滑らかな）
see（見える）	shrill（甲高い）	soft（柔らかい）
shiny（光り輝く）	sighs（ため息）	solid（固い、頑丈な）

表5-1　学習型を表現する典型的な語(続き)

視覚型	聴覚型	身体感覚型
show（見せる）	silences（静寂）	spike（急上昇する、とがったもの）
sight（視界）	silent（静かな）	stuffed（詰まった）
sightsee（観光する）	sound(s)（音）	suffer（苦しむ）
sparkle（はじける）	stammer（どもる）	sweep（掃く）
spy（見つけ出す）	talk（話す）	thick（厚い）
staring（凝視する）	tell（伝える）	touch（触れる）
strobe（ストロボ）	translate（訳す）	trample（踏みつける）
surface（表面）	unhearing（聞こえない）	tremble（震える）
twinkle（キラキラ）	utter（絶対的な）	twist（ひねる）
vanish（姿を消す）	vocal（声の）	unbuding（不屈の）
veil（覆う）	yell（叫び声）	unfeeling（無感覚の）
view（景色）		warm（暖かい）
visualize（視覚化する）		wash（洗う）
view（景色）		weigh（重さを量る）
vivid（色鮮やかな）		work（働く）

多角的知能

　このような学習型の違いでも分るように、ひとつの方法で誰もが効率よく学習できるわけではありません。人はそれぞれ少しずつ違う物事と結びついているのです。しかし視覚型の学習者は聴覚型の人より賢いということではなく、またその逆でもありません。

　実際のところ、「知能が何によって構成されるか」は長い間激しく議論されてきました。研究者の中には知能は単独かつ測定可能なものと考える人がいます。それに猛反対する研究者は、単一の知能測定基準では文化によって差が出る可能性があるので、従来のテストでは正確な結果が得られないと指摘しています。やはりここでもコンテキストが問題となるようです。この議論から、ロバート・スタンバーグの「三部理論」とハワード・ガードナーの「多重知能理論（MI理論）」という、認知的なコンテキストに基づく理論が生まれてきています。

　ロバート・スタンバーグは、心は次の三つのコンポーネントから成ると考えています——思考過程全体を管理するメタレベルのコンポーネント、実際の作業を行い物事の関連づけを行う実践的なコンポーネント、そして新しい情報を取り入れる知識獲得のコンポーネントです。各コンポーネントがそれぞれの領域を持ち、また独立しています。つまり、あるコンポーネントを、他の二つのコンポーネントを使っては表現できないのです。スタンバーグは標準的なIQテストは、必ずしも知能を総合的に計測するものではないと主張し、その論拠として、テスト結果が良くても実社会で問題解決が下手な被験者、逆にテスト結果が悪くても優れた問題解決力を

持つ被験者がいることを指摘しています。

　ハワード・ガードナーもやはり知能は多面的であるため、1種類の測定方法では不十分であると提議しています。知能を異なる能力や技能の組み合わせと考え、知能には以下の七つの側面があり、それぞれに異なる才能が関係し、また互いに関連し合っているとしています[†]。

運動的知能
　　スポーツ、ダンス、日曜大工、木工細工、工作、料理
言語的知能
　　口頭の議論、物語、読書、書き取り
論理数学的知能
　　数学、数字、科学、分類、幾何
空間的知能
　　図表、計画、写生、絵画、画像の処理
音楽的知能
　　演奏、音やリズムやパターンの認識、標語や詩などの暗記
対人的知能
　　共感――他人の感情、意図、動機を察知する
内省的知能
　　内省――内面的感情、夢、対人関係の理解に基づく

　その他の知能を加えることを提案する研究者もいますが、上にあげた七つの中にも興味深いものがいくつか含まれています。たとえば音楽的知能の分野に、文字どおりの音楽的な才能だけでなく、曲の認識、歌詞や標語や詩、またはそれに似た素材をすらすらと思い出す技能も含まれています。

　誰もがこの七つの知能を、それぞれの量の組み合わせで持っています。ここでは、LモードあるいはRモードのいずれかによる処理に向いているものがあることにも注目しておいてください。

　ガードナーの分類を何かの言いわけにするのは簡単です。たとえば、「私にはあまり対人的知能がない」「私は数学が苦手だ」などと言うのです。しかし、この分析の意味するところは、不得意なものは簡単には身につかないのだから、自然にできるものよりもいっそうの努力が必要だということなのです。

[†] 『*Frames of Mind: The Theory of Multiple Intelligences*』[Gar93]。

この種の分類は、知能に関するさまざまな側面に目を向けるきっかけとなってくれます。これによって、今まで意識したことがなかった自分の一面がわ

> 最善の学びとは

かるかもしれません。大切なことは、自分にとって効果的な学習方法が、他の人には効果的とは限らないということです。また、必ずしも固定されてしまっているものでもありません。たとえば、この本の内容を実行することで、別の学習方法がより有効になるといった変化が起こることもあり得ます。

性格の型

　グーグルで検索すると、さまざまなオンライン調査や診断があり、自分がどんな学習タイプか（または少なくとも、どんな傾向にあるのか）を特定できます。自分が**行動的学習者**か**反射的学習者**か、視覚的か言語的かといったことがわかるわけです。また、学習タイプを先に見た、MBTIのような性格と結びつけているものもあります。

　性格が学びのスタイルに影響する場合もあります。内向型の人は、会議で「即興で何か話をしてくれ」といきなり言われても、困惑してしまうことが多いでしょう。外向型の人は新しい技術を学ぶときにグループで意見を交わすとよいでしょう。

初期設定を越える

　これまでにあげた知能や性格の分類はあくまでも「傾向」であって、厳格なルールでも基準でもありません。MBTIの結果が、いわば「初期状態（デフォルト）」を

> 性格は宿命ではない

表しているのです。違った行動をとっても一向にかまいません。しかしこれが誰にも見られていない（特に**自分が**見ていない）ときの動作なのです。

> **ヒント 27**
> 最善の学習方法を見つける

　いつもと違う学習方法を試してください。新しい事柄を学ぶために、いくつか違った取り組み方をしてみてください。普段ポッドキャストやセミナーを聴かない人は、いつもの読書や実験に加えてちょっと試しに聴いてみましょう。

さっそく実行 ⬇

- ☐ 自分のもっとも優れた知能は何か考えてください。仕事で一番使うものはどれですか。もっとも優れた知能は仕事とうまく合っているでしょうか。
- ☐ そして趣味にはどの知能を使いますか。有効に使われていない優れた知能はありますか。それをうまく使う方法が見つかりますか。
- ☐ もし不一致があったら、それを補うために何ができますか。視覚的学習者なら、仕事に役立つ映像を作れますか。運動感覚的学習者なら、役に立ちそうな小道具はありませんか。

5.5 同僚との勉強会

　研究の結果、同僚との勉強会がとても有効であることがわかっています。題材は参加者が選ぶため、日常業務に直結するものとなります。勉強会は勤務時間に合わせて柔軟に都合よく調整することができ、高額な交通費や教材も不要です[†]。勉強会は異質で有害な「シープディップ」のすばらしい代役なのです。

> 勉強会には害がない

『達人プログラマー——システム開発の職人から名匠への道』の出版以来、社内の読書会や勉強会に採用されているという話を聞きます。この本は特別な技術や言語や方法論に縛られていないため、最初の1冊としては非常によい本です。総合的な本、または内容がとても具体的で、チームやプロジェクトに関わる事柄に的を絞っている本から始めるとよいでしょう。

　勉強会を立ち上げる際には、ラフな形式にするのか、かなりキチンとしたものにするのかを決める必要があります。気軽な勉強会なら、単純にみんなで1冊の本を読み通せばよいでしょう。たとえば交代でWikiやメーリングリストを利用するか昼休みに集まって各章を要約してもらい、話し合います。

　フォーマルな勉強会にするなら、次のような手順である程度慎重に進めましょう[††]。

案を募る

　参加者が何を考えているのかを見極めます。山のように案を出し、それぞれの

[†] 『*Improving Quality and Productivity in Training: A New Model for the High-Tech Learning Environment*』[RW98]。
[††] 詳細は『*Knowledge Hydrant: A Pattern Language for Study Groups*』[Ker99]を参照。

> ## 成人学習のコツ
>
> 大人の学習者を、子供や大学生と同じように扱うことはできません。『The Adult Learner: a Neglected Species』[Kno90] を著したマルコム・ノウルズは、成人学習者とその学習環境の特徴を以下のようにまとめています。
>
> - 成人学習者は、学習することで興味と必要性が満されるならば、それが動機となる。
> - 学習の内容は、実生活に即していなければならない。実生活に関係のないテーマは避けるべきである。
> - 学習者の経験の分析が、学習の中心的な手段となる。
> - 成人には自らが主導する姿勢が必要で、指導者は学習者同士が議論・調査する手助けをすべきである。
> - 指導者は学びの様式、時間、場所、速度の差を容認しなければならない。
>
> こうした特徴が、同僚の間で行われる勉強会や読書会にぴったりである点に注目してください。読書会はまさにその性質上、成人学習者の必要性や目的にかなっているのです。

支持者を募ってください。専門的なものや一般的なもの、使用中の技術やこれから使いたい技術など、多種多様な話題を求めましょう。

話題を決め、リーダーを選ぶ

特殊な話題に関しては、勉強会を率いるリーダーが必要です。リーダーはその話題における専門家である必要はなく、その話題に、また学習することに情熱をもっている人が望まれます。

本を買う

会社の費用で参加者全員の本を購入します。（洋書など）まとめて買うと割引になる場合がありますので確認しましょう。

ランチミーティングの予定を決める

会社が昼食を提供するか、各自昼食を持参します。読書そのものは空き時間のうちにやっておかなければいけませんが、昼休み勉強会の予定を組み、1時間半程度の長めの昼休みを計画します。

勉強会の当日は、最初の30分を食事、交流、歓談に充てるようにします。その

後本来の勉強会を始めます。全員が読んできた章や節を、誰かひとりに要約してもらいます。テーマごとや章ごとに交代して常に同じ人が話さないようにします。そして質疑応答や意見発表をして話し合います。きっかけとしては、章末や途中にある問題や課題、あるいはこの本の「さっそく実行」を参考にしてもよいでしょう。

> **ヒント 28**
> 学び合い、教え合う勉強会を立ち上げよう

各会の参加者は 8～10 人程度以下にとどめるようにしましょう。参加者が多い勉強会では、話し合いの時に小グループに分かれるとよいでしょう。

もちろん技術の習得にも役立ちますが、勉強会を開くことはチームをひとつにまとめるという意味からもすばらしい方法です。学び合い、教え合うことにより、学習がより効率的に行われるのです。

5.6 より優れた学習技術

じっくり学ぶための良い骨組みができたところで、学びそのものに目を向けましょう。この章の残りでは、もっと速く上手に学ぶための具体的な手法をいくつか紹介します。具体的には次のような事柄です。

- **意識的な**読書と文書の要約の方法
- マインドマップを使って、探索しパターンや関係を発見する方法
- 教えることによって学ぶ方法

上の技法はどれもが、単独でも大きな助けとなるはずです。しかし、すべてが一緒になると、皆さんを有能な「学習マシン」に変えてくれるはずです。もちろん個人差はあり、最善の学習方法は人によって異なり、特に効果的なものも、それほどでないものもあるでしょう。誰にでも合うサイズの服はないのです。

5.7 SQ3Rで意識的に読む

> **文章を使った説明がもっとも効率が悪い**

残念ながら、文章を使った説明は一般的にもっとも効率が悪いとされています。鍛える対象となる脳や体の部分の多くは、言語を処理するためのものでは

ありません。前の章で見たように、言語を処理する脳の割合は比較的小さいということを思い出してください。残りの部分は、すべて言葉が通じないのです。

この結果、人は観察からもっとも良く学ぶということになるようです。人は元来、模倣が得意であり、もっとも効果的な学びの方法は、人を観察し、まねることなのです。これに関しては後で再検証しますが、少し問題もあります。

皆さんは、今この本を読んでいます。長い人生において、恐らくはセミナーや講義に参加するよりも本を読むことの方がはるかに多かったでしょう。しかし、読書は他の体験的な学習と比べもっとも効果の低い学習法なのです。

読書をもっと効果的にするひとつの方法は、単に本を手にとって読み進めるのではなく、少し意識的に読書に臨むことです。ここでは、実際に利用されている人気の高い技法をひとつ紹介しましょう（これ以外にも同じような効果が期待できるものはいくつかあります）。

書籍をはじめとする印刷物を「学ぶ」ためのこの技術は、その従うべき四つのステップから SQ3R と呼ばれています[†]。

調査（Survey）
　　全体の要旨をつかむため、目次と各章の要約を流し読みする。
質問（Question）
　　質問点を書き出す。
読書（Read）
　　全文を読む。
復唱（Recite）
　　要約し、ノートに書き、ポイントを自分の言葉でまとめる。
まとめ（Review）
　　もう一度読み、さらにノートに書き出し、仲間と議論する。

この技法のもっとも有益な点は、意識的であるということです。手当たり次第に本を取って読み、またその内容をきちんと記憶する、しないではなく、よりきめ細かに気配りされ、意識的で、隅々まで行き届いた取り組みなのです。

---

† 『*Effective Study*』[Rob70]。

手順

まず、題材となる著作物を**調査**します。目次と各章の導入部や要約など内容の把握に役に立つ部分に目を通します。この段階ではまだ詳細まで掘り下げず、その本の概要をよく把握してください。

次に、答えを知りたい問題に対する**質問**を書き留めます。この技術はどのようにその問題を解決するのか。自分はここで実際の方法を学べるのか、それとも別の情報源を指し示すものなのか。章や節のタイトルを質問に書き換えます。これがその本が答えてくれるであろう疑問のすべてということになります。

それでは全文の**読書**に入ります。できればその本を持ち運び、待ち時間や移動中、あるいはちょっとした空き時間を読書に充てられるようにします。難しい部分ではゆっくりと読み、内容がはっきりしなければその項を繰り返し読みます。

読み進めながら、文中でもっとも重要な部分を**復唱**・回想し、自分なりの表現で書き換えます。要点はどこだったでしょうか。思いついたことを書き出してください。リスト項目などを覚えやすくするために、略語を作りましょう。本に書かれている情報と戯れます。Rモードや共感覚的な[†]ものなども利用します。この話題は映画でいうと何に似ていますか？　漫画だとどうですか？

最後に本の内容の**まとめ**をつくります。必要に応じて部分的に再読し、興味深い部分を見つけたら、ノートの記述を増やしていきます（次の節で、この種のメモ取りの優れた方法を紹介します）。

例

たとえば私がD言語、ErlangやRubyなど、新しいプログラミング言語に関する本を読もうとしていると仮定してください。

まず目次を開いてその本の方向性を把握します。構文に関する入門やいくつかのトイプログラム、まだそれほど興味を引かれない高度な機能などが並んでいます。この言語は単一継承（シングルインヘリタンス）なのか？　多重継承（マルチプルインヘリタンス）なのか、それとも混合型か？　この言語の反復子（イテレータ）はどの言語と似ているだろうか？　どのようにパッケージやモジュールを作成・管理するのか？　実行時の速度はどうか？　次は読書の段階です。可能な時は一気に読みますが、必要な場合は少しずつ読みます。

そして次は復唱と書き換えです。「よし全部覚えてやろう」などと考えるのは簡単ですが、そう簡単にいくものではありません（コラムを参照）。

[†] 数字から色を連想する、言葉から匂いを感じる、などという交錯した知覚。

本から得た情報を実際に使ってみます。その言語でゼロから（練習問題や本で紹介されているトイプログラムではなく）プログラムを書いてみます。うーむ。今度はうまくいっただろうか。関連する章や節の復習が必要なときもあるでしょう。後日参照するとわかっていることは、メモ用紙などに書き留めておきます。また重要な表やデータには付箋を貼り、何がどこにあるか思い出せるようにホワイトボードに走り書きをします。このあたりで、友人と話し合あったりメーリングリストの議論に加わったりすると最高です。

ヒント 29
意識的に読書する

　上で見た一連の流れはどこかでみたものと似ていませんか？　実は、$\mathcal{R}$モードから L モードの流れとよく似ているのです。3 章で見たロッククライミングの例と同様、全体的で浅く広い調査から始め、従来型の L モード的な活動へと焦点を絞り、そして多感覚（議論、メモ、画像、比喩など）を利用してその幅を広げていきます。

　これまで皆さんがとってきた「ごく普通のメモ」は、脳の刺激という観点から見るときわめて平凡なものです。ある優れた技法を使うと、それを改善し、平均的で退屈なメモ書きと探求思考を、まったく新しいレベルに引き上げてくれます。

　メモ以上のもの、つまりマインドマップが必要なのです。

5.8　マインドマップによる直感の視覚化

　マインドマップとは、個々のトピックと、トピック間の結びつきを表す図解表現です。マインドマップの作成は、創造性と生産性を高める手法として普及しています。トニー・ブザンがその著書『ザ・マインドマップ』[BB96]の中で提唱しましたが、よく似た形式の図は少なくとも紀元 3 世紀から存在していました[†]。

　現代のマインドマップは、二次元の、有機的かつ全体論的な概略図です。マインドマップの作成ルールはそれほど厳格ではなく、次のような手順で進めます。

[†] Wikipediaによると、ギリシャの哲学者ポルフュリオスが考案したということです。もちろん、洞窟壁画の野牛までマインドマップに含めてよければ年代はもっと遡れます。

テスト駆動型学習

　同じ資料を何度も繰り返し読んだり、取ったノートを何度も勉強したりしても、内容を覚えるのには役立ちません。代わりに「テスト」に挑戦しましょう。

　その題材を何度も思い出そうとすることで、繰り返し自分をテストするのが効果的です[†]。意識的に何度も検索することで学んだ事柄が定着し、脳内の結合が強くなります。「入力」を繰り返すだけでは、あまり効果が上がりません。勉強中の新しい言語でプログラムを書いてみるようにすれば、重要な情報を検索することになります。勉強中の新しい方法論の鍵となる部分を同僚に説明してみてください。根気よく、情報の検索、つまり自分の知識のテストを繰り返してください。いわば「テスト駆動型の学習」を行えばよいのです。自分をテストすることにより、記憶の「分散効果」の特性を利用することができるのです。

　一夜漬けなど膨大な情報を短期間で勉強するのはあまり効果的ではありません。人は指数曲線を描くように物事を忘れていくので、一定期間をおいてテストするとその題材の定着の度合が増すことになります。たとえば再テストの日程を 2-2-2-6（2時間後、2日後、2週間後、6ヶ月後）の間隔で組むのもよいでしょう。

　しかし、特に対象の量が膨大な場合には、こういった方法もすばらしく効率的な時間の使い方とは言えません。簡単に丸暗記できる事実や考えもあれば、なかなか覚えられないものもあります。覚えようとしている事実についてそれぞれ記憶の衰退曲線を把握しようとしても、難しすぎて手作業ではできません。しかし、皆さんの身近にあるコンピュータを使えばこれが簡単にできます。

　ピョトル・ヴォジニャクは分散効果を利用するためのアルゴリズムを考案し、SuperMemo というソフトウェアを開発しました[††]。基本的には高機能の「フラッシュカード」で、記憶したい項目ごとにテスト結果を記録し、なかなか覚えられない項目を覚えられるよう間隔をうまくあけて再テストしてくれます。

　脳の「キャッシュ機能」や「アーカイブ機能」の特性をうまく利用したプログラムと言えるでしょう。

[†] 『The Critical Importance of Retrieval for Learning』[KR08]。この本はジューン・キム氏が紹介してくれたものです。

[††] オープンソース版が http://www.mnemosyne-proj.org/ で公開されており、ダウンロードして実行できます。ただし、インタフェースが奇妙な日本語に翻訳されています。

1. 罫線のない大きめの紙を用意します。
2. 紙の中央にテーマとなるタイトルを書き入れて丸で囲みます。
3. メインテーマの小見出しを立て、中心の丸から引いた線のそれぞれに書き添えます。
4. 階層的にノードを追加していき、これを繰り返します。
5. 個々の事実やアイディアについて、適切な見出しから線を伸ばし、同様にラベルを付けます。

　それぞれのノードを線でつなぎ（ノードの孤立は不可）、全体がひとつのルートから伸びる階層構造にしなければなりませんが、総じて制限事項はほとんどありません。色や記号、そのほか何でも自分にとって意味を持つものを使って自由に表現できます。百聞は一見にしかずということで、図 5-3 の例を見てください。この図は私がドレイファスモデルを学習するときに最初に作成したマインドマップです。かなり縮小しているので、個々のラベルが読めなくても気にせず、大体の構造と雰囲気を感じ取ってください。

　伝統的なアウトライン構造には曰く言い難い厄介な制約があります。たとえば、通常の直線的なアウトライン構造は独創的な発想を阻害する傾向があります。アウトライン構造の本質は階層であり、階層はその固有の構造を主張するのです。そのため、よいアイディアでもその時点における構造に収まらない場合は捨てられることもありました。

　マインドマップを作成するときに、時計回りに要素を書き込むのはやめましょう。それではアウトライン構造を円形に並べただけです[†]。

　このテーマで講演をするときは、ここで一旦話を止めて、マインドマップという言葉を聞いたことがあるか、使ったことがあるかを聴衆に尋ねることにしています。いつも予想どおりの結果になります。

　アメリカでは、マインドマップについて耳にしたことがあるのが 100 人中 3 人か 4 人といったところですが、対照的にヨーロッパでは、聴衆のほぼ全員がマインドマップを利用した経験があると答えます。アメリカで「アウトライン構造」や「主題文」(トピックセンテンス)といった事柄が初等教育で教えられているのと同じように、ヨーロッパではマインドマップが教えられているそうです。

[†] この点を思い出させてくれたのは、バート・ベイツ氏です。

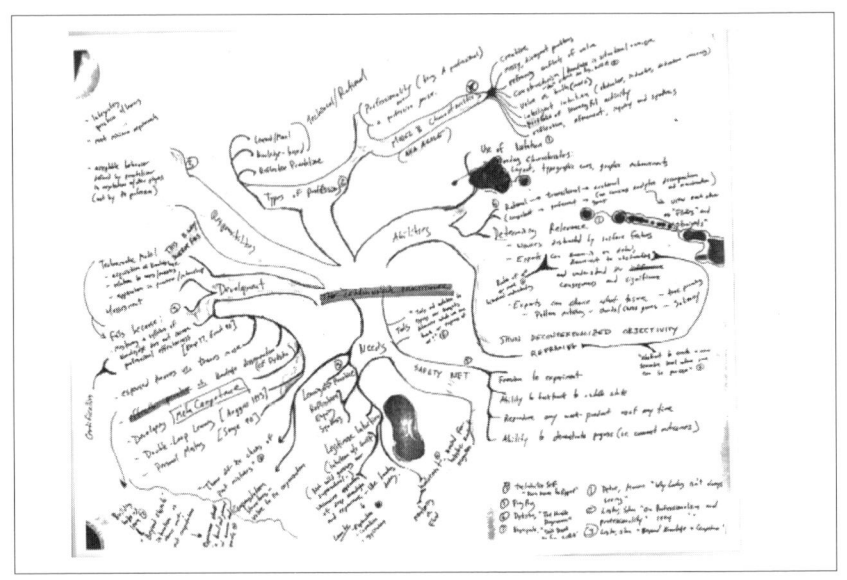

図5-3　ドレイファスモデルのマインドマップ——煩雑で有機的

> **空間的な配置と関係は重要である**

マインドマップは単純で基本的な手法のように見えて、なかなか奥の深いものです。我々の目が、1枚の紙に書かれた情報を、どのように走査し、判読するかをうまく利用しているのです。空間的な配置は、言葉の直線的な羅列やアウトライン構造では伝えられない情報を伝えます。色や記号を加えると表現にメリハリがつきます。マインドマップに新しい情報、発想、洞察を付け加えるときは、どこに配置するかが問題になります。アイディアそれ自体だけでなく、アイディアとアイディアの関係を見極めることに大きな意味があるのです。

　書き始めの段階では、後から情報を付け加えられるよう余白を残します。（フォントサイズを指定しなければならないのではありませんから）小さめの字で書いてもよいですし、紙の端の方に寄せて書いて後から線で結ぶのもよいでしょう。離れた場所に書いた言葉を後からつなごうと思ったら、長い矢印を伸ばすことができます。

　ある程度進んでできあがったマインドマップから十分学んだと思えるときがきたら、新しい紙に書き直します。必要に応じて位置の問題を修正し、書いている間にわかったことを反映させます。記憶を頼りに情報を思い出しながら書き直すと、結合が補強され、進めるにつれて新たな洞察がもたらされることがあります。

紙の種類を変えてみましょう。ざらつきがある特殊な紙を用いると、新たな触感が得られます。マーカー、色鉛筆、ペンではそれぞれ書き心地が異なります。特に色にはインスピレーションを与える効果があるようです。

マインドマップの改良

これといった具体的なゴールを決めずに情報と「戯れる」ことは、ひらめきを得て、隠れた関連性を見出す手段として有効です。この種の知的な遊びは、$\mathcal{R}$モードが効果を発揮するために必要です。ただし、頑張りすぎないこと。「ゴールを決めない」ことに意味があります。二、三歩進んでから、答えを意識して手繰り寄せるのではなく、向こうからやってくるのを待ちます。ひたすら戯れることです。

実際にやってみるとすぐに気づくと思いますが、グラフィカルな改良は無作為に行われるのではなく、何らかの意味が加わってきます。単なる装飾に

> ゴールを決めずに「戯れる」

留まらず、さらに発想と意味づけを引き出す助けとなります。図を改良するために「この対象や関係にどんな情報を付け加えられるか」と問いかけるのは、図形を描く側、つまり$\mathcal{R}$モードに問いかけることです。

マインドマップ作成ソフトウェアを開発している会社は多数ありますが[†]、ソフトウェアツールはブレインストーミング、学習、探索的な思考ではなく、共同作業や資料作成に向いていると思います。前者には、手書きのマインドマップが適しています。

なぜ手書きが重要なのでしょうか？　図5-4を見てください。これは、私がMacで作ったカラフルで美しいマインドマップで、この本の初期の構成で

> 書くことは読むことと同じくらい重要である

す。各ノードは、ウェブサイト、PDF形式の論文、メモの断片、その他の資料にハイパーリンクしています。見栄えはよいのですが（おまけに調査資料を探したり見直したりが簡単ですが）、手書きのものと同じとは言えません。

メモもマインドマップも、手書きすることが重要なのです。たとえば、経験から言って、講義中にノートをとると、記憶に留める上でとても役立ちます。二度とそのノートを見直さなくてもです。

もっとも有用なのは、聴講しながらざっとメモをとり（こうすると講義内容から重要なポイントを抽出することに集中できる）、後でメモを「正式なノート」に転記することです。たとえノートを再度読み返すことがないとしても、ラフなメモを

[†] 私はMac/Windows用のNovaMindを使用しています（http://www.novamind.com）。

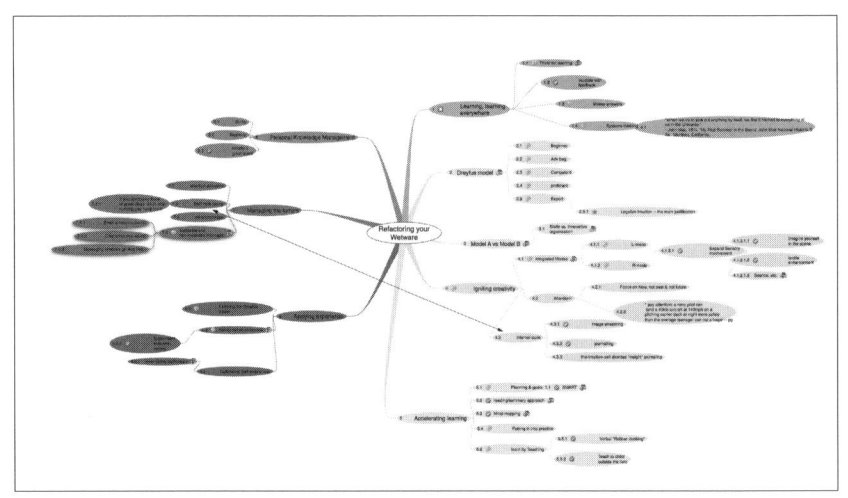

図5-4 ソフトウェアツールによるマインドマップの作成——見栄えがよくハイパーリンクもできるが、はたして実用的か？

転記する行為が大事です。マインドマップも同じです。まずはラフなごちゃごちゃしたマインドマップを描き、必要に応じて書き直すのです。書き直すことで、脳内で新たな関連が生まれます。

> **ヒント30**
> ℛモードとＬモードの両方でメモをとる

実習

実際に試してみましょう。

1. 項目が4、5個のリスト、自分にとって重要な事柄を並べたリストを選びます。
2. リスト上の項目をもとに（ペンまたは鉛筆で紙の上に）マインドマップを描きます。
3. 1日寝かせます。
4. 15分から20分かけて図に装飾を加えます。線を太くしたり、色を着けたり、いたずら書きやイラスト、中世の写本の四隅に描かれているような天使の絵を書き加えたり、好きなように飾り付けます。
5. 1週間後にマインドマップを見直します。思いがけない発見がありますか？

マインドマップとSQ3Rを組み合わせる

マインドマップがもっとも効果的に働くのは、何を探しているか自分でもはっきりわからないときです。

本を読みながらメモをとる場合がよい例です。次回、本を読むときは、（SQ3Rを試しながら）マインドマップの形式でメモをとりながら読んでみてください。主要なトピックの概要をつかみ、個々の詳細な記述を読みながら、どの項目とどの項目がどのように関係するのか理解しながらマップに書き加えていくと、理解した内容が図解として現れます。

そして、SQ3Rのまとめ（Review）フェーズにきたら、理解に応じてマインドマップを書き直したり、改訂したりします。マインドマップを参照すると、ほかのノートや本そのものを見直すよりも効率よく記憶を刷新できます。

探索的なマインドマップ

進め方がわからない課題に取り組んでいる場合にも、マインドマップが役立ちます。新しいクラスを設計しているとき、新しいシステムを設計しているとき、既存のクラスやシステムをデバッグしているとき、商用ソフトウェアにするかオープンソースのものにするか検討しているとき、新しい車を買うとき、小説やロックオペラを書くときなど、マインドマップを試してみましょう。

タイトルには長い語句や完全な文ではなく、単語を使います。主要なアイディアを表すアイコンを描きます。重要な線は太くし、関連性にあまり確信がない場合は細く書きます。どこに位置づけるかはっきりしないものでも、現時点でわかっていることをすべて書き出します。

最初は本当に素早く、印象派の画家のスケッチのようにささっと描きます。これはLモードを追い出して、Rモードを紙の上に解放することにつながります。

マインドマップを書き始めたら、すぐ手が届くところに置いておきます（特に、まだ付け加える情報があまりないとき。この後で見るように、関連するアイディアを書き足す余白があるだけで大きな違いがでます）。事実やアイディアが得られるたびに書き入れます。一度に書かなくても大丈夫です。必要に応じて書き直しますが、それをあわててやる必要はありません。当面は雑然としていてかまいません。いわば、未踏の地を探検しているようなものなのです。

どんなトピックを立てるかさえわからない領域に取り組む場合、漠然とした考えをまとめるのにマインドマップはとても有効です。ジェレド・リチャードソンの言葉です。「マインドマップは、執筆やコーディングの際に、考え

> **マインドマップで明確化する**

を整理してまとめるために使います。アイディアを一歩下がって見たり、いらないものを捨てたりすることになるので、次に進む道が見えてくるのです」。

私にも同じ経験があります。アイディアが渦を巻いて押し寄せ途方にくれているときに、マインドマップは思考を明晰にする助けとなり、行く手を照らしてくれるのです。

マインドマップで共同作業

マインドマップを小人数のグループやチームでの作業に応用することができます。紙の上に絵を描く代わりに、図5-5に示すようにホワイトボードと付箋を使います[†]。

各自が付箋とマーカーを持ちます。ブレインストーミングを行い、アイディアを付箋に書き出してホワイトボードに貼ります。その後、共通するテーマを寄せ集め、関連性を持つメモをグループ化します。

付箋は、はがして再度貼ることができるため、必要に応じてメモを再配置できます。

一段落した後で、グループごとに丸で囲んだり、線で結んだりします。さあ、これでマインドマップの出来上がりです。デジタルカメラでホワイトボードを撮影し、電子メールで全員に送ります[††]。

さっそく実行 ⬇

- ☐ 次に読む本でマインドマップを作りましょう。
- ☐ 仕事やライフスタイル、次の休暇の計画などでマインドマップを作りましょう。
- ☐ 色の効果を試してみましょう。何色かの色鉛筆を用意して、個々のノードに色で意味づけしてみましょう。
- ☐ マインドマップにイラストなどを描き入れて、印象がどう変わるか試してみましょう。
- ☐ 改良を繰り返しましょう。「できた」と思った後で、見直して何かもうひとつ書き加えます。これを繰り返してください。

[†] この手法の詳細と、その他の付箋の面白い使い方については、『*Behind Closed Doors: Secrets of Great Management*』[RD05]の "Affinity Grouping" を参照。

[††] 最近の携帯電話やノートパソコン(や多くのMac)はカメラ付きのものが多いので、画像の取り込みはますます簡単になっています。

図5-5 類似性によるグループ化(途中)

5.9　ドキュメント作成の真の力を利用する

　アジャイル開発の教義のひとつに、「不要なドキュメントは作らない」というものがあります。これは、価値のないドキュメントは作らない、ドキュメント化のためのドキュメント作成は時間の無駄である、という意味です。

　下位レベルの詳細な設計ドキュメントを作るには膨大な時間を要し、作った端から陳腐化してしまいます。さらに悪いことに、この種のドキュメントは通常誰にも読まれません。チームが「ドキュメントを作成した」ことを示すチェックボックスにチェックマークを入れるためだけのもので、何かの役に立つことなど決してありません。このように無駄の多い業務なので、アジャイルチームは作成する必要のあるドキュメントに厳しい目を向け、本当に役立つかどうかを確認します。

　多くの人はこれを「アジャイル開発者はドキュメントを作らない」と解釈していますが、それは誤りです。アジャイル開発者もドキュメントを作るのですが、ドキュメント作成にかけるコストが本当に労力に見合うことを確認する実用性のフィルタをかけるのです。作る以上は価値あるものでなければいけません。

> チャンスは
> 備えあるところに訪れる

　ここで「書き手にとってドキュメント作成の価値とは何か？」という疑問が湧いてきます。単にコードを忠実になぞるような下位レベルの設計ドキュメントを作成するのは、（作成したそばから陳腐化して）誰にとっても価値がありません。しかし、たとえ目に見える読み手がいないとしても、他の形式で書いたドキュメントには価値があるかもしれません。

　近代細菌学の開祖パスツールはかつて「チャンスは備えあるところに訪れる」と言いましたが、MRIや脳波の検査はこの言葉の正しさを証明しつつあります。最新の研究[†]によると、内向きに意識を集中させて心の準備をしておくと、直感がひらめきやすくなるということです。それが特定の問題に直面するはるか前だったとしてもです。

　マインドマップを作成しているときのように、注意を内側に向ける行為は、プロジェクトの後工程で直感のひらめきが訪れる状態を脳内に整えます。その意味で、ドキュメント作成がドキュメントそのものより大事な場合もあるのです。

　パイロットである読者のディエルク・ケーニヒ氏がこんな話を書き送ってくれました。

[†] 『The Prepared Mind: Neural Activity Prior to Problem Presentation Predicts Subsequent Solution by Sudden Insight』[Kou06]。

5.9 ドキュメント作成の真の力を利用する | 173

私がこの現象を意識したのは、曲芸飛行のプログラムを考えていたときでした。多くの場合、曲芸飛行の前には計画を立て、一連の演技を「アレスティ」という記号で図に表現します。飛行中、おおまかな一連の動きは記憶していなければならないのですが、流れを書いたカードをコックピットに貼っておくと、一時的に頭が真っ白になってしまっても助かるのです。

グラフィックソフト Visio のアドインを使うと見栄えのよいアレスティ記号のカードを作成できるのですが、私はまるで決まり切った儀式のように自分で手で書いています。ある日、私が飛行場でカードを描いていたところ、スクールのオーナーが別の生徒をつついて、「見てごらん。すごいよ」と私を指差すのです。オーナーがなぜそう言ったのかはわかりませんが、カードを描くのにやたらと長い時間をかけていたからかもしれません。

私は間違いなく「心の準備」もしていたのです。

——ディエルク・ケーニヒ

上に書いたように、たとえ読み返さなくても、ノートをとることは非常に重要です。ケーニヒ氏の作業には次のような要素があります。

- カードを手書きすることで $\mathcal{R}$ モードプロセスが強化される。
- ノートやカードを能動的に作成すると、後の動作の心の準備に役立つ。
- 手順と演技を視覚化すると、気持ちをのせる助けになる（6 章でも簡単に触れます）。

> **ヒント 31**
> 書くこと。ドキュメント作成はドキュメントそのものより重要である

しっかりとしたインデックスカードを使う必要はありません。きちんとした紙でなくても、紙ナプキンの裏でも、大きなホワイトボードでもかまいません。

あるいは少し時間をかけて「ポッドキャスト」や「スクリーンキャスト[†]」を作ってもよいでしょう。自分の生産性が上がり、情報の利用者を惹きつけられるでしょう。冗長なドキュメントの作成に 1 週間（と 1 回の会議）を費やすより

> スクリーンキャストを作る

[†] パソコン画面をキャプチャしてムービーにしたもの（音声を付けることもある）。

恐らくコストが少なくてすみます。

スクリーンキャストは動きのある情報を伝えるのに大変便利です。たとえば、皆さんが作ったソフトウェアを使って作業を実行する方法を利用者に説明したり、複雑な処理を行うオブジェクトのライフサイクルをモデリングしたりといった場合です。多くの（遠隔地の）利用者に実際の操作を見てもらいながら説明できる、安上がりで快適な手段です。

これは、あるテーマに関して自分自身で学ぶひとつの方法です。そして、もうひとつの強力な学びの方法は、他人に教えることです。

5.10　教えることによって学ぶ

何かを学ぶのにもっとも簡単、かつ効果的な方法は、人に教えてみることです。これは、チョークを持って教室に行くことを必ずしも意味するわけではありません。方法はいろいろです。まずは「おもちゃのアヒル」に教えることから始めます。『達人プログラマー——システム開発の職人から名匠への道』[HT00]では、次のようなシナリオを紹介しました。

アヒルに話しかける

厄介なバグにはまり込んでいるとします。すでに多くの時間を費やしており、納期も近づいています。そこで同僚に助けを求めることにしました。画面を覗き込む同僚にどんな状況か、何が悪いのかを説明します。さらに詳しい説明に踏み込もうとしたとき、突然脳裏にひらめくものがあり、思わず「あっ！」と叫びます。バグが見つかったのです。一言も発することのなかった同僚は呆然とし、首をかしげながら自分の席に戻っていきます。

カーペット（と同僚）の消耗を防ぐために、画面の近くに同僚の代役を立てることをお勧めします。たとえば、黄色いゴム製のアヒルを置き、行き詰まったときはこれに話しかけます。

また、子供や専門外の人に説明してみるのも有効な方法です。相手に理解できる言葉で説明するのがポイントです。たとえば親戚の人に自分の職業について説明する絶好の機会です。聞き手の視点で物事を見、対象をわかりやすく説明する比喩表現を編み出す訓練になります。これを実践するうちにわかってくること、見えてくることに驚くかもしれません。

最後に、もっと大人数の反応が返ってくる聴衆を対象に説明してみましょう。ローカルなユーザーグループのミーティングで話をするか、ニュースレターや雑誌

向けに記事を執筆します。多くの頭脳明晰な人たちがあなたの一言一句に注目し、考えをまとめる手助けをしてくれる機会はほかにありません。それが教えることの真のメリットであり、自身の理解度を深め、表に現れていない推論に光を当てます。

メディカルスクールではこんな「おまじない」が唱えられているそうです。

> **ヒント 32**
> 見る。やってみる。教えてみる

すでに見たように、学びには繰り返し想起することが非常に効果的です。教える準備をするとき、質問に答えるために自力で考えなければならないとき、もう一度原点に立ち戻って記憶をリフレッシュすることになり、その積み重ねが神経の結合を強化するのです。

5.11　技を携えて町に出よう

これまで、ドレイファスモデルとは何か、そして達人になるとはどういうことなのかを見てきました。恐らくは、皆さんがまだ十分に活用していないであろう脳のもう半分の機能など、数多くある脳の不思議のいくつかを紹介してきました。

この章では、学びとは何であって何でないかを考察しました。SMART な目標設定、プラグマティック投資計画、それに読書のための技法、マインドマップ、教えることによって学ぶといった事柄を議論してきました。

しかし、学びは全体の一部にすぎません。次は、学びを行動に転換して経験を積むための（最善の）道を探ります。次の章で、こういった事柄と戯れましょう。

一方、習得した技を携えてそろそろ街に出るときでもあります。平穏なオフィスや書斎を離れて、自らの学びを発展させるために世界との交流を始めるときなのです。

さっそく実行 ⬇

- ☐ 新しいトピックを選んで、家族や同僚に教えてみてください。教えること、教える準備から何を学んだでしょうか？
- ☐ （まだ参加していないなら）地域のユーザーグループに参加してみましょう。

Java、Ruby、Linux のグループは山ほどあるはずですが、Delphi、アジャイル開発、XP 開発、オブジェクト指向、特定ベンダの製品などに特化したグループも見つかるかもしれません。

☐ 話し手の言うことを注意深く聴きましょう。話題に関してマインドマップを作ってみましょう。何か付け加えることはありますか？　自分が話すとしたらどう話しますか？　作成したマインドマップに基づいてユーザーグループ向けに批評を書いてみましょう。

☐ 主催者に連絡をとって、次回のミーティングで自分の選んだトピックについて話すことを申し出ましょう。

☐ 話すのは気が進まないなら、そのトピックに関する記事、あるいはブログを書いてみましょう。

6章
経験の積み重ね

> ある経験から得た知識をすべてだと思い込み、先に進むのを躊躇すべきではない。
> 熱いストーブの蓋に座った猫は、同じように熱いストーブの蓋には二度と座らない。
> それはよいのだが、冷たい蓋にもけっして座ろうとしなくなるだろう。
> ——マーク・トウェイン

　経験の積み重ねが、学びの、そして成長の鍵となります。何かを行うことによってもっとも深く学ぶことができるのです。

　しかし、単に何かを行えばよいわけではありません。そこから何かを学ばなければ何の意味もありませんが、ある共通する障害によってこれが難しくなります。学びを強制することもできません。あまり熱心すぎるのも、同じことを惰性で行うのと同じくらいよくないことです。

　この章では、個々の経験を意味のあるものにするための方法を検討します。この過程で以下のような事柄を見ることになります。

- 学ぶために構築するのであって、構築の方法を学ぶのではない。
- より優れたフィードバックを得るために、上手に失敗する。
- 成功するために、神経経路に溝を刻む。

　まず実世界の学習において重要ないくつかの側面について、次に自分自身にとって効果的な学習環境を作り出すために必要なものについて考えます。さらに、（この章の冒頭の）マーク・トウェインの短絡的な猫のような結果を避けるために、より優れたフィードバックを得る方法について説明します。最後に、仮想的に経験を積むための興味深い方法を取り上げます。

6.1　学ぶための遊び

　脳は、自分自身でメンタルモデルを探求し、構築しなければならないようにできています。何もせずに座って、受け取った情報を単に記憶するようにはできていません。どちらの活動にもふさわしい時と場所がそれぞれありますが、多くの場合、

誤解されており、素材を探求すること、あるいはそれで「遊ぶこと」が、事実を記憶することよりも先でなければなりません。

　我々はどうもこの順序を逆にしてしまう傾向があるようです。まず情報を必死にかき集め、後で使えるかもしれないと期待します。これは学校教育や会社の研修の基本です。しかし、実世界はこのような仕組みにはなっていません。たとえばダンスのクラスを受講しようとするとき、実際にダンスをする前に「ダンスの知識」に関するテストに合格しなければならないとしたらどうでしょう。何ともばかばかしいと思いませんか？　少なくともシーモア・パパートはそのように考えています。

　パパートは、新しい学習方法を創造するために最新の科学技術を活用したという点では、おそらく第一人者と言えるでしょう[†]。子供でも遊ぶことができ、遊びを通して、かなり難しい数学の概念を習得できるおもちゃのようなプログラミング言語、Logo を発明した人物です。パパートの Logo を使用した初期の研究から、「レゴ・マインドストーム」というロボットのおもちゃが誕生しました。この名前は、パパートの著名な著書『マインドストーム――子供、コンピューター、そして強力なアイデア』[Pap93] に由来しています。パパートは世界的に有名なスイスの心理学者ジャン・ピアジェと共同で研究していましたが、本当に身になる学習は、経験と認識から生まれるものであり、系統的な教育や機械的な訓練からは得られないという信念を持っていました。二人のアプローチは構成主義と呼ばれています。学ぶために構築するのであって、構築の方法を学ぶのではありません。

　パパートは、実体験をとおして子供でも数学的概念を学習できるような環境を提供するために Logo を設計しました。架空の「亀（タートル）」を命令で動かし、これまた架空のキャンバス上に絵を描かせたのです。小学生が、幾何学、三角法、さらには再帰的アルゴリズムまで学習しました。子供達は行き詰ったときに、自分がタートルになったところを想像して、タートルの目線で命令を見直すように言われました。自分達の視点をタートルの視点に変えることで、歩行、回転など、自分が持っている実世界の知識を駆使して、タートルの目から見た小宇宙を探索することができました。既存の経験に基づいて自分が学んだ事柄を自らの知識として組み立てていくこと、それが重要なのです。

遊びの意味

　私がここで用いる「遊び（play）」という言葉の第一の意味は、5 章で言及した

[†] シーモア・パパートとマービン・ミンスキーは、MIT の人工知能研究所を設立しました。パパートは、かの有名な MIT メディアラボの創設者のひとりでもあります。

「目的を定めない自由な探索」と同義です。人というものは単に情報を受け取るだけではなく、自分自身でメンタルモデルを探求し構築するようにできています。問題を解決するにはその問題をさまざまな角度から眺めたり調べたりして、(「3.3 RモードからLモードへの流れを作る」で見たのと同じように) その問題に「なじむ」必要があります。遊ぶこと、戯れることで問題が簡単になるわけではありませんが、より自然に学べる状態に近づくことができます。

当然ながら、このような環境では、間違いを犯すことがあります。カリキュラムに基づいた「たったひとつの正解」には惑わされていない状態です。実生活と同様、カリキュラムはありません。間違えることもあれば、混乱状態に陥ることもあるでしょう。しかし、このような混乱状態から、まさに必要としているフィードバックが得られるのです。

実生活にカリキュラムはない

マインドマップは、それで遊べば遊ぶほどよいものができます。マインドマップを使って、注釈をつけたり、装飾したり、関係を書き込むところを探しているうちに、新たな洞察が得られます。この作業により、より積極的な意味でアイディアが拡張されます。最終的にどう落ち着くかはさておき、問題になっているアイディアや技術と直接的に戯れ、どう拡張できるか、どう関連付けられるかを試せるのです。

「遊び」という語の第二の意味は、ユーモアのセンスを取り入れるということです。「面白さ」と言ってもよいかもしれません。

先週、出張したときのことです。客室乗務員が、例の退屈なフライト前の説明にひと工夫加えていました。あらかじめ用意された、法的に義務付けられた部分なども含めた説明全体が、韻を踏んでいるのです。シートベルトの正しい使い方に始まり、洗面所の煙探知機の機能停止行為に対する警告[†]、酸素マスクや救命ボートの扱い方まで、すべてが巧妙にまとめられた韻律の形式になっていました。おかげで乗客はアナウンスを聞いていました。斬新な説明方法だったため、非常に引き付けられました。皆、どんな風に続くかと、わくわくしながら一心に聞き入っていました。

面白さゆえに、説明の効果は絶大でした。いつもなら普通に説明しても誰も気に留めません。乗客の誰もが、機内ショッピングのカタログに目を通した

面白いことは結構

[†] 話はそれますが、これには疑問を感じます。煙探知機だけでなく機内のほかの部分に対する「機能停止行為または破壊行為」についても厳しい罰則があってしかるべきではないでしょうか。

> ## 頭のよい人、悪い人
>
> 　ほとんどの人は、自分が思っているよりも多くの能力を持っているのではないかと私は思っています。パパートは、我々には人（自分自身も含む）を頭のよい人と悪い人の2種類に分類する傾向があることを示しています。パリッとした白衣を着て、書類ばさみにすべての答えが書いてあるような人たちは、間違いなく頭のよい人に分類されます。高速道路で自分の前を走っている車の運転手は、頭が悪い人です。
>
> 　もちろん、これはばかばかしいほど極端に単純化した例です。
>
> 　ドレイファスモデルは、人ではなく技能に基づくモデルであることを思い出してください。この世界は頭のよい人と悪い人だけではありません。頭のよい研究者や頭の悪い運転手もいれば、頭のよいコックや頭の悪い政治家もいます。
>
> 　しかしながら、特定の技能の欠如に関係なく、人は概して驚くべき「学習機械」なのです。幼い子供が短期間の間に、言葉、運動技能、人間関係、そして、かんしゃくを起こすのが効果的なタイミングなど、どれだけ多くのことを吸収するか、考えてみてください。二、三歳の子供に対して、ドリルをやらせたり、文法を理解してもらうために文の構造を図解したりすることはありません。ただ、誰かがおもちゃを指さして、「アヒルちゃんよ」というだけで十分なのです。アヒルは泳ぐ。アヒルは黄色い。我々は系統的な教育や訓練に頼らなくても、さまざまなことを十分に理解できるのです。

り、早くも居眠りを始めたりで、耳を貸すことなどありません。しかし面白い説明で状況が一変するのです。

　Macに搭載されている辞書（Dictionary）によると、fun（面白いこと）という単語の定義のひとつに「playful behavior（遊び好きな、面白みを与える振る舞い）」というものがあります。

　これは、「funならば簡単で、ビジネス的ではなくて、また実効性はない」ということを意味しているわけではありません。事実、パパートは実験に参加した生徒たちが「難しいのだけれど面白い」ではなく「難しかったから面白い」と言っていたことを取り上げています。これは、克服できない（だから、取り組まない）ほどの難しさではなく、興味を維持しながら問題を徐々に解決できる程度の難しさからくる面白さです。

新しい素材を研究したり、問題を解決する際に、それを面白がりながら行うことで、その過程がより楽しいものになるだけでなく、より簡単に学べるようになります。楽しむことを敬遠することはありません。

"make a game of"（「からかう」「バカにする」）という表現がありますが、文字どおりゲームにしてしまえばよいのです。フラッシュカードを作ったり、新しいカードゲームやボードゲームを考案します。組み立て式のおもちゃやレゴブロックを使ったシナリオを考えるのもよいでしょう。

たとえばウェブサイトへの訪問者をシミュレートするボードゲームを作成するとします。訪問者が見知らぬ広場にたどり着いたとき、まずどこへ向かう設定にしましょうか？ 訪問者が「進む」を通らなかったり、「ホーム」に行かなかったらどうしますか？

3章で、レゴブロックの利用について触れたのも同じ同じ理由です。これは、言語、視覚、音楽、数字、大きな体の動き、微細な指の動きなど、自分の体全身を学習プロセスに使うという考え方です。このすべてが、題材で遊び、より効果的に学ぶのに役立つのです。

> **ヒント 33**
> もっと学ぶには、もっと遊ぶ

さっそく実行 ⬇

- ☐ この次から、問題に立ち向かうとき、場面設定に自分自身を含めるようにしましょう。「擬人観」が経験の活用に役立ちます。
- ☐ 事実を探り始める前に、問題を探索して慣れるようにしましょう。形式的な事実を理解したら、さらに深く探索します。それから、また事実確認に戻ります。これを繰り返します。
- ☐ あらゆる意味で、遊びましょう。

6.2 既存の知識の活用

パパートは、生徒が新しい技能を学ぶ際に、これまでその生徒がすでに持っている知識を活用できるよう注意していました。これは我々大人が意識して、あるいは

無意識にいつも行っていることです。

知力相応の問題で試す

やっかいな問題に直面したとき、多くの人が選ぶと思われる典型的な方法がいくつかあります。ひとつは問題を小さく分割することで、取り組みやすい大きさにできるかどうかを調べることです。この種の機能分割は、ソフトウェア開発者にとっては当たり前のことでしょう。物事を自分の知力相応のレベルまで分解するわけです。もうひとつの非常によく使われる手法は、以前に解決したことがある、よく似た問題を探すことです。この問題は他の何かと似ていないだろうか、新しい問題とよく似た問題の解決方法を使ったり、他の解決方法を応用したりはできないか、と考えることです。

ジョージ・ポリアは、問題解決の具体的な手順に関する、非常に影響力のある著書（『いかにして問題をとくか』[PC85]。コラム参照）を書き、コラムにあげたものやその他の著名な手法を提案しました。

ジョージ・ポリアの問題解決法

問題を解決するには、自分自身に次の質問をしてみてください。

- 分からない側面は何か。
- 何を知っているか。どういったデータを持っているか。
- どのような制約およびルールを適用できるか。

次に計画を立て、実行し、結果を確認します。ポリアは以下のようなテクニックを提唱しています。中には、すでになじみ深いものもあるようです。

- 不明な部分が同じである、あるいはよく似ている、慣れている問題を考えてみる。
- 絵を描く。
- 関連する問題、あるいはより単純な問題を解く。制約を取り除いたり、データを部分的に使ってみる。
- すべてのデータと制約を使ったか確認する。使っていない場合、それはなぜか。
- 問題を言い換えてみる。
- 逆戻りしてみる。不明な部分から、得られているデータに向かう道筋を考えてみる。

中でも重要なものは、「以前の解決方法との類似点を探す」です。「これがわからないなら、似たような問題を解く方法は知ってるかい？」類似性には、文字どおり類似しているもの（たとえば「先週見つけたのと同じ種類のバグ」）もあれば、比喩的なもの（「データベースが大量の水のような役目をする」といったようなもの）もあります。パパートの生徒たちは同様のやり方で、体のしくみ、社会的な人間関係、言語などに関する既存の知識を利用して、タートルのミクロな世界を学び、新しいプログラミング技術を習得することができました。

しかし、類似性を探す方法にはマイナス面もあります。

新しいプログラミング言語は、前に学んだプログラミング言語の概念と比較しながら学ぶことが多いでしょう。過去にC言語のコードとよく似た多数のC++のコード、C++によく似た多数のJavaのコード、Javaによく似た多数のRubyコードが登場したことには、こうした理由があります。これは、あるスキルから次のスキルへ向かう自然な遷移です。

危険が潜んでいるのは、完全に新しいスキルを受け入れずに、完全に遷移せずに両者を融合しようとするときです。学ぶ必要がある分だけ、忘れることが必要です。例をあげると、馬車から自動車、タイプライターからコンピュータ、手続き型プログラミングからオブジェクト指向プログラミング、デスクトップ上の単一プログラムからクラウドコンピューティングへの移行などがあります。こうした移行は、どれも新しい道具や手法などが古い道具や手法と根本的に異なっていました。道具や手法が異なる以上、古いやり方を捨てるしかありません。

> **ヒント 34**
> 類似から学習し、相違部分は捨て去る

もうひとつの危険は、以前「似ている」と思った問題が、実は「完全に違っていた」という可能性がある点です。たとえば、ErlangやHaskellなどの関数型プログラミング言語を学ぼうとしているときに、以前プログラミング言語について学んだことの多くは邪魔になるだけです。これらの言語は、どこから見ても従来の手続き型言語とは似ていません。

失敗があちらこちらに潜んでいます。しかし、それは悪いことではありません。理由は次で説明しましょう。

6.3 失敗を生かす

> 失敗は発見の始まり
>
> ——ジェイムズ・ジョイス（1882-1941）

デバッグする（間違いを正す）というのは生活の一部です——ソフトウェア開発に限った話ではありません。法律家は法の修正を迫られますし、自動車整備士は車を修理し、精神科医は我々人間を正常に戻します。

デバックすることを恥だと思うのは止めましょう。自分が見ていないときに、システムにこっそりと入り込んでしまったバグを取り除こうとしているわけではありません。「デバッグする」というのは、通常、我々自身が作り出してしまった問題を解決することです。我々は、誤りや勘違い、見落としを見つけ、訂正します。誤りから学ぶところに価値があるのです。パパートが奇しくもこのように言っています——「誤りとは益あるものだ。何が起こったのかを教えてくれ、何が悪かったのかを理解させてくれ、これらを通して正す機会を与えてくれるのだから」

逆説的ではありますが、成功するための必須条件は失敗することです。だからといって何でもかんでも間違えればよいということではありません。よりよく管理された失敗こそが必要とされるのです。学習する良い環境があってこそ、失敗と成功の双方から学びそれを応用することがより簡単にできるようになります。

「わからない」から始めよう

我々が実際に行っていることだけから間違いが生じるわけではありません。「やるべきだったのにやらなかった」ことからも生じるのです。本を読んでいて rebarbative や horked といった単語に出くわし、一体全体どんな意味だろう、と思ったとします。また、今まで聞いたこともないような新技術のことを目にしたり、自分の専門領域に関する著書を数多く書いている人の名前に遭遇したけれど、まだ1冊もその人の本を読んだことがないといった場合もあるでしょう。調べましょう。ググリましょう。空白を埋めるのです。最初は「わからない」でいいのです。ただ、分からないままにしておいてはいけません。

我々には失敗や無知を、何としてでも避けなければならない非常に否定的なものとして捉える傾向があります。しかし「最初からうまくいく」ことが大切なのではなく、「最終的にうまくいった」ということが重要なのです。自分のよく知らない分野の学習において間違いはつきものなのですから。

探求とは馴染みのない領域で「遊んでみる」ことです。学ぶためには自由に動き回れなければなりません。それでいて、負わなければならないリスクは小さくする

必要があります。何かを試してみる際に、「失敗するかも」という理由で回避していても仕方がありません。どこへ向かっているのか確信が持てないとしても「探検」ができなければなりません。同様に、新しいことを試してみる（発明する）ことが自由にできる必要もあります。作り上げたものがうまくいかないかもしれないことを承知で積極的に取り組める環境が必要です。最後に、日々の実践の中で学んだことを応用できる環境があることが必要です。効率的でやさしい学習環境においては、探求、発明、応用という三要素を安心、安全に行える必要があるのです[†]。

> **ヒント35**
> 安心、安全に探求、発明、応用できる環境を作り上げる

実験的環境の構築

あるアイディアを探求し、発明し、応用するといっても、それが自分自身、自分が属するチームや組織にとって安全であることが確かめられない限り、職場などの実環境下で試してみることはできません。「今日は左手で執刀してみよう。結果は見てのお楽しみだ」などと言う心臓外科医の手術を受けたくはないでしょう。

これは安全とは言えません。生存していて何の疑いも持っていない患者は実験のための正しいコンテキストにはなりえないのです。

オープンソースのプロジェクトを家で試してみる、といった実践外の環境であれば、新たなる挑戦を試行してみることもできるでしょう。少なくとも否定的な結果を得ることになるリスクを減らすことにはなるでしょう。ただし、これだけでは肯定的な学習環境を構築するのに十分であるとは言えません。会社のチーム内における試行であっても、真夜中にひとりこっそりと徹夜で行うものであったとしても、以下にあげた条件を満たす必要があります。

自由に試行できる

最適な解決方法がひとつしかない問題などほとんどないでしょう。この方法でもあの方法でも試せるとしたら、どちらを実行してみますか？　両方でしょう。時間に余裕がないのなら（余裕があるときなどあるのでしょうか？）両方のプロトタイプだけでも作って試してみましょう。それが試行というものであり、それこそやってみたいことであるはずです。見積をする際にはこのような

[†] 『*Explore, Invent, and Apply*』[Bei91]。

過程を設計に必要な時間として確保する必要があります。また、この試行がチーム内の他のメンバーに悪影響を及ぼさないよう取り計らわなければなりません。

安定な状態に戻れる

安全であるということは、実験がうまくいかなかった場合に失敗に終わる前の安定した状態に戻ることができる、ということです。以前うまく動いていたソースコードに立ち戻ってそこからもう一度トライできるということです。目指すのは最終的にうまくいくことである、ということを常に忘れずにいてください。

以前のあらゆる状態を再現できる

直前のソースコードに戻ることができるだけでは十分とは言えません。今までの開発工程中の任意の段階のプログラムを再稼動しなければならない可能性があります。去年動作していたバージョン、または先月動作していたバージョンを今稼動させることができますか？

進展していることを証明できる

最後に、フィードバックなくして前進はあり得ません。この試行（発明）は代替案よりもうまく動作しましたか？　どうしてそう言えますか？　プロジェクトは進展しているでしょうか？　先週よりも今週の方がより多くの機能が稼動していますか？　何らかの形で、自分に対しても、他人に対しても進展の詳細を示す必要があります。

ソフトウェア開発において、上記の条件を満たす環境を構築するのはいたって単純です。我々はそれを「スターターキット」と呼んでおり、バージョンコントロール、ユニットテスト、プロジェクト自動化から成っています[†]。

- バージョンコントロールシステムは、関係する全ファイルの全バージョンを保存します。ソースコードであれ、記事、曲、詩であれ、すべてを網羅する「取り消しボタン」のように動作します[††]。GitやMercurialといった現在配布されている最新のバージョンコントロールシステムは個人でさまざまな試行を行う

[†] デビッド・トーマスと私は、このスターターキットというアイディアが非常に重要なものだ、という思いから、Pragmatic Bookshelfの最初のシリーズの主題として取り上げました。

[††] 特定のシステムに対する詳細は、『*Pragmatic Version Control Using Git*』[Swi08]、『*Pragmatic Version Control Using Subversion*』[Mas06]、『*Pragmatic Version Control Using CVS*』[TH03] を参照。

のに適しています。
- ユニットテスト（単体テスト）により、微に入り細を穿つ回帰テスト（リグレッション）を行うことができます。ユニットテストの結果を代替案との比較に用いることも、プロジェクトの進展を示す確固たる指標として用いることも可能です[†]。どのような仕事においても、進展していることを示す客観的なフィードバックが必要です。我々の場合、ユニットテストこそそれなのです。
- プロジェクトの自動化により、上記の事柄が統合管理され、さまざまな試行が信頼のおける質を保った環境化で行われることが保証されます[††]。

このスターターキットによって、他の手法に比べてはるかに小さなリスクで自由に試行可能な環境を享受できます。

もちろん、所属しているチームがこうした手法を許すものである必要があります。支援環境が学びを助ける場合も阻害する場合もあります。ティク・ナット・ハンが次の引用で言っている「根本的な帰属の誤り」（4章を参照）のことを忘れてはいけません。問題の多くは環境にあり、個人に帰属するものではないのです。

> レタスを植えて、うまく育たなかったとしても、レタスを責めてはいけない。うまく育たなかった原因を探ろう。肥料が必要だったのか、水が足りなかったのか、日当たりがよすぎたのか。責めるべきはレタスではない。
>
> ——ティク・ナット・ハン

さっそく実行 ⬇

- ☐ 今携わっているソフトウェアプロジェクトにバージョンコントロール、ユニットテスト、自動化という安全策が講じられていないのであれば、今すぐに実装してください。本を置いて、さあ、今すぐに。それまでここで待っていますから。
- ☐ あなた個人が行う学習プロジェクトにも同様の安全策を講じなければいけません。コードを書く、絵を学ぶ、巨大な洞窟を探検する、どのようなプロジェクトであっても、安全に実行する適切な環境と習慣を設定しましょう。

[†] 詳細は、『Pragmatic Unit Testing In Java with JUnit』 [HT03]、『Pragmatic Unit Testing In C# with NUnit, 2nd Ed.』 [HwMH06] を参照。

[††] チーム開発における概要を知りたい場合は、『Pragmatic Project Automation. How to Build, Deploy, and Monitor Java Applications』 [Cla04]、『Ship It! A Practical Guide to Successful Software Projects』 [RG05] を参照。

□ 擬人観の意味を知っていますか？　ティク・ナット・ハンのことを耳にしたことは？　調べてみましたか？　もしまだなら、どうすればこうしたことを行うようになるでしょうか？　（もし Mac を使っているなら、単語を Ctrl -クリック、もしくは右クリックして表示される「コンテキストメニュー」の「辞書で調べる」や「Google で検索」で簡単に調べることができ大変便利です）

6.4　インナーゲーム

　失敗には 2 種類あります。ひとつはそこから学べるよい失敗。もうひとつは悪い失敗で、この失敗はいかなる学びの機会も与えてはくれません。機会を与えてくれるどころか、我々を学びから遠ざけてしまうか、さもなくば学習半ばでその道を閉ざしてしまいます。

　悪い失敗を見極め克服するために、心での学び――インナーゲーム――を意識する必要があります。インナーゲームを理解することが、学習の障壁を取り除き、学習をサポートする質のよいフィードバックを強調することにつながるのです。

　1974 年に、今までとはまったく異なるレベルでのフィードバックと自己認識について述べた『*The Inner Game of Tennis*』[Gal97] という本が人気をよびました。これに続いて、『*The Inner Game of Music*』[GG86] など、音楽、スキー、ゴルフその他さまざまな事柄について同種の本が発売されました。

　このインナーゲームシリーズは、経験による学習の効果を高める上で役立ちます。ティモシー・ガルウェイら著者は、今外界で現実に関わっている明白なこと――アウターゲーム――を区別して、より重要な「インナーゲーム」の名状しがたい特性を探究しています。学習能力向上の鍵となるのは、失敗につながる障壁を減らし、フィードバックを利用するというガルウェイがこのシリーズで解説したアイディアです。

　よく知られている例として、テニスを一度もやったことがなく、これといった運動もここ 20 年来やっていない 50 代後半の女性が紹介され、たった 20 分間でガルウェイからテニスを教えてもらうというものがあります。従来の教え方ではこの難題を解決することはできません。ただガルウェイには長い説明やデモンストレーションを省くアイディアがあったのです。

　その女性は、まずただボールを見て、バウンドしたときに「バウンド」と言い、ガルウェイが打つのに合わせて「ヒット」と大声で言うように指導されました。それを 1 分間程度続けた後、女性の番が回ってきます。しかし実際にボールを打つのではあ

りません。「バウンド」「ヒット」とただ口に出して言うだけです。打つのは今だ、と思ったときに「ヒット」と言うだけです。そう思ったときに腕を振ってみるだけです。次の練習はラケットがボールを打つ音を聞くことでした。未経験の方は知らないかもしれませんが、ラケットの「スイートスポット」でボールを打ったときには非常に澄んだ心地よい音がするのです。この練習にも何ら特別なことはありません。ただ聴くように、と指導されただけでした。

次はサーブです。ガルウェイがサーブしているのを見ながらその動きに合わせて口でリズムを取ることから始まりました。どんな動きかを描写することはせず、ただ見ながら口でリズムを取るのです。その後で実際にサーブをしてみます。同じリズムを口できざみながら、体の動きではなくそのリズムに気持ちを集中させます。こういった20分間の練習の後、実際にプレイをさせたところ、女性はポイントをとり、ボレーでのラリーも見事にこなしてしまいました[†]。

もうひとつの例として、椅子の置いてあるコートにボールを打ち返す、というものがあります。椅子に当てるのが目的ではなく、ボールがバウンドする位置を椅子を基準にして認識させるものです。ボールを打ちながら、見えたままを「左」「右」「上」といったように口に出すのです。

インナーゲームシリーズが我々に教示しているのは、ある技能を言葉を通して教えるのは非常に難しいこともある、という事実です。指示からではなく発見からより多くのことを学ぶことができるの

> もっとも深い学びは、
> 指示からではなく
> 発見によってなされる

です。上の例がそれを具体的に表しています。学習者は実行した事柄からリアルタイムでフィードバックを得ているのです。

シチュエーション・フィードバックを修得する

シチュエーション・フィードバックはインナーゲームにおける主要なテクニックで、あらゆる干渉を取り除くことで学習効率を上げようというものです。テニスの例でいえば、学習者はゲームのルールを教え込まれ、正しいグリップやフットワークなどの細部にわたって指導を受けるのではありません。ダンスをする前に踊り方を詰め込まれるわけではないのです。こういった思いを巡らせなければならない事柄の代わりに、非常に単純なフィードバックの反復に集中するのです。このように打てばここでバウンドする、こうやって打てばあそこでバウンドする。これを繰り

[†] アラン・ケイのビデオレクチャー、『Doing with Images Makes Symbols: Communicating with Computers for actual footage of the event』（http://video.google.com/videoplay?docid=-533537336174204822、57分12秒前後からテニスの実習が始まる）を参照。

返すのです。言葉が介入する余地のない技能を、頻繁なフィードバックの反復と短いフィードバックギャップ[†]から、言葉の介入を許さずに学び取るわけです。

例をスキーに移して考えてみましょう。私は何年間にも渡って数多くのスキーレッスンを受講してきました。そして結果は常に同じでした。私が雪面を猛烈なスピードで滑り落ちていくそのすぐ横で、ハンス何某というインストラクターが、よくわからないなまりのある発音で気が狂ったように矢継ぎ早に指示を繰り出すのです。

- 「肘締めーて！」
- 「膝曲げて！」
- 「先端くっつけて！」
- 「ターンする方に体入れーて！」
- 「ポール見て！」
- 「木に気をつけて！」

もちろんインストラクターが言っていることを聞き漏らすまいと努力はしているのですが、いかんせん言語処理センターである L モードは脳の中でも回転が遅い側に位置しています。指示に従い肘を締め、膝に注意を移します。その時にはすでに木が間近に迫ってきています。ある段階で（通常はかなり早い段階ですが）、脳は指示の連射という拷問に苛まれ、処理を放棄します。フリーズしてしまうのです。一度に処理するにはあまりにも情報量が多すぎるのです。

インナーゲーム理論がこの状況に対する解決策を提示しています。矢継ぎ早に指示を与えるのではなく、気づかせること、気づいたことから振る舞いを正すこと。気づく、ということが初心者の域を抜け出す重要な手段なのです。

『The Inner Game of Music』の中には、コントラバス奏者を指導する例が載っています。この著者はスキーインストラクターの教え方そのものを実行していました。肘はこうやって締めて、頭の位置はこんな感じ、体はこのように傾けて、さあ、リラックスして弾いてみて。哀れな生徒の無様な様子はお伝えするまでもないでしょう。

気づきさえすればよい

そこで教師は異なる方法を試してみます。まず今までどおりのやり方そのままでコントラバスを演奏させます。ただその時にひとつだけ指示を与えます。自分がどのように演奏しているのかをつぶさに観察すること、どのように感じてい

[†] 実際の行動とその行動についてのフィードバックを得る時間差。

るか、体の各部はどのようなポジションにあるか、どの部分が演奏しにくいのか。それと同時にいっさいの説明は抜きにして、姿勢や指の位置を正し、数節の間、実際に手を取り一緒に弾いてみます。その間も指示は変わりません——自分の動きすべてを観察すること、今はどんな感じがするか。このような指導のあと、自分で曲を演奏させます。こうした「気づきの学習」を経た生徒たちは一貫して大きな進歩を遂げました。

これがインナーゲームの一大秘訣です。細部ひとつひとつを正すことに力を注ぐのではなく、気づきさえすればよいのです。第一段階としてありのままを受け入れ、それを意識することです。審判を下してはいけません。すぐに答えを求めたり、非難したりしてはいけません。

判断を下さない「気づき」の能力を養いましょう。いきなり手直しにかかるのではなく、おかしいところを認識するのです。直すのはそれからです。

> **ヒント 36**
> 判断を下さずに、まずは見る。そして行動する

テニス以外への応用

ここまでの例は、ほとんどが運動感覚に関わるもので、筋肉の動きや肉体的な技能に関係しています。しかしその領域にとどまる話ではありません。たとえば、音楽を奏でるだけであっても脳のほぼすべての領域が活動する、ということがfMRI（機能的核磁気共鳴画像法）によって確かめられています[†]。楽器を演奏する、楽譜を読んだり他者の演奏を聴いたり、コードプログレッション[††]を行うといったことに至るまで、LモードとRモードの双方がより低次の筋肉への刷り込みを伴いながら活動しているのです。ですから、スキーやコントラバスの演奏についての話をしているとはいえ、こうした教訓はソフトウェア開発やその他の学習・探求にも当てはめることができるのです。

間違いを正すための行動に移る前に、「起こっていること」を完全に把握する——気づく——というこのアイディアが、デバッグに関して有効であることは明白です。プログラマー（もちろん私自身を含めてです）は、何がうまくいっ

> 闇雲に動かないで
> 立ち止まってみる

[†] 詳細は『This is Your Brain on Music: The Science of a Human Obsession』[Lev06]を参照。
[††] コード記号のみを譜面に記し、それをもとに解釈・変換を繰り返しながら演奏を行うこと。ジャズなどの即興演奏の基本テクニック。

ていないのかを完全に把握せずに、バグと思われる箇所を直しにかかることがあまりに多いように思えます。性急に判断を下したり、バグの可能性があると思われる部分を手直ししてしまいたい、という衝動に打ち勝たなければなりません。まずはシステムがどのように動作しているかを完全に把握することです。悪さをしている箇所を特定して初めて解決手段を考え出す段階に移るのです。別の言葉で表せば、「ただ闇雲に動かないで立ち止まりなさい」ということです。完全に把握する手助けとなるであろうテクニックをジューン・キム氏が次のように提示しています。

今、「テストファースト手法[†]」による開発に携わっているとしましょう。新しいテストを追加し、そのテストを通るであろうコードも付け加えました。テストをパスすることを疑いもせずボタンをクリックします。「何だって？　エラー？」。予想もしていなかった事態です。心臓の鼓動が速まります。視界が狭まりアドレナリンが噴出します。深呼吸が必要です。まずはキーボードから手を離しましょう。エラーメッセージを注意深く読みましょう。今起こっていることに意識を集中させましょう。

コードのどこにバグが潜んでいるのかを目を閉じてイメージしましょう、震源地を探すつもりで。すぐそばで地面が揺れているように感じるかもしれません。でも震源地はすぐそこではありません、はるか彼方です。あそこのコードはどんな感じだろう？　その周りのコードは？　目を開けてみる前に周辺部分も含めたコードを頭に思い描いてみましょう。

コードをイメージできたら目を開けて、思い描いた部分のコードを追いかけてみましょう。期待したとおりになっているでしょうか？　そこが本当の原因でしょうか？

それが済んだらもう一度目を閉じてテストコードを思い浮かべましょう。思い浮かびましたか？　では目を開けて打ち込んでみましょう。イメージどおりかチェックします。テスト実行ボタンを押す前にどうなるか自問しましょう。それから実際にボタンを押して結果を見ます。

ここまで述べた一連の方法を、何ということはないつまらないこと、と思われるかもしれません。しかしこれはとても大切なことなのです。今度落とし穴から抜け出せなくなってしまったときに試してみてください。根本にあるのは、注意力を喚起する、という考え方です。それを行う上で、頭で思い描いてみたコードを実際のコードと比較してみる、ということが役に立つのです。

これはデバッグ作業についてだけ当てはまることではありません。（特に、すで

[†] 最初にテストを書き、そのテストをパスするようにコードを記述していく開発方法。

に稼動しているシステムについて）顧客の要求を聞き取る際にも当てはまります。ジェラルド・ワインバーグは、顧客は自分たちが感じているもっとも深刻な問題とその解決策を話し合いを始めて5分間のうちに話し切ってしまうものだ、と主張しています[†]。皆さんの注意力を、すぐに試してみたい、そそられる解決策に向けてしまうのではなく、顧客が直面している問題そのものを聞き取ることに向けることが肝心です。解決策を練り上げるのは話し合いの後で十分です。まず最初にやらなければいけないのは、何が起こっているかを把握することです。

インナーゲームの基本的なアイディアは、専門的な技能を伸ばすためにフィードバックに集中する、ということです。実行している事柄を客観的に観察できるよう訓練を積み、実行中は内なる声に耳を傾けるのです。耳を傾けることができなければこのアイディアは機能しません。聴く、とにかく聴くことです。ただ残念なことに、聴くということがいつも簡単にできるわけではありません。次にその例を見てみましょう。

6.5　プレッシャーによって損なわれる認識力

『インナーゲーム』のシリーズでは「努力は失敗を呼び、気づきが救う」という言い回しで、この考え方を要約しています。つまり、意識的に「努力しよう」とすると、単に感覚を研ぎ澄ましているだけの時と比べて、たいていはうまくいきません。実際、頑張りすぎると決まって失敗します。

期限が迫ってくるだけで我を忘れ、失敗してしまいます。例として、神学生のグループを対象に行った有名な心理学の研究をあげましょう[††]。

この研究では、新約聖書の「よきサマリア人」についての講義が行われる日に、実験を行いました。講義の意味するところは、世界の人々のために尽く

> 期限があると
> パニックになる

し、同胞を助け、同胞に尽くせ、ということでしたが、これを踏まえて調査員がある「出会い」を演出します。まず、学生を1グループ呼び出し、講義の直後に学部長との重要な面接があることを伝えました。学部長室はキャンパスを横切った反対側にありますが、遅刻するわけにはいきません。学生たちが将来出世できるか否かが、この面接にかかっているのです。その後調査員は、「出会い」の仕掛け人を位置につかせました。学生が学部長室へ向かう途中で、浮浪者に扮した仕掛け人が物

[†] 『コンサルタントの秘密——技術アドバイスの人間学』[Wei85]。
[††] 『*From Jerusalem to Jericho: A Study of Situational and Dispositional Variables in Helping Behavior*』[DB73]。

乞いをしたのです。

悲しいかな、信心深い学生たちは重要な面接というプレッシャーを受け、浮浪者の頭を「踏みつけんばかりの勢いで」大急ぎで面接に向かったのです。2番目のグループもきわめて重要な面接があることを知らされましたが、こちらのグループには時間的な余裕が与えられたので、急ぐことはありませんでした。学生たちは足を止めて物乞いに手を差し伸べました。診療所に連れて行ったり、身ぎれいにしてやったりしたのです。

心にプレッシャーがかかると、心はものごとを次々に遮断し始めます。「視野が狭まる」という表現がありますが、判断の範囲が狭くなるという比喩的な意味だけでなく、実際の視野も狭くなります。もはや選択肢を考慮する余裕はありません。さらに悪いことに、Rモードの大部分を完全にシャットアウトしてしまいます。時間に対処するのはLモードです。時間を重視していると、Rモードはまったくお呼びでなくなるのです。

探究心、創造性、工夫が失われていきます。前述のスキーやコントラバスのインストラクターは指示をまくしたてることにより、時間的プレッシャーを与えるのと同様の方式で生徒の心を麻痺させてしまう恐れがあります。この場合も、Rモードはシャットアウトされます。

こうした心へのプレッシャーに関して、2、3年前に興味深い経験をしました。友人と2人でジェラルド・ワインバーグが主催する問題解決のワークショップ†に参加したのですが、課題のひとつに製造業のシミュレーションがありました。10人から12人のグループを工具、管理者、顧客などに分け、会議室のサイドボードを工場にみたてて、索引カードを使って生産や注文などを追跡記録しました。もちろん、優れたシミュレーションが皆そうであるように、ちょっとした落とし穴がありました。普通のやり方では生産要求に応えられなかったのです。そのため、プレッシャーが募り始め、管理者役の人は判断を誤るようになり、続いてさらに悪い判断を下し、遂には破滅的な判断を下してしまいます。工具役の人は、なぜ仲間の管理者役が精神外科のロボトミー手術を受けた人のように振る舞うのかが理解できず、困惑して頭を掻き始めます。

幸いにして、シミュレーションはこのあたりで終わりました。アリスター・コーバーンが私と一緒に受講していたのですが、コーバーンは我々全員が感じたことを

---

† 『スーパーエンジニアへの道——技術リーダーシップの人間学』[Wei86]。現在参加可能なワークショップについてはhttp://www.geraldmweinberg.comを参照のこと。

> ### プレッシャーの後遺症
>
> プレッシャーに関するここまでの議論には、異論を唱える人もいるでしょう。もっとも能力を発揮できるのは期限が目前に迫っているとき、と思っていませんか。Lモードの活動の場合、少しは当たっているかもしれませんが（私はとてもそうは思いませんが）、テレサ・アマビルによれば、創造性やRモードの活動にとっては、プレッシャーはある意味、大きな脅威となります[†]。
>
> 職場における創造性を10年間にわたって研究したアマビルらは、正反対のことを発見しました——時間的なプレッシャーを感じると、人はもっとも創造性に乏しくなります。
>
> 実際は、それ以上に始末が悪いのです。時間と格闘していると、創造性が低下するだけでなく、時間的制約による「後遺症」が残るのです。切羽詰まった状態になった当日、創造性はダメージを受け、その翌日と翌々日の2日間も低下したままです。
>
> そのため、プロジェクトのイテレーションは金曜日に終了するようにした方がよいのです。予定外のピンチが発生したり、パニック状態になったりした後は、休養する時間が絶対に必要なのです。
>
> 時間的プレッシャーの後遺症から回復するための時間をとるようにしましょう。

的確にこう表現しました——うずくような感じだった、と。腕や脚を不自然な格好で動けないようにしていたら痺れてしまうでしょう。それと同じように、なんだかアタマが眠ってしまっていたかのようで、その後、脳が稼働状態に戻るにつれて「うずくような感じ」がしたのです。

プレッシャーは和らげなければなりません。

失敗の許容

先に、間違いは成功する上で重要と書きました。『インナーゲーム』シリーズから得られるもうひとつの教訓は、「失敗を許容する」ことによって成功がもたらされるという考え方です。「ミスを犯す」のは、それがミスだと思うからであって、

[†] 『The 6 Myths of Creativity』[Bre97]から引用。これを紹介してくれたのはジューン・キム氏です。

間違ったことをやってしまってもかまわないと思えばミスを犯したことにはならないわけです。少々直感に反するように聞こえますが、一旦この考え方で行動してみると、道理にかなっていることがわかります。

> **ヒント37**
> 自分自身に失敗の許可を与える。その道の先には成功が待っている

先のコントラバスのインストラクターがよくある問題について話をしました。このインストラクターが指導する才能豊かな生徒の多くは、スポットライトを浴びるととにかくあがってしまい、力を出し切れないのです。それでインストラクターはひと芝居打ちました。容赦なくスポットライトが当たるステージへ生徒たちを連れて行き、審査員の準備がまだできていないと説明したのです。「審査員はまだ直前の候補者の書類に記入中で、マイクはオンになってさえいませんよ。さあ始めなさい。ウォーミングアップのつもりで、ともかく曲を始めから終わりまで演奏しなさい」と言ったのです。

もちろん、インストラクターの言ったことは真っ赤な嘘でした。

審査員は熱心に耳を傾けて、学生たちはすばらしい演奏をしました。すばらしい演奏をする「自由が」あったのです。失敗してもよいとはっきりと言われていました。認識科学的なものか神経科学的なものなのか、理由はどうであれ、一旦、失敗してもかまわないという気になれば失敗しないものです。恐らくこの心の持ち方も、過度に働くLモードを鎮静化するのに役立つのです。

プレッシャーがなければ、ひたむきに事を運ぶことができます。心地よい環境で、ただ観察することができます。先にみた「気づきは努力に勝る」を思い出してください。しかし、厳しい審査の視線が注がれる中、単に感覚を鋭敏にして不完全なパフォーマンスに満足することは難しく、あるいは期限が迫っているときに成果に向かってマイペースでアイディアを発展させることも困難です。考えを口にした途端に却下されてしまう「ブレインストーミング」セッションにも、同様の阻害作用があります。

「失敗が許される」範囲を作ろう

通常のソフトウェアプロジェクトではプレッシャーを与える代わりに、「失敗が許される」範囲を規定することが十分可能です。失敗による損失がゼロに近い環境を作ることが重要です。ブレインストーミングの会議では、すべてのアイディアをホワイトボードなどに書き出します。アイディアが大きく発展しなくとも、

損失や不名誉なことはありません。アジャイルのプラクティスのひとつである単体テストを考えてみてください。単体テストはどれほど失敗しても自由で、むしろ失敗が奨励されます。失敗から学び、コードを修正して、次に進むのです。

プロトタイピングにも同じような自由があります。うまくいくかもしれませんし、失敗するかもしれません。後者の場合、その教訓、その経験を生かして、次のイテレーションに役立てればよいのです。

反対に、失敗すると費用が発生するとなれば、実験は行われないでしょう。リスクは存在しませんが、学ぶこともありません。心はまさに麻痺状態です。ヘッドライトに照らされて身動きできなくなった鹿のように、避けて通れない流血の惨事が待ちかまえているのです。

しかし、現実の環境に実際的なリスクがあったらどうしたらよいのでしょうか。失敗してもかまわない環境を求めるのは大いに結構ですが、スカイダイビングをしていたり、ボブスレーやリュージュのオリンピック選手だったりしたらどうしますか。能力が試されるこのような環境で、成功の可能性を高めるために何ができるでしょうか。

6.6　想像力は五感を上書きする

インナーゲームはその名のとおり、心の中で行うことができます。経験は、現実世界でするだけでなく、頭の中でも積むことができるのです。

映画に行きました。クライマックスは派手なカーチェイスです。見ていると、脈は速く、呼吸は浅くなり、体に力が入って筋肉が硬くなります。でも、皆さんが本当にカーチェイスをしているわけではありません。布張りの快適ないすに座り、エアコンの効いたところで飲み物とポップコーンを手に、スクリーンに投影される映像を眺めているだけです。危険は何ひとつありません[†]。

ところが、まるで自分の身に危険が迫っているかのように体が反応します。しかもこれは映画に限った話ではありません。本も同じような作用をもっています。現在起こっている出来事である必要もありません。小学校時代のいじめっ子や、怖かった先生のことを思い出してください。初恋はどうでしょう。単なる記憶ですが、思い出すことによって相応の身体的反応が起こります。つまり、脳は入力源の判別をあまり得意としていないのです。リアルタイムに感覚器官が受け取る情報、

[†] ときとして、床にこぼされたジュースや食べ物が、靴と床とを接着し我々を深い不快感に陥れることがありますが、これは「危険」のうちには入れていません。

過去の出来事の記憶、実際には起こっていない想像上の状況でさえも、すべてが同じ生理反応として現れるのです（図6-1）。

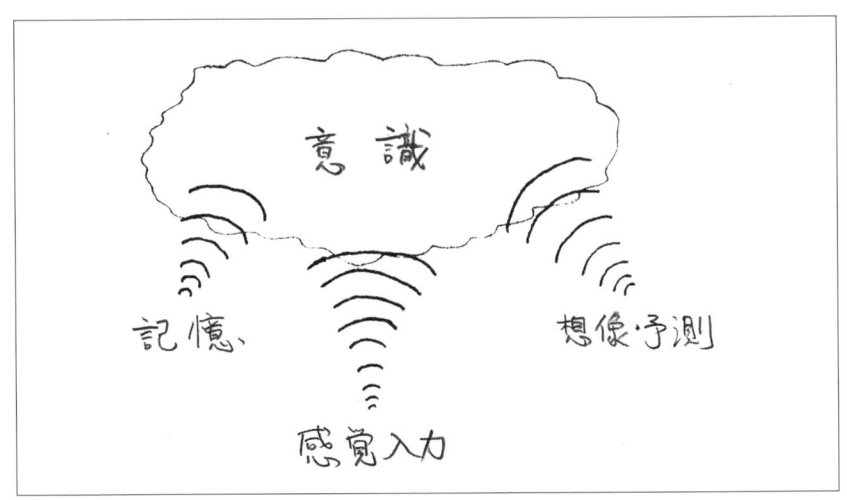

図6-1　すべての入力は、同じように扱われる

娯楽産業はこれを利用して利益を上げているわけです。

実際のところは、これよりもう少し厄介です。記憶や想像上の出来事が、リアルタイムに感覚器官が受け取る、より正確なはずの情報を上書きしてしまうことさえあるのです。これが原因で、目撃者の証言の信憑性が低下することになります。自分が「見ていると思っている」ことは、「実際に見ていること」と同じとは限らないのです。

卵は白い？

『脳の右側で描け』[Edw01] の著者ベティ・エドワーズが「色彩恒常」という同種の現象を、美術教師が学生を対象に実施した実験の例で説明しています。この現象では、網膜がとらえた色彩情報を脳が上書きしてしまうのです。3章の家の絵について説明したときと同様、我々は空は青、雲は白、ブロンドの髪は黄色っぽく、木は緑色で茶色の幹があることを「知って」います。そして、その色は、24色のクレヨンセットに入っているような典型的な色なのです。

この実験で教師は、立方体、円柱、球の形をした発砲スチロールと、普通の白い殻の卵が入った紙パックを画材用の静物として用意しました。色付きの照明を使って、静物がどれもピンクがかった赤に見えるようにして、学生たちに絵を描かせま

した。

　エドワーズによれば、どの学生も白い発砲スチロールの物体については、色付きのライトの下で見えるとおりにピンクがかった赤に塗りました。

　ところが、卵については扱いが違いました。

　卵は白く塗ったのです。色付きライトが当たって実際に見えていたはずの色が、「卵は白い」という記憶によって上書きされてしまったのです。さらに驚いたことに、「実際には卵はピンクだ」と教師が指摘しても、学生たちはそうは見ませんでした。依然として「卵は白い」と言い張ったのです。

　認識の多くは予測に基づいており[†]、予測はコンテキストと過去の経験に基づいているため、リアルタイムの入力は二次的な地位を占めることになり

> **認識は予測に基づいている**

ます。友達が突然大変身したことはありませんか。あご髭を伸ばしたり、逆に剃り落としたり、髪型や髪の色を変えたりしていたので、すぐに友達とは気づかなかったことはありませんか。あるいはしばらく経っても気づかなかったとか。

　妻が髪型を変えても夫が気づかないというのは、よくある話です。夫はかつての入力情報に基づいて妻を見ています。脳はこんな具合に働いてしまうのです[††]。

　この現象は、記憶にある経験や想像上の経験でも同じように起こるので、これを逆に利用することができるのです。

成功するための溝刻み

　さあ、ここは我慢して私の話を聞いてください。というのも、「妖精が使う魔法の粉」のようにうさんくさい話と思われそうだからです。でも、脳は入力源についてはかなりだまされやすいので、成功をイメージすると、目標の達成に効果がありそうではありませんか。

　バイオリンを弾いていようが、プログラムをデバッグしていようが、新しいアーキテクチャを設計していようが、「首尾よくやり遂げた」とイメージすることによって、パフォーマンスを向上させることができます。

　まず、いくつか実例を見てみましょう。会議や懇親会のようなところで、自分より技能レベルの高い実践者に囲まれると、自分の能力が高まっていくと感じたことはありませんか。いつもよりはっきり発言する、いつもより論点鋭く主張する、といったことが可能になるのではないでしょうか。実のところ、ピンと思い当たるこ

[†] 『考える脳 考えるコンピューター』[Haw04]を参照。
[††] だからといって、これが髪型の変化に気づかなかった言いわけになるわけではありませんが。

とすらあるのではありませんか。

　伝説的なジャズギタリストのパット・メセニーはこのアイディアをもう一歩前に進め、次のようなアドバイスをしています。「所属するどのバンドでも、常に一番下手なメンバーでいなさい。一番上手くなったら違うバンドに移らなければいけない。この考えは世の中のほとんどすべてのことに当てはまると思う」[†]。

　言い換えれば、高い技能を持つ人たちに囲まれることで、自分の技能レベルが高まるのです。こうした人たちのプラクティスや手法を観察、適用することが、レベルを上げるという面はあるでしょう。また、より高いレベルで行動するように自分の心を条件づけることになるという点もこの要因なのでしょう。人間の持つ「ミラーニューロン」という自然のメカニズムが、こうしたレベルの向上を後押ししてくれるのです。他人の行動を見たときに、あたかも自分自身が同じ行動をしたかのような反応が起きるのです。

生まれつき、物まね上手

　『インナーゲーム』の著者は、「その道の達人のまねをしなさい」と勧めています。ただ、その分野で著名な人の「まねをして演奏してごらんなさい」と指示するだけで、学生のパフォーマンスが向上することを確認したのです。結局のところ、我々は生まれながらの物まね上手なのです。マイルス・デイヴィスが奏でるトランペットの音を聴いたことがありますか？　Linux の開発者リーナス・トーバルズのコードを見たことがありますか？　『達人プログラマー』[HT00] を読みましたか[††]？

　コードを頭の中で書いてみることができ、要求仕様についての議論をしているつもりになることもできます。実際には楽器が手元になくても演奏ができ、うまくやっているありさま、完璧にこなしている様子をイメージできるのです。

　同じように、オリンピック選手もこの種の「オフラインの練習」を行っています。猛スピードでコースを下り、ターンをし、的確に反応する自分自身を思い描いているのです。こうした練習をフィールド外でも続けることによって、脳に「溝が刻まれる」[‡]ようになります。物事を正しく行う経験に脳が慣れてしまうので、実践のときがきたら、おのずと成功が訪れます。

[†] この話は、クリス・モリスによるもので、チャド・ファウラーが『My Job Went To India オフショア時代のソフトウェア開発者サバイバルガイド』で触れています。
[††] もしまだなら、まじめな話、大急ぎで書店に直行し、1冊買ってください。
[‡] エドワード・デ・ボノの表現を借りました。

ヒント 38
成功するための溝を心に刻む

「成功」の感覚に慣れることは非常に重要なので、成功するフリを最初にしてみる価値はあります。つまり、成功するレベルのパフォーマンスを習得したと仮定して、そのレベルで恐らく経験するであろう状況を人為的に作ってみるのです。そして、その擬似体験を構築するために必要な「足場」を追加していけばよいのです。

たとえば、競泳選手の場合はロープをつけ、水中を高速で引っ張ってもらいます[†]。自身がそのスピードで泳げるようになる前に、どのような感じなのかを体験するのです。この後、選手の泳ぎは劇的に向上します。

> 足場を使って経験を積む

「負の足場」を使って、逆を行うことも可能です。つまり、本来の経験より困難な状況を人為的に作るということです。そうすると、本来の条件に戻ったときに、ずっと簡単に感じます。ランナーなら、足首におもりをつけたり、腰まである雪の中をジョギングしたりします。Ruby のプログラマーなら、しばらく C++ のような言語を使って仕事をしてもいいかもしれません。C++ には、まさに精神的な重い足かせのような効果があります。C++ を使って仕事をした後に C++ より動的な言語を使えば、はるかにやさしく感じます。(^_^)

「体験」をイメージするだけで、実際に経験したのと同じくらい効果的に、その経験から学ぶことができます。脳にはイメージした経験と実際の経験との違いがよくわからないのです。ですから、プレッシャーを取り除き、どこが悪いのかをもっと意識して、うまくやり遂げたふりをしてみましょう。

そうすれば、実際にうまくやり遂げられるようになります。

[†] この例を教えてくれたのはジューン・キム氏です。

さっそく実行 ⬇

- □ 次回、困難な状況から抜け出せなくなったら、「努力は失敗を呼び、気づきが救う」を思い出しましょう。立ち止まって、まず問題点を完全に認識しましょう。
- □ 失敗を予定に入れておきましょう。間違ってもかまいませんし、大したことではないのです。これでプレッシャーがなくなり、パフォーマンスが向上するか、確かめましょう。
- □ 達人になりきってください。見せかけだけではなく、実際に達人の役割を「演じて」ください。自分の振る舞いにどんな変化が現れるか注目してください。
- □ 達人の経験にあやかる上で必要と思われる「足場」が何かを考え、それを用意できるか検討しましょう。

6.7　達人のように学ぶ

　ここまで読み進めてきた皆さんは、自らの学びの経験をより自由にコントロールできるようになっているはずです。

　この章では、学びを促進するための「遊び」の価値と、学びの不可欠な要素として「失敗」を積極的に取り込むことの重要性について考えてきました。インナーゲームから重要な教えを学び、良くも悪くも皆さんに影響を与える、脳の錯覚について見てきました。

　経験を重ねながら、ドレイファスモデルの段階を登り続けることを忘れないでください。現在の経験によって皆さんのものの見方は絶えず再形成され、新しく身につけた知識と、発展していくメンタルモデルに照らして、過去の経験を再解釈しているのです。

　「4.1　認知バイアスを知る」で取り上げたように、記憶からの読み出しは、実際にはすべて書き込みにもなるのです。記憶が手つかずのまま残ることは決してありません。専門知識の増加により、適用するフィルタやマッチングのパターンは着実に増加していくのです。

　直感はこのようにして養われていきます。取り出したり、適用したりできるパターンが増えるのと同時に、何にいつ気を配ればよいかを知るための暗黙の知識が増加していくのです。つまり、達人の振る舞いの初期の段階が「見える」ようになってきます。

まず切断するのは緑のワイヤ

　アクション映画のヒーローが爆弾処理をするときは、だいたいこんな具合に話が進みます。爆弾処理班からの指示を聞き、額に冷や汗を浮かべながら、順番に部品を外し、ワイヤを切断し始めます。ところが、途中でこう言われるのです――「そうだった。何よりもまず最初に、緑のワイヤを切らなくちゃいけない」。時すでに遅く、時計のカチカチいう不吉な音が徐々に大きくなっていきます。ヒーローの運命やいかに。――というわけで、次の章では、我々にとっての「緑のワイヤ」、つまり最初に行わなければならない重要なことについて考えてみましょう。

　皆さんは、これまでに読んだことを試したくて、うずうずしていることでしょう。

　しかし、現実の世界では、多数のメール、会議、設計上の問題、バグなど、皆さんの邪魔をするものがあふれています。やるべきことはたくさんあるのに、時間が少なすぎます。急務に追われててんてこ舞いする中、ありとあらゆる志は徐々にしぼんでいってしまうことになりかねません。

　次の章では、氾濫する情報を管理する方法、そして皆さんの注意力をそらしてしまう物事をうまくあしらう方法を見ていきましょう。

7章
集中のコントロール

> すぐれた質問とは、答えを求めるたぐいのものでは決してない。
> それは、しかるべき穴にはめ、締め付けて固定するボルトではなく、
> 蒔くべき種子——さらなる種子を実らせ、やがては着想の山野を
> 青々と覆ってくれることを期待しつつ蒔く種子——なのである。
> ——ジョン・アンソニー・チャルディ

　現代は言うまでもなく情報の豊富な時代ですが、皮肉にも情報過多のため知識不足や注意散漫に陥っています。気を散らすものが多すぎて、集中が途切れやすくなっているのです。情報ハイウェイのど真ん中で右往左往するより[†]、意識化された手順を踏むことによって思考をコントロールすべきでしょう。

　「5章　意識的な学び」で紹介したアプローチを使って、思考をもっと意識的にコントロールする必要があります。つまり、自分が求めている情報に意識を集中し、雨あられと降り注ぐ情報を選別して必要なものをタイミングよく入手し、不要な些事に注意を逸らされず、大きな違いをもたらす微妙な手掛かりも逃さないようにしなければならないのです。

　この章では、アタマをよりよくコントロールする方法を次の三つの軸に沿って見ていきます。

- 集中力と注意力を増強する。
- 知識を管理する。
- 現時点でのコンテキストを最適化する。

　「注意力」とは関心のある領域に意識を集中する能力のことです。一度に意識を集中できる対象の数は非常に限られています。その数を超えると、出来事であれヒラメキであれ見過ごしてしまうのです。非常に多くのものが周囲で我々の注意を引こうと競い合っています。注目されるにふさわしいものもありますが、そうでないものがほとんどです。この後、集中力を増強する方法を紹介します。

[†] その昔、「フロッガー」というビデオゲームがありましたが、それを思い出しています。なかなかうまくいかず、道路で立ち往生していました。

我々は「情報」という言葉と「知識」という言葉を同義的に使うことがありますが、同義ではありません。「情報」とは、あるコンテキストにおける生のデータのこと。たとえば「マイクロソフトが某社を10億ドルで買収」というのは単なる「情報」で、今の時代、情報が不足するということはありません。この情報に意味を与えるのが「知識」です。我々は「情報」を手に、時間をかけ、注意を向け、技能を駆使して「知識」を生み出します。マイクロソフトの買収情報で言えば、この情報を見、買収によって市場がどう変わり得るか、どのようなチャンスが生じるか、他社がどう敗れ去る可能性があるかを読むことが「知識」です。この章では広範な知識やひらめきを系統的に整理する優れた方法を紹介します。

「コンテキスト」は、ここまでに紹介してきた意味のほかに、「ある瞬間に焦点を当てている一群の事物」という意味でも用います。たとえば、プログラムのデバッグをしているときには、変数やオブジェクトの相互関係など、いろいろなものがその時点でのコンテキストを形成します。つまり、特定の時点で扱っている情報の「ワーキングセット」のこともコンテキストと呼ばれます。

以上三つの相互に関連する用語を理解しておけば、アタマをより効率よくコントロールする助けになるでしょう。

まず最初になすべきなのは注意を払うことです。

7.1　集中力と注意力を増強する

私は2000年にプラグマティックなプログラミングに関するプレゼンテーションの準備をしていて、驚くべきニュース記事を見つけました。ペンシルベニア州ダービー在住の老婦人が近所の食料品店へ行こうとして通りを歩いていました。すると若い男が走ってきて老婦人に体当たりしましたが、そのまま走り去りました。婦人はスリにあったのではないかと不安になって、財布などの貴重品を触ってみました。ひどく動揺はしていましたが、それ以外は何ともなかったので、そのまま店へ向かいました。

店では何人かの人と話をし、カゴに入れたオレオクッキーと新聞の代金を払って外に出ました。ところが帰宅した老婦人をひと目見て、娘が悲鳴を上げたのです。なんと首からステーキナイフの柄が突き出ているではありませんか。

他のものに気を取られていると、こんなことさえ見逃してしまうのかと驚くばかりです。老婦人はスリにあったのではないかと心配するあまり、刺された首の鈍痛の方には気づかなかったのです。

人間が明白なもの――たとえば首から突き出たナイフ――を見逃す可能性がある

というなら、ほかにも我々の注意から洩れるものがあるはずです。

注意力の不足

我々は注意力が足りません。注意を払える対象が限られているのに、我々に注目してもらおうと日々競い合っているものが山ほどあるのです。

複数のプロセッサを持つシステムには有名な設計上の問題があります。うっかりしていると CPU サイクルのすべてが他の CPU とのタスクの調整に使われてしまい、実質的には何の処理も行われないことになってしまうのです。同様に人間でも「注意を無駄に分散してしまって、細心の注意を払う対象がひとつもないままで、結局有効なことは何ひとつせずに終わる」といったことが容易に起こり得ます。

また、我々の注意を引こうと競い合っているものは必ずしも外界のものとは限りません。たとえば 3 章で見たように、L モードの CPU には一種の「アイドリング」ルーチンが備わっています。差し迫った問題が注意を喚起していない場合、そのルーチンが働いて「アイドリング」状態になり、アタマの中で独り言をツブヤキ始め、「お昼は何にしよう」といった低級な心配事やどうでもよい関心事に心が向いてしまったり、道路で他のドライバーとの間に起きたちょっとしたトラブルや口論を思い出したりしてしまいます。こういったことで R モードの処理が妨害されることになりますから、またしても脳みそを半分しか使わない作業に逆戻り、というわけです。

> **アイドリング中の
> ツブヤキに要注意**

皆さんはよく「……したいのは山々なんだが、時間がなくて」と言いませんか。あるいは、職場で何か新しい仕事が持ち上がった時、そんな仕事までやる時間はとてもないと思ったり。問題なのは、本当は時間ではないのです。すでに 5 章で紹介したように、時間は我々が割り当てるものにすぎません。ですから時間が足りないのではなく注意力が足りないのです。「時間がない」ではなく「帯域幅が足りない」と言った方が正確なのではないでしょうか。帯域幅——つまり、注意力——に余裕がなくなると、見逃しが起こります。物覚えが悪くなり、仕事の能率が落ちるので、「あの人、脳腫瘍か何かになったんじゃないかしら」などと家族も心配し始めるわけです。

注意を払っていれば——本当の意味で注意を払っていれば——信じがたいことも達成できます。ポール・グレアムは著書『ハッカーと画家——コンピュータ時代の創造者たち』[Gra04] で、「夜間、海軍のパイロットが時速 230 キロで飛行している 18 トンの飛行機を、上に下に揺れ動く空母のデッキに着艦させる方が、平均的な十代の若者がベーグルを切るより安全だ」と書いています。

私もむかしは十代の若者でしたから、辛抱強くトースターの前に立っている間、何を考えていたか容易に思い出せます。それはイングリッシュマフィンともベーグルともトーストともジャムとも、はたまた私の前でかすかにうなっているトースターともまったく無縁のことでした。ティーンエイジャーは気が散りやすく、どうやらその現象は年を重ねても改善するたぐいのものではないようです。

　一方パイロットは本当に真剣に集中しています。パイロットが置かれている状況下では、一瞬の決断の遅れや誤りが死につながるからです。我々は、失敗したら焼け死んでしまうような切羽詰まった状況に置かれなくても、こうした高度な集中状態に入れるようにならなければなりません。

リラックスした高度な集中状態

　次の簡単な方法を試してみてください。腰を下ろし、ひと息つきます。昨日しでかした間違いも、明日起こるかもしれない問題も頭から追い払って、ただ今に集中します。時の流れの今この瞬間に。ここに。

　気を散らさないこと。

　アタマのツブヤキも止めましょう。

　私は待っていますから。

　容易ではないでしょう？　瞑想でもヨガでも他の同様の訓練法でも、同じ状態を目指しています。つまり、頭の中でわけのわからないことをツブヤキ続ける**L**モードの声から解放されて、今この瞬間に生き、知的なエネルギーを不必要に分割しないという状態。アタマの中で独り言のツブヤキが始まれば、そこでゲームオーバーなのです。

　オンライン科学誌『*Public Library of Science–Biology*』に掲載された研究[†]によれば、瞑想の訓練を行うと、被験者の注意力が改善された状態がその日が終わるまでずっと続くこともあるそうです。

　この実験では、被験者に集中を求める刺激要因を同時に複数与え、認知能力をどの程度うまく割り振れるかを計測しました。きっと、皆さんのオフィスでの日常も、あまり変わらないのでは？

　瞑想のトレーニングをすでにかなり積んでいた被験者は、最小限の訓練しか受けなかった被験者より良い成績を上げました。しかし特に興味深いのは、実験中には誰も瞑想をしなかったという点です。記事では次のような結論を下しています。

　「こうした結果が示唆しているのは、集中的なメンタルトレーニングを行うと、

[†] 『*Learning to Pay Attention*』[Jon07]を参照。

複数の競合する刺激要因に対して注意力を効果的に配分する能力に、持続的かつ有意な改善が起こり得るということ、またその改善は習得したメンタルトレーニングのテクニックを能動的に使用していない時にも見られるということである」

つまり、この効果は 1 日中続くのであって、瞑想したり、意識して注意を払っていたりしている間だけのものではないということです。これは非常に大

> 効果は1日中、
> そして毎日持続する

きな利点です——身体の運動と同様に、練習を積むことで能力が向上し、長い間健康的なときが過ごせるのですから。

ヒント 39
注意を払うということを体得する

注意力を 1 日にわたって、より効果的に割り振りたければ、瞑想の基礎を習得する必要があります。

瞑想

我々がひとくくりに「瞑想」と呼んでいるものには、宗教的なものから世俗的なものまでさまざまな形式があります。ここでは、間違いなく効果の得られる方法を見ていきましょう。仏教系の瞑想法ではありますが、べつに仏教徒にならなくても効果は得られます[†]。

ここで達成したいのはトランス状態でも、眠りにつくことでも、リラックスすることでも、「偉大なる神秘」について熟考することでもありません（そ

> リラックスした
> 覚醒状態を目指す

れぞれの目的には、またそれぞれ別の形式の瞑想法があります）。そうではなくて、自分自身と自分を取り巻く環境とを意識しながらも判断を下したり反応したりせずにいられる、いわば「くつろいだ覚醒状態」を達成したいのです。この方法は「ヴィパッサナー瞑想」と呼ばれています。何かに気づいたものの、まだそれだけで、それ以上は何も考えを付加していない、修飾なしの注目状態が生じた瞬間を捉えたいのです。そしてそのままの状態にします。

この瞑想法でしなければならないのは自分の呼吸に注意を払うこと、それだけで

[†] 瞑想は、その旨が明記してなくても、いろいろな場面でよく遭遇するテーマです。聖書にも、「静まれ。そして知れ。わたしこそ神であることを」という教えがあります（詩篇46篇10節）。信仰心の強さに関係なく、難しいのは「静まれ」というところです。

す。簡単に聞こえますが、そうでもありません。とはいえ、小道具も特別な器具も必要ないというのはありがたいところです。手順は以下のとおりです。

- 気が散らず邪魔も入らない静かな場所を見つけます。これが一番難しいことかもしれません。
- 上体を起こし背筋を伸ばして楽な姿勢で座ります。柔らかい縫いぐるみになったつもりで、体が背骨にぶら下がっているイメージです。少し時間をとって、体のどこかに緊張が残っていないかを探り、残っていたらそこをリラックスさせます。
- 目を閉じ、自分の呼吸に意識を集中します。空気が体に入り、そして出て行く小さな一点に集中するのです。
- 呼吸のリズム、吸気の長さと性状、呼吸の周期の頂点に当たる短い停止、呼気の性状、周期の底に当たる短い停止を意識します。変えようとしてはいけません。ただ意識してください。
- 呼吸を意識し続けます。ただし言葉を使わずに。呼吸であれ、何かの考えであれ、言葉にしてはいけません。自分自身との会話を始めてもいけません。ここがもうひとつの難所です。
- 何かについて考えていたり、自分自身と会話をしている自分に気づくことがあります。注意が逸れてしまったら、そこで考えや会話を置き去りにして、静かに意識を呼吸に戻します。
- 何度も注意が逸れてしまっても、逸れたことに気づいて自分を連れ戻すという練習が役に立つのです。

「3.2 右脳で描く」にあった練習のように、アタマのツブヤキを止めたいわけです。この瞑想法では意識的に呼吸に集中します。線画の練習では言葉が浮かんでこないよう抑えましたが、この瞑想法では、言葉が出てきたら、ただ放置します。意識にとめるだけで、判断も考えもしません。言葉であれ感覚であれ考えであれ何であれ、現れてきたものはそのまま放置し、注意を呼吸に戻すのです。

この練習をするときには、眠ってはいけないと心しておくことが大切です。体をリラックスさせ、アタマの中を静かにはしますが、常に覚醒していることが望ましい――いや、それどころか、非常に覚醒した状態で集中したいのです。

この練習をしばらく続ければ、次に、呼吸を意識的にコントロールしてみてもよい、という段階になります。「区切られた呼吸」のアプローチをとります。呼吸は、はっきりと区分できる三つの部分を空気が流れていくことによって成り立っているのだと考えてください。

- 下腹部と胃
- 胸と胸郭
- 上胸部と鎖骨（のどは含まない）

　息を吐き切ります。息を吸うときは、まず下腹部に息を満たし、ごくわずか間を置いてから胸に満たし、最後に鎖骨まで全部満たします。のどは開いたままで、顎の力は常に抜いておきます。どこも緊張させてはいけません。
　吸い切ったところ（頂点）で一拍止め、それから普通に息を吐きます。
　吐き切ったところ（底）で止め、以上を繰り返します。
　これを逆にして、自然に吸い切ってから、三段階に分けて吐くこともできますし、吸気呼気ともに分けることもできます。いずれにしても、呼吸と、肺の中の空気の感覚を意識し続け、他の考えはやり過ごしていきます。
　当然ですが、この呼吸のコントロールで不安になったり、息苦しくなったり、何らかの不快感が生じたりしたら、すぐ自然な呼吸に戻ってください。皆さんの呼吸法を採点したり判定したりしている人などいません。**自分にとって効果的なことをしたいだけです。**やりすぎないように、最初は2、3分だけにしておきましょう。
　瞑想によって得られる効果については、すでに多方面の研究が行われてきました。最近では、子供（中学生）にさえ効果があることが立証されています[†]。1年間にわたる実験に参加した中学生の被験者たちは、リラックスした覚醒状態になることが増え、心の知能指数の指標となる能力（自己統制、内省と自己認識、情緒反応の柔軟さ）が向上し、学業成績も向上したのです。座って呼吸することの見返りとしては悪くありません。
　瞑想などつまらないと思えるかもしれませんが、そうではありません。しばらくの間、ぜひ試してみてください。注意を払うというのは非常に重要な能力なのです。

さっそく実行 ⬇

- ☐ 定期的に瞑想をやってみましょう。起床時、昼食時、夕食時、会議前など、1日のうちで覚えておきやすい時刻にリラックスした深い「瞑想的な」呼吸を3回することから始めましょう。

[†] 『The Experience of Transcendental Meditation in Middle School Students: A Qualitative Report』[RB06] を参照。

☐ 徐々に時間を増やしていって、毎日20分ほど、できれば同時刻に瞑想をするようにしてみましょう。アタマの中の考えを静められるようになってきましたか。

> 次の節を読む前に実際に試してみてください……

今ここで読むのをやめ、ぜひ試してみてください。そうでないと、次の節を読もうとしているうちに呼吸がおかしくなって集中できなくなりますよ。次の章は、奇妙なことに、意識的に注意を払わないようにする方法についてです。

7.2 集中のために集中をぼかす

意識の関与を減らすことによって初めて解決できる問題もあります。ここで、興味深い問題が出てきます。「仕事」あるいは「努力」とは何なのかという問題です。

食材をマリネの漬け汁に入れて12時間寝かせているとき、「料理をしている」と言えるでしょうか。座って、ある問題について考えているとき、「仕事をしている」と言えるでしょうか。

手短に言えば答えは「イエス」。創造性はタイムカードを押して働いているわけではありませんし、プレッシャーをかけたところで結果など出さないのが普通です。いや、それどころか話はまるで逆で、問題を意識の領域から追い出し、思考というマリネ液に漬けてしばらく寝かせておく必要があるのです。

何かしようとしないこと

『働かない——「怠けもの」と呼ばれた人たち』[Lut06] の著者トム・ルッツはこう述べています。「外から見ると何もせずにただ座っているということが創造的なプロセスの主要部分を占めるケースが多い」。ここで補足をしておくと、ルッツが言っている状態は、外から見ると「何もしていない（not doing anything）」ように見えるだけで、内的には、いわば「何もしないことをしている（doing nothing）」状態なのです。

しかし脱工業化社会においては、これが新たな問題を提示することとなります。この種の「考えている時間」は非常に大切であるにも関わらず、一般にはそれが認められておらず、ほとんどの会社で報酬の対象となりません。プログラマー（などの知的労働者）はキーボードを叩いていなければ仕事をしていないと見なす誤った

認識が広まっているのです[†]。

　仕事を無意識のレベルで処理させると効果が上がるのは、作業の対象となるデータがあるときだけです。まず、手持ちのデータで無意識を「満たして」やる必要があります。

　さらにルッツは、誰にも自分なりの「マリネの漬け方」、つまり考えを「寝かせておく」方法があると述べています（ちなみに、私の場合は芝刈りです）。私もRモードにデータを処理させる時間を与える必要があると紹介してきましたが、これに関連して、意識レベルにおける「多元的草稿」モデルという理論があります。

　ダニエル・デネットが著書『明される意識』[Den93]で、意識の興味深いモデルを提案しているのです。我々の頭の中には、どの瞬間においても、出来事、考え、計画などに関する大ざっぱな草稿が複数存在すると考えてみてください。デネットは、そうした草稿の中で、ある瞬間にもっとも多くの脳細胞を占めているもの、あるいはもっとも多くの処理活動を行っているものが「意識」だと定義しています。

　こうした「多元的草稿」のイメージとしては、ホタルが脳のいたる所で複数の群れを作っている様子を思い浮かべるとよいでしょう[††]。群れのほとんどはバラバラに点滅していますが、大きな群れが2、3個いっしょに点滅していることもあります。群れのいくつかが同期して点滅している場合は、その全体がほんの一瞬であれ脳を支配しているようなものです。このときの「その全体」が意識なのです。

　皆さんの知覚がなにか新しい出来事を感知したとしましょう。デネットはこう言っています。「脳のある特化した一部位が、何らかの特色について特定の観察を行うと、その情報内容は固定されるが、そうした情報内容を、わざわざ別の場所に送って「中央制御室」のようなものが再度弁別するといった必要はない。［中略］脳内で時間的、空間的に分散して固定された情報は、その場所も時期も正確に検索できるが、固定された瞬間が、その情報を意識した瞬間ではない」

　　　　多元的草稿が
　　　　意識を形成している

　つまり、認知した内容がまだ意識レベルに到達していないというわけです。デネットはさらにこう続けます。「この情報の流れは多元的であるという点で、物語に類似している。どの時点でも、さまざまな編集段階にある物語の断片の草稿が脳のあちこちに存在するのだ」。この草稿から草稿への流れによって、我々が「物語」として認識するものが創り出されるわけです。

[†] ほかの問題についても生じがちなことですが、この問題についても世代間の偏りが幾分か見られます。たとえば、千年紀世代に属する人の方がベビーブーム世代より、この問題から受ける影響が少ないようです。

[††] この比喩はスティーブ・トンプソン氏から教えていただきました。

> ## 先延ばしとマリネの漬け込み
>
> 　考えをマリネ液に漬けて寝かせることと、時間を無駄にするだけの先延ばしとは、どう区別したらよいのでしょうか。
> 　私はいつも先延ばしのたとえとして、「紙人形作り」を引き合いに出します。(あえて名前は伏せますが) ある親しい友人が翌日に大学の大事な試験を控えていたときのことです。その晩、彼女は勉強もせずソファに座って長い人形を紙を切り抜いて作っていました。それが私の目には先延ばしの典型として映ったのです。無関係かつ非生産的な作業で、やらなければならない現実の勉強の邪魔になります。
> 　しかし、もしかしたら私は間違っていたのかもしれません。あれは先延ばしなどではまったくなかったのかも。触覚を大いに刺激する作業で、結局のところその友人流のマリネの漬け込みだったのでしょう。試験に合格し、成績優秀で卒業しましたから。
> 　問題の仕事や勉強が本当にやりたくないものであれば、別のどんなことをやるにしても、それは単なる先延ばしである可能性が高いのです。依然面白いと思っているものの「手詰まり状態」だと感じているなら、相変わらずマリネを寝かせている状態ですから、それはそれでかまいません。

　デネットのこの理論はいわゆる「カルテジアン劇場」に代わる意識のモデルとして非常に興味深いものです。「カルテジアン劇場」では、意識の首座があって、そこが脳——従って我々自身——の活動を支配していると考えます。経験した感覚的データが上映される映画のスクリーンのようなものです[†]。

　しかし事実は恐らくこの説とは違うと思われます。「多元的草稿」説ならば、情報の処理がより分散しているモデルであり、最近の研究結果とよりよく合致するのです。すべてを支配するような単一のよりどころや中央処理装置があるわけではなく、どの領域であれ、現時点でいっしょに活動している領域が意識を形成しているわけです。そうなると、意識はボトムアップで自己編成的であり、突発的とも言える性質を帯びてくることになります。

　マリネの漬け込みの話に戻りましょう。いかに受け入れがたいことであっても、多元的草稿が発酵し、マリネ液がしみ込み、出来上がっていくためには時間が必要

[†] 映画『オースティン・パワーズ』のマイク・マイヤーズとミニ・ミーのような関係です。

です。ある一連の考えが「現在脳を支配しているもの」となり意識として自覚されるからと言って、他の草稿がすべて廃棄されてしまったとか無関係だとかいうことではありません。

「コンサルタントの三択の法則」というのを聞いたことがありますか[†]。一般に、ある計画が失敗する筋書きを三つ、あるいは、ある問題の解決策を三つあげられていないなら、まだ考えが足りないのだ、という法則です。この見方で「多元的草稿」モデルを考えてみると、こうなります——「最低でも三つの代替案を発酵させて意識に上らせる必要がある」。三つともすでにあるのですから、育てて熟成させればよいだけです。

そして、そうです、それは椅子に座ってこれといって何もしないでいること（doing nothing）なのかもしれません。机に足を載せたり、鼻歌を歌ったり、スナックをポリポリかじったりして。

> **ヒント40**
> 考えるための時間を作る

さて、こうしたすばらしい道具立てを、どう活用したらよいのでしょうか。学びの結果をものにするためには $\mathcal{R}$ モードから L モードに移行したいのと同様に、知識をもっと意識的に活用すればよいのです。

さっそく実行 ⬇

- □ メンタルなマリネの作り方について、どんな「レシピ」が気に入っていますか。他のレシピも試してみましたか。
- □ マリネを寝かせている人を批判したことがありますか。今なら、以前と違ってどうするでしょうか。
- □ マリネを寝かせていて批判されたことがありますか。次に批判されたときには、どう反応しますか。

[†] 『コンサルタントの秘密——技術アドバイスの人間学』[Wei85]。

7.3 知識の管理

さあ、皆さんの考えやひらめき、生(なま)の情報、知識をもとにして作業を開始し、漬け込んでいたゴタ混ぜを何かすばらしいものに変える時が来ました。

ところが今回は、必要なものが脳に納まりきりません。処理能力を増強しなければならないのです。

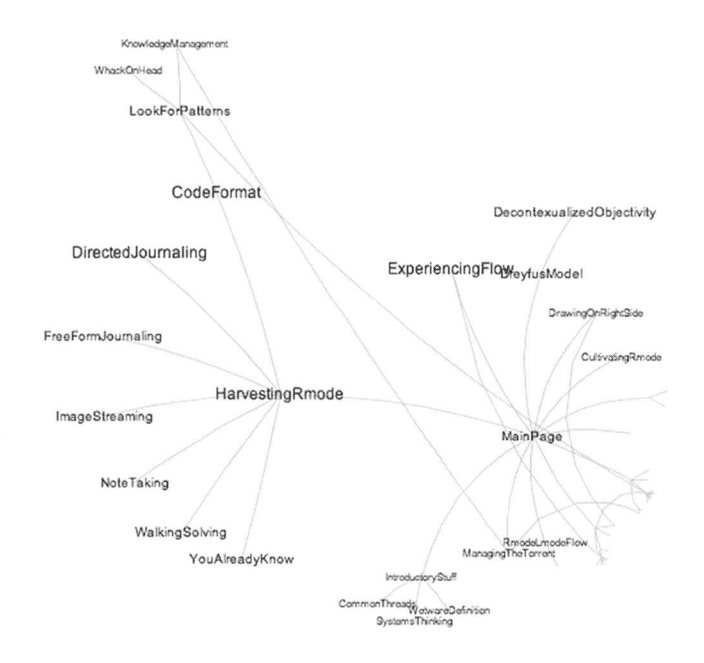

```
KnowledgeManagement
    WhackOnHead
      LookForPatterns
                                          DecontexualizedObjectivity
        CodeFormat
    DirectedJournaling
                        ExperiencingFlow  DreyfusModel
                                              DrawingOnRightSide
      FreeFormJournaling
                                                 CultivatingRmode
        HarvestingRmode
      ImageStreaming
                                          MainPage
        NoteTaking
      WalkingSolving
                                                 RmodeLmodeFlow
        YouAlreadyKnow                     ManagingTheTorrent
                              IntroductoryStuff
                         CommonThreads WetwareDefinition
                              SystemsThinking
```

この図のトピックは一体何なのでしょう。それに、なぜどの言葉も単語を続けたおかしな書き方なのでしょうか。説明しましょう。

エクソコーテクスを発達させる

2章で述べたように、いつ、どこででも情報を確保できるよう態勢を整えておかなければなりません。いざ情報を確保したとしても、そのままにしておいてはだめです。何の役にも立ちません。それを素材としてをいじり回してみる必要があります。編集し、発展させ、異質なものを融合させ、一般的な考えを精製、分割して、より詳細なアイディアにしていきます。

考えついたことを保存しておいて、それを効果的に加工処理できるような場所が

必要です。私がおすすめするのは、現代の科学技術のおかげで使えるようになった、自己組織化とリファクタリングが簡単にできる、一種のハイパーリンクされた情報空間です。しかし詳細に入る前に、なぜこれがそれほど重要なのかを説明させてください。

単なる事務処理を手伝ってもらうという意味ではありません。

> **外部のサポートも
> アタマの一部**

分散認知の研究によれば、脳の外部における知的サポートとして使用するツールは、稼働中のアタマの一部となるそうです。脳というのは驚くべきもので、解決のカギとなる外部サポートを与えてやれば、脳に補助装置を取り付けたことになるのです。

トーマス・ジェファーソンの蔵書はおよそ10,000冊にものぼりました[†]。ジェファーソンは本の虫で、蔵書は政治哲学、音楽、農業、ワイン作りと多岐にわたっていました。その1冊1冊がジェファーソンの意識のごく一部を形作っていました（恐らくまるまる1冊ではないでしょう。百科事典のような記憶力を持ち合わせている人はほとんどいませんから）。あることについて一度読んだことがあるとわかっていて、その詳細を調べるにはどこを探せばよいかを覚えていれば、それで十分なのです。

アルバート・アインシュタインはこのことをよく知っていました。ある時、1マイルは何フィートかと訊かれて「すぐに調べのつくような事柄で脳を一杯にしたくはない」と答えたと言われています。これこそが参考文献の役目であり、資料の有効な使い方なのです。

皆さんの蔵書やメモ、あるいはお気に入りの開発環境やプログラミング言語でさえ、すべてが皆さんの**エクソコーテクス**[††]の一部となります。エクソコーテクスとは、脳の外にあって知的な記憶や処理を担当する構成部品のことです。プログラマーを含む知識労働者は、エクソコーテクス作りでコンピュータに頼ることが一般の人より多いのではないでしょうか。もちろん、コンピュータを使ったツールがどれも同じように有用というわけではありません。

アイディアをマリネ液に漬けて寝かせ、分類し、発展させる上でとりわけ効果的なツールが個人的なWikiだと思います。いや、それどころか、これから紹介するように、Wikiで皆さんのすばらしいアイディアを整理すれば、**さらにすばらしいアイディアが得られるのです**。

[†] うち7,000冊近くを1815年に寄贈し、これが米国議会図書館の中核となりました。
[††] exocortex。「外」を意味する接頭辞ex-と、大脳皮質を意味するcortexを合成した単語。

Wikiの活用

　従来型のWiki[†]は、誰でも普通のウェブブラウザだけで各ウェブページを編集できるタイプのウェブサイトです。各ページに、図7-1にあるように、「編集」などと表示されたリンクがあります。

　このリンクをクリックすると、そのページの内容がテキスト編集ウィンドウに表示されます。これでページの編集ができ、「ページの更新」ボタンをクリックすれば、変更内容がウェブページに反映されます。マークアップ（タグ）は通常のHTMLより簡単で、図7-2のように「-」で順序なしリストが作成できたり、「*」で見出しを指定したりといったことができます。一番重要なのは、他のページにリンクできる点です。

　新しいページを作る方法は、Wikiの種類によって異なりますが、SpeechNotes、LettucePrincipleといったように、単語の最初の文字だけを大文字にする「キャメルケース」で単語を指定すると、自動的にそのページが作成されるものもあります。

　図7-1、7-2のシステムでは、「新規」ボタンをクリックすると新しいページの名称を指定する欄が表示され、指定することにより、図7-2のような編集のモードに入ります。[[＜リンク先のページの名称＞]]といった形式を使えば、簡単にページ間のリンクを張ることができます。

Wikiをテキストベースのマインドマップとして使う

　しかし、従来型のWikiはウェブベースなので、元来編集モードと表示モードが分離しています。理由が何であれ、Wikiがウェブベースである必要があるなら、これはこれでかまいません。しかし、ここでの目的からして、この仕組みに少し手を加えれば、さらに使いやすくなります。

　自分の好みのテキストエディタでWikiを実装して使用することができるのです——Wiki編集モードです。このモードならWikiWordハイパーリンク、構文要素による色づけ（シンタックス・カラーリング）やハイライトがエディタの環境内でできます。私はこの機能をvi、XEmacs、TextMateで使用し、効果を上げています。Wikiがテキストベースのマインドマップのように感じられるのです（そういえば、Wikiのひとつのセクションを明確にしたり増強したりする際、マインドマップを使うと効果的だと思います）。

　私のWikiの実験で一番うまくいったのは、PDAに私のデスクトップに同期したWikiをセットアップするというものでした。シャープのZaurus（ザウルス）という、Linuxが

[†] Wiki-Wiki-Webの略。詳しくはウィキペディアの「Wiki」の項目などを参照。

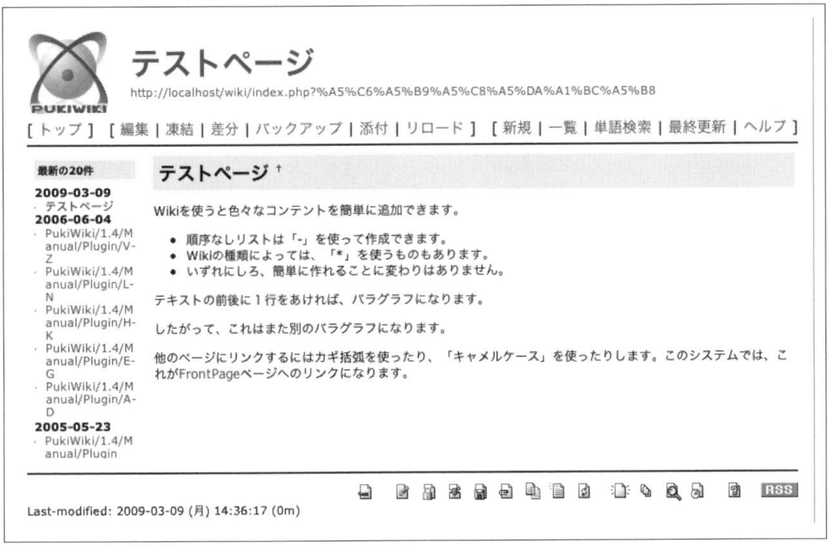

図7-1　Wikiページ（表示）

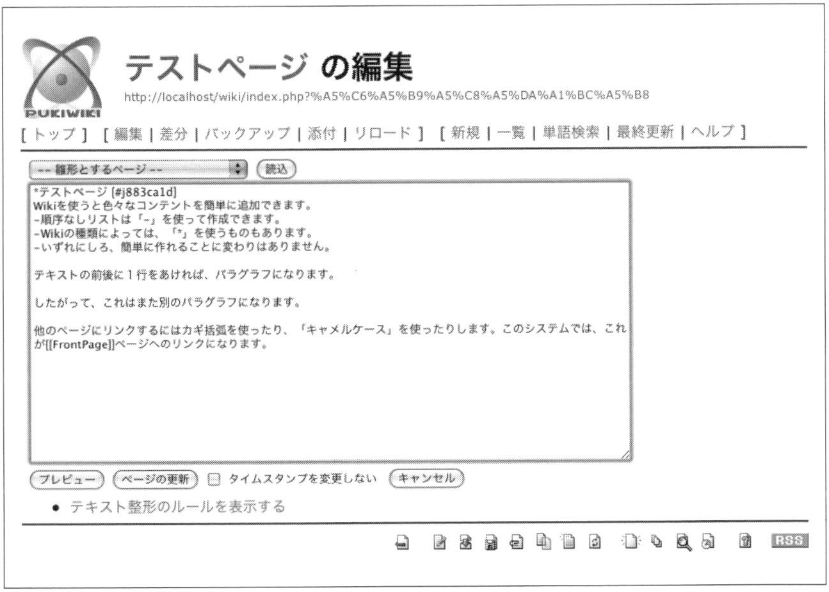

図7-2　Wikiページ（編集）

動くポケットサイズの PDA を使いました。まず vi をインストールし、ハイパーリンクへの移動や Wiki のリンクのハイライト表示などのマクロをいくつか書きました。それから、ソースコード管理システム（ここでは CVS）を使って、Wiki を構成するフラットなファイルを同期させました。

その結果、バージョン管理され、私のデスクトップとノートパソコンに同期した「ポケット Wiki」が出来上がりました。どこにいようと、私のアタマの Wiki 空間は手元にあるというわけです。覚え書きをしたり、それに書き加えたり、記事や本を書いたり、と色々できます。

私はこの本を書いている間に Zaurus を離れて iPod Touch を使い始めました。iPod Touch でなら、特製の Ruby 版ウェブサーバでウェブベースの従来型 Wiki が、Wiki データベースを使って動くのです。

自分の机に行かなければ Wiki が使えない、という不自由さから解放されたい人は、ノートパソコンや PDA で使える同様のツールを検討してみるとよいでしょう。Wiki の実装の選択肢はいくらでもあります。ウィキペディアの「ウィキソフトウェア」の項などを参考にしてください。

> **ヒント 41**
> Wiki を使って情報と知識を管理する

この手法の真価は、特定の情報の保存場所ができると、新たな関連データが突然どこからともなく現れてくることです。感覚同調と似た現象です。たとえばパーティーで私が皆さんに赤い色を探してと言った途端、いたる所に赤が見え始めるといった現象。ニューモデルの自動車でも同じことが起こります。波長が合ったのです。以前は注意を払わなかった所でも、探しものが急に目に飛び込んでくるようになります。

感覚同調を使って、もっとアイディアを集める

Wiki を使う場合、何か新しいことを思いついたらホームページに書いておきます。他に方法がないからです。しばらくして、それに関連することをもうひとつ思いついたら、さきほどのアイディアとともにまとめて新しいページに移動します。すると、そのページに属するべき色々な事柄が急に現れてきますが、もう保存場所がありますから、アタマは喜んで活用します。

ある種のアイディアを保存する場所が決まると、同じタイプのアイディアがもっと出てきます。Wiki であれ、紙の日記であれ、メモカードであれ、空き箱であれ、

特定のトピックやプロジェクトに関するアイディアの保存場所が得られるというのがエクソコーテクスシステムの主な利点なのです。

たとえば図7-3のスクリーンショットを見てください。私のパーソナルWikiの例です。各ページの一番上にそのページのタイトルがあり、その下によく使う他のWikiページ（たとえばToDo）へのリンクがあります。キャメルケースの語は同名のページへのリンクとなっており、青でハイライトされます（通常のウェブのリンクと同じです）。

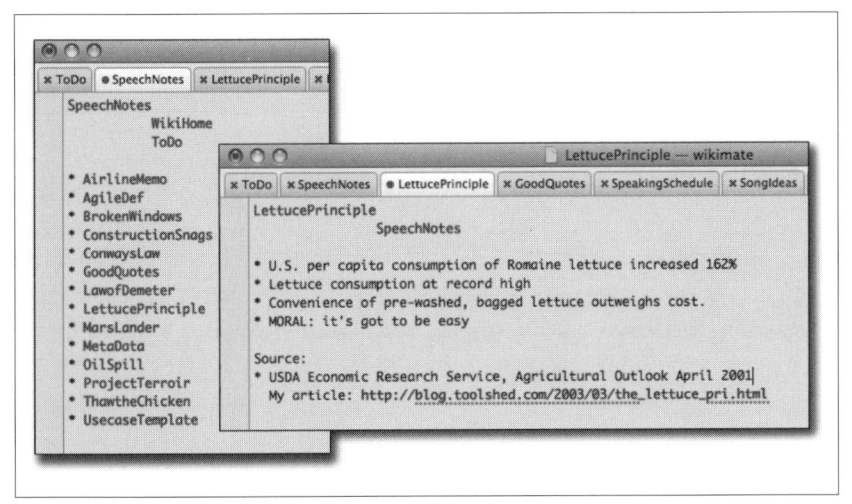

図7-3　Wikiノート

まず、レタスの消費に関する面白い話を見つけたので、LettucePrincipleというページを作ってメモしておきました。次に、「チキンを解凍しろ（Thaw the chicken.）」という落ちで終わる冗談（都市伝説）を耳にし、これは使えそうだと思ったのでThawTheChickenというページを作って保存しておきました。さらに、NASAが1億2500万ドルの人工衛星を、ユニットの不整合によるプログラムエラーでだめにしてしまった話をMarsLanderに書き留めておきました。

こうして素材がいくつかたまってきたので、プレゼンテーションに使えそうなトピックを集める場所として、簡単なリストを作り全体をSpeechNotesと名づけました。そしてConwaysLaw、LawofDemeter、OilSpillなど、以前使ったことのある素材を加え、ProjectTerroirといった新しい素材もいくつか入れました。これでLettucePrincipleには、同じようなトピックを持つホームができたので、LettucePrincipleもこのリストに加えました。このリストを私はRubyConfでのプ

レゼンテーションの一部として使ったほか、その後ブログにもポストしました[†]。

リストは数百項目に膨らみましたが、そのままにしておくわけにはいかないので、ブログの投稿、予定されているプレゼンテーション、ネタになりそうな話や調査の結果などにリストを分け、Wikiによる整理を行いました。記事を書く際に参照するのはこのリストのうち数ページ程度でしょう。本の概要を書くのであれば、30ページ弱といったところでしょうか。

Wikiは、このように単に構成を考える時以外にも役に立ちます。メモを元の形式からWikiに書き写す（あるいは同じWikiの中で整理する）ことによって、脳がその資料のことをあれこれ考える効果が得られるのです。会議や授業でとったノートを清書するのと同じで、書き写す作業により深いレベルで再度資料に接するため、神経細胞の結合もさらに強化されるわけです。

作業をすればするほど、前は気づかなかった関係性やパターンが資料の中に見えてきます。ここで再度、Wikiを離れ、手に入れたばかりの、より興味深い情報のかけらをマインドマップにすることで、インスピレーションを得、それをまたWikiに反映します。

パターンは意識的に探し出せるようになります。

しかし、我々は今自分がしている仕事に集中し続け、気を散らされないことが望ましいのです。次の節ではその理由を考えてみましょう。

7.4　現時点でのコンテキストを最適化する

ここで議論する「コンテキスト」は、現在取りかかっている仕事に関連して、現時点で短期記憶に収められている一群の情報を指します。コンピュータ用語で言えば、メモリにロードしてある作業中のページです。

構造上、コンピュータの方が我々のアタマより明らかに優れている点があります。それは、コンテキストを容易かつ自然に切り替えられるようできているということです。

人間はそのようにはできていません。何かに割り込まれ、思考の流れが中断されたり集中を乱されたりすれば、すべてをアタマに呼び戻すのが至難の業となります。この「すべてをアタマに呼び戻す」行為を「コンテキスト切り替え（スイッチング）」と呼びます。なぜそれを避けるべきなのか、また、どうすれば気を散らされず、割り込みをよりよくさばけるかを、これから見ていきましょう。

[†] http://blog.toolshed.com/2003/03/the_lettuce_pri.htmlを参照。

コンテキストスイッチング

我々には注意力がどれぐらい備わっているのでしょうか[†]。つまり、現時点で注意を払うべきものはいくつあり、任意の時点で自分が実際に注意を払えるものが合計いくつあるでしょうか。これを比率で表すと、かなり芳しくない数字になります。

自分で思っているほど多くのものに注意を払えないのです。

人間は一度にいくつもの物事に注意を払うことができません。というのは、集中の対象をあるものから別のものに換えるためにはコンテキストを切り替えなければならないからです。しかも我々の脳はコンテキストの切り替えをうまくできるようには作られていません。

マルチタスク処理では生産性が大いに犠牲になります。ある研究[††]では、一般にマルチタスク処理により生産性が20%から40%犠牲にされるという結果が出ました。これに従えば、8時間の労働時間が実質5時間に減ってしまうということです。これ以外の複数の研究では、マルチタスク処理で生産性が犠牲になる割合がなんと50%近くで、間違いも急増するという結果が出ています。

念のために説明しておきますが、ここで言う「マルチタスク処理」とは、抽象レベルがさまざまに異なる作業を複数同時に行うことです。ソースコードの同じ場所で複数のバグを直すのはマルチタスク処理にはなりません。同じような電話を数本かけたり、コース料理を調理したりすることもマルチタスク処理には含まれません。コードの修正作業中に、無関係なインスタントメッセージ、メール、電話に応答したり、ニュースサイトを覗いたりすると、修正作業に割り込みがかかり問題が生じるのです。

コンピュータとは違って、我々の脳には「スタック退避」や「スタックのリロード」といった命令が備わっていません。代わりに、記憶の全項目を、いわばひとつひとつアタマに呼び戻さなければならないのです。つまり、仕事（たとえばデバッグ）に没入しているときに割り込みで中断させられたとすると、また元通り没入するのに平均20分かかるというわけです。20分ですよ。1日のうちに何回割り込みがかかるか考えてみてください。1回の割り込みで復帰に20分を要す

[†] 『フロー体験・喜びの現象学』[Csi91]を参照。
[††] http://www.umich.edu/~bcalab/multitasking.html を参照。

> ## 分類整理の問題点
>
> 　メールの管理で、もうこの問題を経験した人もいるかもしれません。トピックごとに別々のフォルダを作っている場合、複数のカテゴリーにまたがるメールをどう処理していますか。はっきり区別したカテゴリーごとにファイルする方法は、始めてしばらくすると破綻が生じ、役に立たなくなります。しかしWikiではトピックをクロスリンクすることでこの問題を回避できます。Wikiでは厳密な階層構造でなくても大丈夫なのです。ところがメールでは一般に1通のメッセージはひとつのフォルダにしか入れられません。
>
> 　メールはフォルダを使って整理しない方がよいのではないでしょうか。フォルダではなく大きなバケツを（年単位とか月単位で）2、3個用意してメールを入れておき、必要なものを探すときには検索機能に頼るのです。
>
> 　使用しているメールクライアントが仮想メールボックスをサポートしていれば、それを使ってもよいでしょう。これはユーザーが設定した検索条件に基づいて、メールボックスを動的に更新する機能です。1通のメールが複数の仮想メールボックスに現れる可能性があり、必要なものを見つけやすくなります。
>
> 　あるいは単にローカルの検索エンジンを使用してもよいでしょう。MacのSpotlightやGoogle Desktopなどです。

るなら、1日のかなりの部分が無駄に費やされていることになります。これこそが、プログラマーが一般に割り込み——特にプログラマー以外の人による割り込み——を嫌がる理由の説明となるのではないでしょうか。

　これは、「認知的過負荷」と呼ばれる、大きくそして危険な現象の一部を構成している問題です。認知的過負荷の要因としては、ストレス、過剰なマルチタスク、気の散る原因が多すぎること、処理すべきデータが頻繁に押し寄せることなどがあげられます。一度に複数の事物に注意を払おうとすると、おのおのに対する注意が散漫になるという点で科学者の意見が一致しているのです[†]。

　これでも大したことはないと言う人には、英国で行われ物議をかもした研究の結果を紹介しましょう。メールをチェックしたりインスタントメッセージに返信したりすることで絶えず仕事に割り込みをかけている人は実際のIQが10ポイント低

[†] 主要紙（誌）でもこの問題を扱った記事が多数掲載されています。たとえば『Life Interrupted』[Sev04]や『Slow Down, Brave Multitasker, and Don't Read This in Traffic』[Loh07]などです。

下するとしているのです。

これに対してマリファナを吸ってもIQは4ポイントしか低下しません（図7-4）。

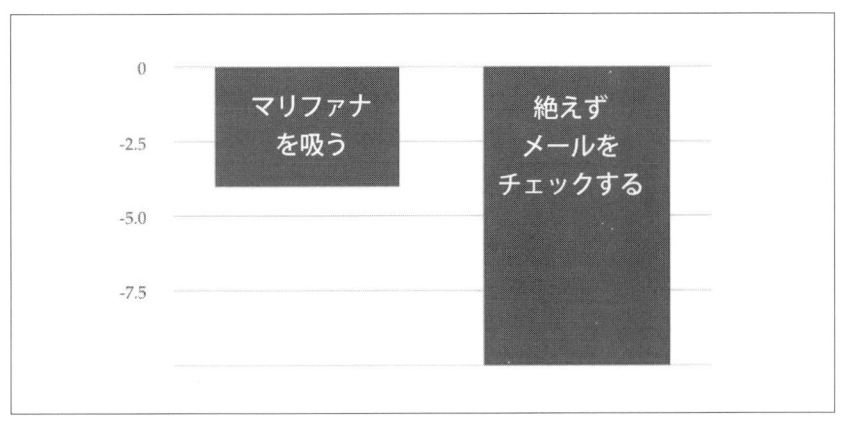

図7-4　IQ値の相対的な低下

どちらか一方でもよくないのですから、「絶えず仕事に割り込みをかける」も「マリファナを吸う」もやる、なんてことは止めてくださいよ。

このことから私は思うのです——いっそのこと企業は強制薬物検査に注ぐ労力を減らして強制メール依存検査に注力するのも悪くはないのではと[†]。とはいえ、もちろん問題はメールと薬物だけではないのです。携帯電話で話しながら運転しているドライバーは高速道路での事故に素早く反応できません。テレビのニュースチャンネルでは、主画面にいくつものニュースが表示されるばかりか小画面まであり、さらにテロップでも見出しがいくつか流れ、おまけに、踊るトイレットペーパーのコマーシャルで分断されている始末。認知科学の観点からすれば、これは拷問以外の何物でもありません。

我々は、複数のことを同時に扱うのが非常に苦手であり、さまざまな刺激に気を散らされやすいのです。これを前提に、気の散る要因としてありがちな事柄を避け、仕事に集中する方法を探っていきましょう。

[†] 面白い話題ではありますが、この話の根拠となった研究には疑問な点があります。http://itre.cis.upenn.edu/~myl/languagelog/archives/002493.htmlを参照してください。

> **意識的な切り替え**
>
> 効果的な対処法として、コンテキストをより意識的に切り替えるというものがあります（ここでも「意識的に」というテーマが出てきました）。インスタントメッセージやメールにただ飛びつくのではなく、それを意識的な行動にするのです。まず、やっていた仕事を終了させます。深呼吸を2、3回します（呼吸の重要性と「メール無呼吸」については、この少し後で触れます）。次の新たな行動のために、好奇心と興味を奮い起こします。やる気満々で、しかも完全武装してから臨むのです。

気の散る要因を避ける

NPR（ナショナル・パブリック・ラジオ）の「*All Things Considered*」という番組で、ポール・フォードが旧来の質素なユーザーインタフェースの利点を絶賛したことがあります[†]。初期のテキストベースのOS（CP/M、MS-DOSなど）で使っていた、WordStarやWordPerfectのようなワードプロセッサを思い出してください。ウィンドウはありませんでした。マウスもなし。メールもゲームもなし。仕事の環境としてはまことに味気のないものではありますが、仕事のはかどる環境でした。いや、もっと正確に言えば、今進めている仕事に集中できる環境だったのです。

私が気に入っているポータブル文書作成環境のひとつにシャープのZaurusがあります。機械の寿命が近づいた頃、viエディタ以外はすべて消去しました。ワイヤレスカードも取り外し、CFメモリカードのみで同期をとるようにしました。その結果、気の散る要因が非常に少ない機械になりました。文字どおり、書くこと以外にすることがないのです。ゲームもメールもウェブもなし。書いたり手を入れたりしているテキストしかないのですから。非常に簡素な環境ですが、効果的な環境でもあるのです[††]。

似たような環境を実現しようとすれば、システムによっては、現在使用中のもの以外はすべてを隠してしまうアプリケーションが使えます。MacならThink![‡]を使うと、今使っているアプリケーション以外は全部暗くしてしまえますし、

[†] Paul Ford「Distracted No More: Going Back to Basics」『*All Things Considered*』2005年11月23日放送。
[††] キングジムの「ポメラ」という製品が類似した環境を提供してくれます。
[‡] http://freeverse.com/apps/app/?id=7013から入手できます。

DeskTopple[†]を使うとデスクトップのアイコンを隠したり、壁紙を換えたり、アプリケーションのウィンドウをタイマーで自動的に隠したりできます。

シングルタスク・インタフェース

　Mac OS Xでは、Quicksilverというユーティリティを使用すれば、どのアプリケーションからでもキーの押下で起動可能なコマンドを設定できます。この種のアプリケーションは、以前のシステムにあったSideKickという、メモリ常駐型のプログラムを思い出させてくれます。

　SideKickは、設定によって、たとえばキーを2、3回打っただけでアドレスブックの誰かに1行のメールを送ることができます。こう聞いただけでは大したことには思えないでしょうが、メールソフト全体を前面に持ってこなくてもメールが送れるということは非常に大きな利点なのです。

　たとえば何かの仕事の真最中だとしましょう。誰かにメールを送らなければならないことに突然気づきました。アプリケーションのデバッグ中で、昼食の約束の時間に間に合わないことに気づいたといった場合です。そこで2、3回キーを打ち、メールを送信して、デバッグに戻ります。

　さあ、これを現在の普通のケースと比較してみてください。

　デバッグの真最中に、メールを送らなければならないことに気づきました。コンテキストを切り替えてメールアプリケーションを立ち上げ、メールを送る作業を始めると、受診箱に新着メールが数通来ていました。さあ、気の散る原因が目の前に現れました。たちまち新着メールにつかまり、デバッグ中の思考の流れが断ち切られてしまい、コンテキストは粉々です。

　同様に、私はQuicksilverを使って、キーを2、3回押すだけで「ToDoリスト」に1行追加できるようにしました。そうしておかないと、メールの場合と同じリスクを冒すことになるからです。コンテキストを「ToDoリスト」に切り替えて新しい項目を入力しようとした途端、まだやっていない「やるべきこと」が全部目に入ってしまうので、やはり気が散ってしまうのです。

　Linuxでも同じようなことができます。小さなターミナルウィンドウを開いておいて、「ToDoリスト」に項目を追加するシェルスクリプトを実行しておくのです。

　何か思いついたら、「ToDoリスト」であれメールであれ、とにかくそれを保存すべき場所に送ってやって、やりかけのことにすぐ戻る方がはるかによいのです。

---

† http://foggynoggin.com/desktoppleを参照。

仕事の整理と処理の効率化

　ここまではインタフェースと作業習慣の合理化について見てきましたが、ここでどうしても脇道に逸れて GTD を紹介しておかなければなりません。

　GTD の略称で呼ばれているデビッド・アレンの『はじめての GTD ——ストレスフリーの整理術』[All02] は大ベストセラーで、仕事を整理し、優先順位を付け、効率的に完遂することを目的としたものです。GTD（Getting Things Done）はまた、アレンの本で紹介されているメソッドの名称としても使われています。

　アレンは、苦労して進めなければならない仕事で効率アップを図る場合、助けになる方法論や、コツやワザの数々を提供してくれます（ラベル付けがこんなに面白いなんて、誰が思ったでしょう）。

　ここまでで私が皆さんに紹介してきた考え方に従って見れば、アレンは三つの重要な点を強調しています。最初の二つはメールなどの受信箱にある書類の山の処理に関するもので、最後のひとつはもっと一般的なものです。

入力キューのスキャンは 1 回のみとすること
　　入力キューがメールの受信フォルダであれ、ボイスメールであれ、紙の書類受領箱であれ、受信箱を「保存箱」にしてはなりません。新着の情報にはすべて目を通し、必要なら束を作ってそこに分類し、入力キューに昔からあるものを毎度のようにスキャンし直すなどということはしないようにします。2 分以内にさっと片付けられるものは片付けて忘れてしまうか、可能なら他の誰かに全部任せてしまいましょう（つまり「委任」です）。最後の重要な 20 件に目を通すのに、受信箱のいつも同じ 1,000 件を毎回見直すなど、時間と知的エネルギーの浪費にすぎません。

各々の束は順番を決めて処理する
　　束ができたら処理をします。その束に集中し、コンテキストの切り替えを防ぎます。前に見たように、別の仕事に切り替えることでアタマのスタックが破壊されてしまうので、元の仕事に戻ろうとするとき、さらに時間を失ってしまうわけです。我々プログラマー系は「光り物」にひどく惹かれやすい人種です。目の前の束に集中しましょう。

リストをアタマに入れておかない
　　アレンはエクソコーテクスを維持管理する上で重要な点をもうひとつ指摘しています。アタマの中のリストを動的に更新するのは非常に負荷の高い作業です。ToDo リストやそれに類するものは、アタマの中ではなくエクソコーテクス——ポストイット、Wiki、カレンダー式や専用の「ToDo リスト」ツールな

ど——に入れておきましょう。

この GTD メソッドには数多くのファンがいます。効果的な順序づけと仕事の整理で困っている人には役立つかもしれません。

7.5 割り込みの意識的管理

とはいえ、たとえ ToDo リストや日程表が最良の状態に整理されているとしても、気の散るものから我々を守ってくれるわけではありません。誰でも気が散ってしまうことはあります。しかも、最近では我々の気を散らすものが、かつてなく多様になっています。

気の散る要因の多様性にかけては、インターネットこそ史上類を見ない存在です。貪欲で意地汚いスパム発信者からのお決まりの不愉快なメール、自家製降雪機の作り方を解説し YouTube で公開されているシブいビデオ、またまた選挙違反があったとか政治家が不正をしたとかいうニュースサイト Digg の扇動的な投稿（図7-5）、親友からのインスタントメッセージ、ウィキペディアの新しい記事。こう

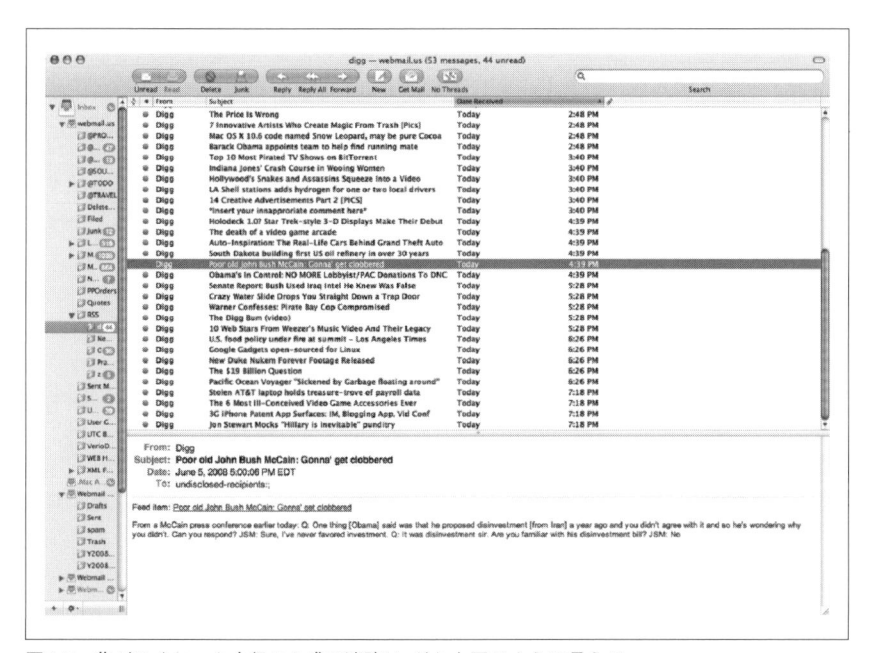

図7-5　曲がりくねった小径から成る迷路は、どれも同じように見える

いったものすべてが我々に誘惑の手を差し伸べ、情報を吹き込み、気を散らすのです。

そこで、チームのメンバーからの割り込み、ネットや電話などの通信手段を経由する割り込み、そして皆さん自身からの割り込みを減らすのに効果的な方法を以下で見ていきましょう。

プロジェクトのルールを設ける

プロジェクトチームの仲間が皆さんに質問をしたり、バグを突き止める手伝いを頼んだり、急なコードの見直しを頼んだりしても気にならないのはいつでしょうか。いつなら割り込んでもかまわないでしょうか。上司の急用の場合はどうでしょう。

一番よいのは、前もって——プロジェクトが始まる前に——答えを出しておくことです。1日の特定の時間帯を、割り込みお断りの「作業時間」と決め、他の時間帯は、共同作業や現場での毎日の打ち合わせ[†]、ありがちな予期せぬ出来事のために割り振ります。

午前中が一番好調な人もいれば、午後になると調子が上がってくる人もいるでしょう。どうやりくりするにせよ、少なくとも1日のうち何時間かは本当に生産的なときが持てることになります。私は、午後、あるいは丸1日を「メールなし」としたチームから話を聞いたことがあります。メールも電話も割り込みもなし。このチームの開発者によると、それこそが1週間のうち一番生産的な至福の時間だということです。

> **ヒント42**
> ルールを決めて割り込みをコントロールする

プロジェクトの初期の段階でチームの行動ルール（実態は割り込みルール）を決めましょう。

メールの制限

しかし、全員がルールに従って行動してくれるとは限りません。周囲の仲間は皆さんが決めた規則を尊重してくれるでしょうが、離れたオフィスにいる同僚や他社

[†] 『アジャイルプラクティス——達人プログラマに学ぶ現場開発者の習慣』[SH06]を参照。

> ### いつもうまくいくわけではない
>
> 毎日が生産的な日、というわけにはいきません。大混乱が生じたら、そのことを認め、今日は最高潮とはいかなさそうだと悟った方がよいかもしれません。まず火急の案件を片付け、外へは出られませんからピザでもとって自分の席でおいしく食べ、明日がよりよい日になることを期待しましょう。

> ### メール無呼吸に注意
>
> 2008年2月、リンダ・ストーンが「メール無呼吸」という言葉を作りました。ある朝、ストーンは気づいたのです。「メールを開けたところでした。いつもと違っていることは何もありません。いつものようにスケジュール、プロジェクト、旅行、情報、ジャンクメールが溢れています。そのとき気がついたんです……自分が息を止めていることに」
>
> **メール無呼吸**──メールをしている間の一時的な無呼吸もしくは低呼吸[†]
>
> 低呼吸、過呼吸、無呼吸は、無視しておいてよい症状ではありません。正常に深い呼吸ができないのでは、健康に深刻な障害が起きる恐れがあるのです。異常な呼吸はストレス関連の病気の要因になったり、「闘うか逃げるか」のトカゲの論理に基づいた反応を引き起こしたり、血中にグルコースを大量放出させたりなど、望ましくない影響をさまざまに及ぼします。
>
> メールでストレスを受けそうだという予感によって呼吸が影響されるのでしょうか。プログラムのクラッシュやデバッガによるバグの調査でしょうか。それとも、よく起こるコンピュータの一般的なトラブル？
>
> こうした原因で呼吸が影響されていると気づいたら、椅子の背にもたれて深呼吸をしましょう。そのたびに。

の人、顧客、メールやインスタントメッセージや電話の無数の相手はどうでしょう。世間の人全員を皆さんのスケジュールに従わせることはできません。

そうでしょう？

[†] http://www.huffingtonpost.com/linda-stone/just-breathe-building-th_b_85651.htmlを参照。

我々は自分で考えているよりもずっと長い時間メールと付き合っています。メールのチェックや返信の頻度は自分で決められます。ちょっとしたコツを紹介しましょう。メールの処理を日中の特定の時間のみに限定するのです（ただし、最初の仕事にしないこと）。時刻を決め、メールを選び、優先順位をつけ、メールに集中してもよい時間も決めます。一定の時間が経ったら実際の仕事に移るのです。これを続けるのはかなり大変なことかもしれませんが、効果的だと思うヒントをいくつか紹介しておきましょう。

まず、「着信」の知らせを修正しましょう。弾むアイコンは、クリックしてくれとせがんでいるようで、抗しがたいものがあります。異常に快活な「メールが来ています」（You've got mail）の電子音声が流れ続けるのも。可能であれば、すべてオフにしましょう。やむを得ない場合は、重要なメッセージに対してだけ音が鳴るようにします。たとえば、配偶者や上司からのものなどです。

第二に、チェックの間隔を長くしましょう。1分ごとにサーバを見に行くようにしたり、実験室のモルモットよろしく、「ご褒美」欲しさに「受信」ボタンをクリックし続けたりするのはやめましょう†。

次に、返信の速度やメールの量を設定しているのが自分自身であることを自覚しましょう。次の「メールの黄金律」を肝に銘じてください。

> **ヒント43**
> 送信を減らせば受信も減る

その上で、そのペースも自分でコントロールできる、テンポを決めるのは自分だ、ということを心に刻みつけてください。

> **ヒント44**
> メールをやりとりするテンポは自分で決める

返信の速度によって、やりとりのテンポが決まります。つまり、返信は速ければ

---

† 現に、これが突拍子もないたとえではないことを示す研究結果があります。「ご褒美」がペットフードだろうがうれしい内容のメールだろうが、人はボタンを押し続けるようになります。これは周期可変報酬反応と呼ばれ、ハトや実験用ラットと同じく、人間もはまってしまうのです。

速いほど、将来さらに速まる可能性が高いのです。送信の量も頻度も少なくしましょう。そうすれば異常な速度を妥当なレベルに下げることができます。

最後に、メールに関する最良の助言。「去る者は日々に疎し」。視界から去っていったものはアタマからも去っていきます。使っていない時はメールソフトを終了しておきましょう。

コンテキストに優しい休憩

さあ、こうしてしばらく仕事に没頭し、やがて煮詰まったり、飽きたり、休憩したくなったりすることでしょう。そのときの選択肢が二つほどあります。

コンピュータに背を向けて、ぼんやり白い紙に落書きを始めてもよいでしょう。気を散らしていることにもなりますが、大したものではありません。散歩に出かけてもよいでしょう。誰かに会って話を始めなければ、の話ですが。ただ歩くということ自体はコンテキストにかなり優しい行為です。

あるいは CNN、Digg、Slashdot などのフロントページに何が載っているかチェックしてみてもよいでしょう。ただし、これではかなり気が散ります。悪くすると、メールをチェックしてしまうかも。そうなってしまったら、コンテキストに戻ろうと思っても思考のつながりが途切れているため、少なくとも 20 分から 30 分は生産性が落ちること必至です。たとえ同じ日のうちに戻ることができたとしても、です。

コンテキストから逸れないようにする方法のひとつに、出入りの**物理的**コストを高くして、隠れた**知的**コストを自分に思い出させるというものがあ

> コストを明白な形にする

ります。たとえば、ノートパソコンを簡単に開け閉めできて始終コンテキストから出たり入ったりすることができれば、それをやってしまうものなのです。しかし、作業環境から一旦出て、入り直すことに苦痛が伴うならば、あまり出入りする気にならないのではないでしょうか。

私のオフィスは、電灯をつけるのにあちこち回って沢山のスイッチを入れなければならないようになっていますが、そうすることで、コストを高めています。また、わざわざ 2、3 分かけて、作業をしながら聴く音楽を選びます。このような「投資」やお膳立てをして作業環境を整えておくおかげで、単なる気まぐれだけでは、スイッチを全部切って、出かけて、戻ってきて、すべてをまた全部やり直すということはしません。一旦腰を落ち着けたら、しばらくは動かないのです。

ノートパソコンについても同様です。バッテリで簡単に作業ができてしまうのなら、長い間そこで仕事をする可能性は低いでしょう。電源コードや冷却パッドなどさまざまなお膳立てをすれば、その場への関わりが少し大きくなります。たしかに

大した投資ではありませんが、出入りのコストを自分に思い出させる助けにはなります。

マスク可能割り込み

CPU 関連の用語を使えば、割り込みには 2 種類あります。**マスク可能**割り込みと**マスク不可能**割り込みです。マスク可能割り込みは無視することができます。我々が見習いたいのはこちらです。

> **ヒント 45**
> 割り込みをマスクして集中を保つ

電話に留守電機能や受信停止機能が備わっているのには理由があります。留守番電話は 1935 年から利用されてきましたが、これには正当な理由があるのです。

インスタントメッセージも同様です。忙しい時には返信しないこと。**皆さん側の態勢が整ったら返信する**ことにすれば、苦労して組み上げたコンテキストを失わずに済みます。

デバッグ作業中には自分の作業スペースの外に掲示を出しましょう。ドアがあるなら閉めておきましょう。

スタックの保存

割り込みが予測される場合にできる最良のことは、**心の準備をしておくこと**でしょう。仕事への割り込みと復帰に対しては科学者も高い関心を持っています。関心の対象となっている問題は二つあり、それは割り込みの時間差と復帰の時間差です。

> 割り込まれることに対して
> 心の準備をしておく

一度仕事を始めると、何らかの割り込みが起こるまで仕事を続けます。割り込みというのは「もうすぐ副次的な仕事を始める必要がある」という**注意喚起**です。この注意喚起から実際の副次的な仕事の開始までの時間が割り込みの時間差です。さて、その新しい仕事をしばらく進めると、いずれかの時点で元の仕事に戻りますが、元の速度に戻るまでにかかる時間が復帰の時間差です。

最初に注意喚起が入った時点で、皆さんには割り込みがかかったことがわかりますが、割り込みが確立する前、つまり電話に出たり、入り口に立った人に応対する前に、貴重な 2、3 秒があります。この 2、3 秒のうちに自分のために

「パンくずリスト[†]」を残さなければなりません。言い換えると、仕事を再開しようとするときに使える手掛かりを残しておきたいわけです。

　たとえば私がメールのメッセージか記事を書いているとしましょう。ある考えを文章にまとめようとしている最中に、割り込みが入ります。こんな時、私はよく単語を2、3個、きちんとした文にはせずに、走り書きしておきます。書き表わそうとしていた考えを自分自身に思い出させるためです。効果的な方法だと思いますが、この種の手掛かり作りについてはさまざまな研究が発表されています[††]。

　さらに言えば、割り込みがいつかかってもおかしくないと思われる場合には、どこまで作業を進めたかを思い出すちょっとした手掛かりを常に残す癖をつけておくとよいでしょう。

7.6　大きなコンテキストを保つ

　コンテキストに溜め込める情報の量は多ければ多いほどよいのです。私個人としては、だからこそオフィスの机の上や周辺に書類の山を山ほど作っています。私はそれをコンテキストと呼んでいますが、掃除の人はそれを「散らかしている」と言います。

　しかし「視界から去っていったものはアタマからも去っていく」ということがよく起こります。私にとっては作業中の仕事に関連するものがすぐ近くになければならないのです。私の机の上の、ひと目で簡単に見える所にある、いわば「アタマのワーキングセット」の中に。

　いや、それどころか、仕事に関連する事物をコンテキスト内に保存することには多大な利点があるのです。生産性をどのような方法で測定しても、二台目のモニタを買うだけで生産性は20-30％向上します[‡]。

> 生産性を一挙に
> 20-30％向上させる

　なぜでしょうか。

[†] ウェブページの上部に表示されるような、どういうルートをたどって今のページに至ったかを示すリスト。たとえば「ホーム⇒ダウンロード⇒MacOS X⇒バイナリインストール」。

[††] 『Preparing to Resume an Interrupted Task: Effects of Prospective Goal Encoding and Retrospective Rehearsal』[TABM03]および『Task Interruption: Resumption Lag and the Role of Cues』[AT04]参照。

[‡] この数字の根拠となったのは、市場調査会社ジョン・ペディー・リサーチによる調査結果で、二台目のモニタを手に入れるだけで「生産性を測定するための題材が、調査結果であれ、消えた宇宙船であれ、書いた記事であれ」生産性は20-30％向上するとしています。これは『ニューヨークタイムズ』の記事『The Virtues of a Second Screen』[Ber06]（http://www.nytimes.com/2006/04/20/technology/20basics.html）で引用されていたものです。

> ### 仕事 vs. トピック
>
> 　自分が書くアプリケーションのことを考えてみてください。ユーザーインタフェース（UI）とプログラム構造の編成はタスク別ですか、トピック別ですか。UIをタスク別に編成し直したらどうなるでしょう。ユーザーは大喜びするでしょうか。

　我々の現実の環境は、フレデリック・ブルックスが何年も前に論破したように、「デスクトップ」などではなく「飛行機の窮屈な座席」にたとえた方がよいのです。大きな机の上なら仕事の書類を広げることができますから、自分が何をしているのかがわかります——ひと目で。飛行機の窮屈な座席では空間的余裕がありませんから、一度にひとつの書類（あるいはその一部）を見るのがせいぜいです。手にした紙束の中からとっかえひっかえ必要なページを引っ張り出して仕事をしなければなりません。

　オフィス用品の量販店に行って、対角17インチ（約43センチ）の事務机を探してみればわかります。見つからないのです。事務机の大きさとしてはばかばかしいほど小さいからです。それでも、ほとんどのモニタは17インチから21インチです。我々はそんなモニタですべての仕事をやっているわけです。小さなスクリーンではアクティブなウィンドウやアプリケーションを始終切り替えなければなりませんが、それはそんなに小さな空間では十分な量のコンテキストを入れておけないからです。

　 Alt - Tab というキーの組合せ（Macでは ⌘ - Tab ）が何とよばれているかご存知ですか。「コンテキストスイッチャ」です。今までに見てきたように、コンテキストの切り替えによって生産性が著しく低下します。一部分しか見えていないウィンドウに切り替えるために Alt - Tab を押下するという些細な動作でさえ時間を要し、短期記憶とエネルギーを消費するのです。

　私の場合はノートパソコンで何とかこなせる仕事もあれこれありますが、23インチのデュアルモニタ環境でないとできない仕事もいくつかあります。大切なのは、2台のモニタのサイズとブランドが同じであること。小さな方のモニタに焦点を合わせ直さなければならないことで気が散ったり、異なる色温度に慣れなければならなかったりするのを避けたいのです。

　私が最近訪問した進歩的な会社の中には、社員に無料のスナックや飲み物を提供

しているだけでなく、マルチモニタを標準としてもいるところが多くありました。

> **ヒント46**
> 複数のモニタを使ってコンテキストの切り替えを避ける

仕事への集中を維持する

スクリーンがいくら広くなっても、無数のアプリケーションを開いてしまうのでは、相変わらず散らかったデスクトップで迷子になってしまいます。

最近のOSではほとんどの場合「仮想デスクトップ」が使用できます。これは、特別なキーの組み合わせで複数の異なる画面表示を切り替えられるようにするものです。各画面表示は独立しており、「ワークスペース」と呼ばれます。ワークスペースにアプリケーションをどう振り分けるかに秘訣があります。

最初、私はワークスペースをアプリケーションでまとめました。ブラウザのウィンドウをひとつのワークスペースにまとめ、ターミナルをもうひとつにまとめ、という具合です。しかしこの振り分け方では前にも増して切り替えが頻発すると気づいたので、タスク別に整理し直しました。

> 仮想デスクトップを使う

あくまでも一例として、現在私が通常使っているワークスペースをあげておきます（図7-6）。

コミュニケーション

私はこのワークスペースを、すべてのコミュニケーション、スケジュール管理、計画に関連する作業に使っています。ウィンドウは以下のとおりですが、混乱の元となる恐れがもっとも大きいアプリケーションが入っているため、他のワークスペースに「洩れ出す」ことのないよう細心の注意を払っています。

- メール
- ToDoリスト
- チャット
- カレンダー
- プロジェクト管理ダッシュボード——著者の現在の状況、出版スケジュールなど

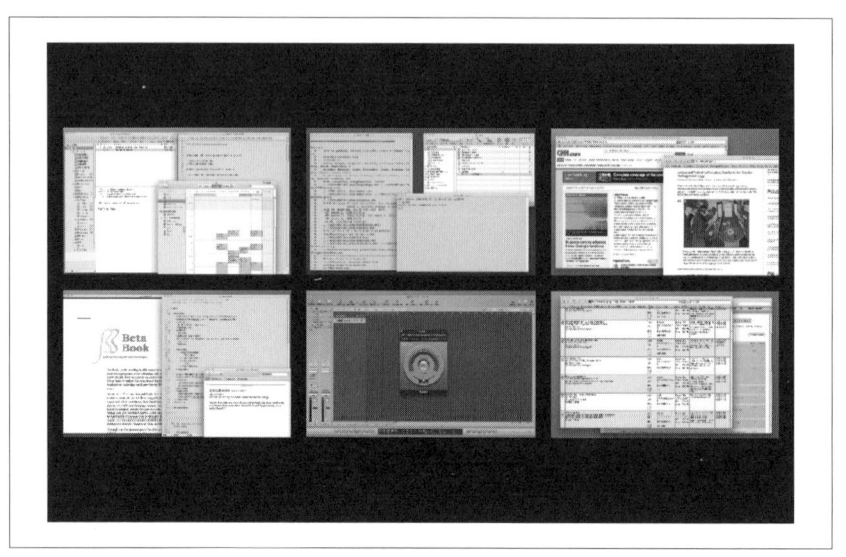

図7-6　MAC OS XのSpaces

執筆

書き物をしているときはメールなどで気を散らされたくないので、このワークスペースには執筆用のツールしか入れていません。

- TextMate（エディタ）
- 辞書／類語辞典
- OmniGraffle（ダイアグラムエディタ）
- Acrobat Reader（校正用）

コーディング

執筆の場合と同じ考え方ですがツールが異なります。このワークスペースでは通常かなりの数のターミナルウィンドウを開いています。私は普通、縦横比の異なるウィンドウを次のように三つ、初めから開いておきます。

- 通常のウィンドウ
- 高さは普通で非常に幅広なウィンドウ
- 幅は普通で非常に縦長のウィンドウ

三つのウィンドウを最初から開けておくと少しばかり時間の節約になります。必要になった時にそこにあるからです。このワークスペースの内容は作業の言

語や環境によって大きく変わるでしょう。そうは言っても、コードエディタや統合開発環境があるでしょうし、恐らくユニットテスト用のGUIや、アプリケーションに関連する文献を表示する種々のブラウザのウィンドウ、ログを表示したりmakeやantのプロセスを実行するターミナルのウィンドウなどもあるでしょう。

サーフィン

私はひとつのワークスペース全体をネットサーフィン（別名「リサーチ」）に使用しており、自動的に起動される可能性のあるヘルパーアプリケーションも入れています。

- ブラウザのウィンドウ
- Acrobat、QuickTime、RealPlayerなど

音楽

そしてもちろん「人は**ビジネス**のみにて生くるにあらず」です。コーディング中だろうが、メールへの返信中だろうが、何だろうが、音楽は欠かせません。

音楽のコントロールは意識せずに行えるほど簡単でなければなりません。音量の調節や、開始・停止の操作など、電話が鳴ったときや人がオフィスに入ってきたときなど、瞬時に行いたいものです。キーボードに音楽コントロール用のボタンが組み込まれているものもありますし、ホットキーを設定することもできます。

私はコントロール用の外部機器を使うときもあります（Ctrl - Alt - Shift - Meta - F13 ではなく専用のボタンを使って音楽を一時停止できるのは最高のぜいたくですし、信じ難いほど便利です）。MacBookのリモコンも使えます。

このワークスペースは私が趣味の音楽のアプリケーションを入れている場所でもあります（そのため外部機器をつけているのです）。こうしておけば、目の前にあるために私もついつい誘惑されて仕事ができなくなってしまうという状況が避けられますし、それでいて、やっと余分な時間が少しできたときには、すぐに開いて演奏できるようになっています。ゲームに熱中している人なら、このワークスペースにゲームを開いておくのでしょう。

> **ヒント47**
> 自分のワークフローを最適化してコンテキストを最大にする

7.7　焦点の定まった状態を維持する

　この章では集中力と注意力に関連する数多くの問題を見てきました。アタマを鋭く明晰にするための手段として瞑想を紹介し、エクソコーテクスを維持管理することの効果を示し、気を散らされることの危険性を指摘しました。

　それでは、焦点の定まった状態を維持するにはどうしたらよいのでしょうか。もっとも重要なのは自己認識——焦点の定まった状態を維持しようとする意識的な努力が必要だという点を肝に銘じておくことです。人間に本来備わっている「デバイス」を見ると、デフォルトの設定はプログラミングや知的労働に理想的ではありません。

　少なくとも次の3点だけは忘れずに実践してください。

1. Lモードのツブヤキを静める方法を習得する。
2. 発展中の考えについて、意識的に取り組み、考えを追加していく。
3. コンテキストの切り替えがいかに高くつくものになり得るかを注意し、あらゆる形で切り替えを避ける。

　まずは少なくともこうした分野で頑張ってみれば、集中力を管理し、注意力をコントロールしていけるようになるでしょう。

さっそく実行 ⬇

- □ しなければならない定形の仕事のうち、気の散る要素を考えてみてください。そうした気の散る要素をこれ以上増やさずに合理化する方法はないでしょうか。
- □ コーディングをする上で、もっとも生産性の上がる時間帯はいつかを考え、その時間帯には気の散る要素を制限するようお膳立てしましょう。
- □ 「仕事をしていない時間」と「考えている時間」を注意深く観察してみましょう。両者を混同しないよう気をつけましょう。
- □ 何らかの要因で、あるいは自分から積極的に、簡単に仕事から離れてしまいがちな現象について考えてみましょう。集中した状態を維持しやすくできるよう、仕事から離れにくくすることができるでしょうか。
- □ 「達人」がチームにいるなら、気の散る要因を避けるためにその人たちがどんな工夫をしているか観察してみましょう。

8章
達人になってから

> 真の発見の旅というものは、
> 新たな景色を探し求めることにではなく、
> 新たな目を持つことにある。
> ——マルセル・プルースト

　ここまで旅をともにしてくださり、ありがとうございました。この本で紹介した資料の中には、皆さんもここ2、3年の間に日常の会話やプレゼンテーション、講演などで耳にされたものがあったでしょう。私はどのテーマについても専門家を気取るつもりはありませんが、学習や訓練を続けていれば上級者以上のレベルにまで上達できるのではないかと思っています。

　さて、この章では、何をお話ししましょうか。

　ここまで紹介してきた私のさまざまな見解や、ときに織り交ぜた洞察の成果を読んでいただいて、いかがだったでしょうか。よいアイディアだと感じてくださったものが少しはあって、あとはよくわからなかった、といったところでしょうか。それでも、「新たな目」を得て、「さっそく○○をやってみたい」といった意欲が湧いてきたのであればよいのですが。とはいえ、これまで見てきたすべての事柄と同様に、意識的に、意図をもって取り組んでいただく必要があります。そこで、変化を起こすために役立ちそうなことをいくつか提案し、どこから始めたらよいかを考え、最後に達人のレベルに達してから後のことを見ていきましょう。

8.1　効果的な変化

　変化を起こそうとしても、脳がいつも協力してくれるとは限りません。たとえ皆さんに学ぼうという気持ちがあっても、脳そのものは「無駄を省こう」とします。脳は、やり手の家政婦のようなもので、感情的な問題や生死に関わる事柄だと感じなければ、さっさと片付けてしまいます。前の方の章で触れた朝の通勤ドライブにまつわる記憶同様、「いつものところへ山積み」にされるのが関の山です。ですから、「これは重要なことなのだ」と脳に納得させなければなりません。気にかけて

やる必要があるのです。脳に注目してもらうことがまず第一歩なのです。

練習を積めば定着する

変化（変わること、変えること）は意外に難しいもの。これは格言などではなく、現実です。昔から身にしみついた習慣は、脳で言えば神経の幹線道路と同じ働きをします。消え去るということがありません。ほかの方角へ行ったり近道をしたりする別の幹線道路を新設することはできますが、古い方も相変わらず残っています。いつもそこにあるのですから、逆戻りしてしまう恐れがあるのです。しかし練習や訓練を積めば、完璧ではないにしても新たな習慣を定着させることができます。

このように古い方の習慣も消えずに残っているので、たとえ逆戻りしてしまっても自分を責めることはありません。そういう脳の仕組みなのですから。些細な過ちです。過ちを認め、決意を新たにして実行する努力を続けてください。過ちはきっとまたしでかします。どのようなときにそうなるかを確認してから、進むべき道へ戻ってください。学びの習慣を変えようとしている場合でも、禁煙やダイエットを目指している場合でも同じです。

個人的なものであれ組織的なものであれ、変える（変わる）というのはとても大変で複雑なことです[†]。容易ではないことを自覚する必要がありますが、努力を続けていれば報われます。本当に効果のあがる変化を実現する上で役立つことを、少しですが紹介しておきましょう。

計画を立ててから始める

一定期間のおおまかな計画を立て、その実現を目指して努力します。どれだけ実行できたかを記録しておき、努力が足りないのではないかと思ったら記録を見て検討します。意外に成果が上がっているかもしれません。これこそエクソコーテクスの出番で、日記や日誌、Wiki、ウェブアプリケーションを利用して、進歩の様子を記録、追跡するという方法です。

敵は過ちではなく無為無策

危険は過ちではなく無為無策にあるということを覚えておいてください。失敗を恐れてはなりません。

習慣づけには時間が必要

新たな行為や活動を習慣として定着させるには最低でも3週間ほどかかります。いや、もっとかかるかもしれません。当然それくらいの余裕はとってくだ

[†] 組織的改変の有効なパターンの詳細については、『*Fearless Change: Patterns for Introducing New Ideas*』[MR05]を参照してください。

さい。

信じれば実現する

前の章までで見てきたように、我々の思考が脳内の配線を物理的に変え、脳内の化学物質の作用を変えます。変化は可能だと信じる必要があります。失敗すると思うと、そのとおりになってしまいます。

次の一歩は小さく踏み出す

まずは低い所に実っている果物から。実行できそうなちょっとした目標を掲げ、達成できたら自分にご褒美をあげてください。あとはこれの繰り返し。また次なる小さな一歩の目標を定めます。大きな目標も忘れることなく、とはいえ、それを実現するための全段階を思い描こうなどとはせず、一度に一歩ずつ進んでください。次の一歩だけ。先の方の目標を達成するのに必要なことは、そこに近づいてから知ればよいのです。

8.2 明日の朝から始められること

なんであれ新しく始めるときには、ある程度の「しんどさ」がつきものです。静止している物体は慣性でそのままそこに留まろうとします。新しい方向に動くということは、つまり慣性抵抗に逆らわなければならないということです。

> 自分にできること、あるいは、できると夢見ていることは、なんでも始めたまえ！ 大胆さの中に、創造的な才能と力と魔力とがあるのだ。今、始めたまえ。
> ——ヨハン・ヴォルフガング・フォン・ゲーテ（『ファウスト』より[†]）

とにかく始めてください！　なにから始めるかなど、別に問題ではありません。この本で紹介したことでいいですから、明日の朝一番で慎重に始めてみてください。

たとえば第一歩として次のようなことはいかがでしょうか。

- □ 責任を負うことを始めてみましょう。遠慮なく「なぜ？」「どういうふうにして知ったのですか？」「どうやればわかるのでしょう？」と尋ねたり、「私はわかりません——まだ」と答えたりしてみましょう。

[†] これは正確にはゲーテの『ファウスト』からの引用ではないようです。ドイツ語から英訳した翻訳者がかなり意訳した結果で、しかもその「意訳」自体が別の本から採った一節だったそうです。その経緯が http://en.wikiquote.org/wiki/Talk:Johann_Wolfgang_von_Goethe と http://www.goethesociety.org/pages/quotescom.html に書かれています。

- □ 周囲の状況を維持して割り込みを避ける上で役立ちそうなことを二つ選び、その二つのことを今すぐ始めてください。
- □ プラグマティック投資計画（PIP）を作成し、SMARTの基準で目標を決めてください。
- □ 自分が選んだ職業で、初心者から達人までの五段階のうち、今、どのレベルにいるか、先へ進むにはなにが必要かを考えてみましょう。自分に正直に。もっとレシピが必要でしょうか、コンテキストでしょうか？ ルールが必要でしょうか、直感でしょうか？
- □ 練習を積んでください。あるコードに手こずっているなら、それを五つの異なったやり方で書いてみましょう。
- □ これからも、もっと失敗をしでかすだろうと考えてください。失敗は役に立つのです。そこから学んでください。
- □ いつもノート（できれば無罫のもの）を持ち歩き、これを使って気ままにいたずら書きをしたりマインドマップを作成したりメモをしたりします。その間、常に思考を解き放っておきましょう。
- □ 心を開き、美的感覚や付加的な感覚からの入力を受け入れてください。オフィスの自分のパーティションの中でも、机の上でも、プログラムのコードでもよいですから、それがいかに「心地よい」かを感じてみてください。
- □ 面白いと感じられる事柄について個人用のWikiに書くという作業を始めましょう。
- □ ブログを始めましょう。読んだ本についてのコメントを書いてみてください†。ほかにも本を読めば、ブログの題材も増えるというものです。SQ3Rやマインドマッピングを活用しましょう。
- □ 思索にふけりながらの散歩を日課にしましょう。
- □ 読書グループを始めましょう。
- □ モニタをもうひとつ買って、仮想デスクトップを使いましょう。
- □ 各章の「さっそく実行」のコーナーに目を通し、試してみましょう。

　以上は種々の非常に面白いテーマの上っ面をなでただけですし、常に研究者の手で新しいことが発見されたり、古いアイディアの誤りが立証されたりもしています。上で紹介した手法を試してみて効果がなくても心配はいりません。まだあれこ

---

† もちろん、この本についてもコメントを書いていただければとてもうれしいです。その場合は http://pragprog.com/titles/ahptl がリンク用のアドレスです。前もってご協力の御礼を申し上げます。

れありますから、また別のものを試してみてください。

8.3　達人になってから

　ここまで、専門的な技能を習得し、達人になる方法について議論してきましたが、最後に、達人になってから後はどうかという問題について見ていきましょう。達人になってから一番必要なのは、奇妙なことに、また最初に戻って、ビギナーの心、つまり「初心」に戻ることなのです。

　「初心」は多くの可能性をはらんでいるが、達人の心には可能性がほとんどない。

——鈴木　俊　隆　老師

　達人にとって致命的なのは、**達人のごとく振る舞ってしまうことです**。自分が達人だと信じ込むと、可能性に対して心を閉ざしてしまいます。好奇心に駆られて行動するということをしなくなります。長い間苦労して習得した技能に関わる権威を失うことを恐れて、自分の分野での変化に抵抗感を覚え始めることになります。自分の判断や見解によって支えられるどころか、縛られてしまうことがあるのです。

　私はここ何年もの間に、そういう人を何人も見てきました。たとえば、Javaや、その前のC++など、なにかのプログラミング言語の習得に膨大な時間とエネルギーをつぎ込む人です[†]。免許をすべて取り、APIや関連ツールについての本を何冊も――積み上げたら数メートルにもなるほど何冊も――読んで内容をすべて暗記してしまいます。ところが、またなにか別の新しい言語が開発されて、それを使えばプログラムがはるかに簡潔に、しかもより直感的に書け、テストも徹底的にでき、並列処理もより容易にできるようになります。しかし、前述のような人たちは、こういう新しい言語を歓迎しません。自分のニーズをいかに満たしてくれるかと真剣に評価することよりも、新参者である新しい言語をあざ笑うことの方に多くの時間を費やすのです。

　皆さんがなりたいのは、そんな達人ではありませんよね。

　それなら、常に「初心」を失わないことです。「もし……なら、どうなるだろう？」と自問しましょう。驚きに満ちた子供時代の飽くなき好奇心をまねるので

[†] C言語のプログラマーも。ただ、C言語のプログラマーは皆、長年C言語のプログラマーのままでしたが。

す。新しく開発された言語も、本当にすばらしい言語かもしれません。あるいは、また別の、さらに新しい言語がすばらしいかもしれません。あるいは、すばらしいオブジェクト指向のOSがあったとして、たとえ使う気がまったくないとしても、何かを学べるかもしれません。

学びには、先入観、思い込み、固定観念を抜きにして臨んでください。物事をありのままに見るのです——子供がそうするように。

うわ、すげえ。どうやって動くんだろ？　いったいなんなんだろう？

新しい技術、新しい考え方、未知の物事に対する自分の反応を知っておきましょう。自己認識は、専門家になるため、さらにその先へ進むためのカギですが、「今までの習慣という神経の幹線道路」の犠牲になってしまいがちです。

> **自覚せよ**

自分自身を、今という瞬間を、自分が仕事をしている環境を、しっかり自覚してください。誰であれ失敗の最大の原因は、人間が物事を自動操縦装置に委ねてしまいがちだという点です。珍しくて新しい特性が感じられないものについては忘れてしまうのの。これについて、レオナルド・ダ・ヴィンチは600年前にこうぼやいています。「人は、目に入っていても見ていない、聞こえてはいるが聴いていない、味わわずに食べ、感じることなく触れ、考えずに話している」。我々も常に同罪で、忙しさにかまけて、味わったり楽しんだりすることなく、あわただしく食べ物を飲み下します。ユーザーやスポンサーがある製品に望んでいることを話しているのに、耳を貸そうとしません。いつもいつも、目に入っていても見ていません。すでに知っているものと思い込んでしまっています。

小説『真珠の耳飾りの少女』は、画家のフェルメールと、その名高い絵の制作のきっかけになったと考えられている召使いの少女を描いたフィクションです（小説のタイトルも、この少女のことです）。物語の中で、フェルメールは少女に絵の描き方を教えるようになります。そして、若い貴婦人が身に着けているドレスがどんな風に見えるか言葉で言い表してみなさいと言います。少女は、黄色ですと答えます。フェルメールは驚いたふりをして、本当かい、と尋ねます。少女は今度はもう少し注意深く見て、ええと、茶色の点もいくつか見えます、と答えます。それだけしか見えないかい、とフェルメール。そこで少女は目をこらしてドレスを観察して言います。いいえ、緑と茶色の点々があって、近くにある物に反射した光が当たって縁の一部が銀色になっていて、服の隙間から下の服が見えているところには黒い色があって、ドレスの折り目の影が落ちているところはほかより濃い黄色で……。

召使いの少女は、最初にドレスを見たときには「黄色です」としか言いません。そこでフェルメールは、自分が見ている方法で世界を見るよう少女に促します。つ

まり、すばらしく複雑で、豊かで微妙なニュアンスに満ちた世界です。我々のチャレンジもまったく同じなのです。こういう風に世界を見ること。そうした世界をしっかりと見続けること、我々自身をしっかりと見続けることなのです。

　神は、不断の警戒を条件として人間に自由を与え給うた。
　　　　　　　　　　　——ジョン・フィルポット・カラン（1790 年）

　不断の警戒を条件として神から人間に与えられたのは自由だけではありません。自覚も与えられました。我々は、運転を自動操縦装置に委ねるや、途端に車の舵取りをやめてしまいます。長い区間、直線状の幹線道路なら、それでもよいでしょうが、人生はハワイのマウイ島のリゾート地ハナへ行く道のように、細くて曲がりくねっていることの方が多いのです。習慣や過去の知恵で目が曇らされて、目の前にある現実が見えなくならないよう、自分自身と自分の状態を絶えず再評価する必要があります。

> **ヒント48**
> ハンドルをしっかり握れ。自動操縦装置に頼っていたのでは舵取りはできない

　さあ、ハンドルを握って。必要なものはすべて揃っています。アインシュタインやジェファーソン、ポアンカレ、シェイクスピアが持っていたのと同じ脳があるのですし、すぐ手に入れられる情報の量——ニュースなどの事実だけでなく、人々がアタマの中で考えたフィクションやものの見方、考え方の量——では歴史上の誰にも負けないのです。

　幸運をお祈りしています。成果のほどをお知らせください。

　私のメールアドレスは andy@pragprog.com です。皆さんにとって、とても効果があったもの、完全な失敗だったものを教えてください。新しく始めたブログやオープンソースプロジェクトを見せてください。マインドマッピングの成果をスキャンしてメールで送ってください。forums.pragprog.com でフォーラムに参加してください。どれも、ほんの始まりにすぎません。

　ありがとうございました。

Andy

付録A
参考文献

[AIT99] F. G. Ashby, A. M. Isen, A. U. Turken：A neuropsychological theory of positive affect and its influence on cognition. *"Psychological Review"*, (106):529-550, 1999.

[All02] David Allen：*"Getting Things Done: The Art of Stress-Free Productivity"*. Simon and Schuster, New York, 2002.
（邦訳は『はじめての GTD——ストレスフリーの整理術』田口元 監訳、二見書房）

[Ari08] Dan Ariely：*"Predictably Irrational: The Hidden Forces That Shape Our Decisions"*. HarperCollins, New York, 2008.
（邦訳は『予想どおりに不合理——行動経済学が明かす「あなたがそれを選ぶわけ」』熊谷淳子 訳、早川書房）

[AT04] Erik M. Altmann, J. Gregory Trafton：Task interruption: Resumption lag and the role of cues. *"Proceedings of the 26th Annual Conference of the Cognitive Science Society"*, 2004.

[BB96] Tony Buzan, Barry Buzan：*"The Mind Map Book: How to Use Radiant Thinking to Maximize Your Brain's Untapped Potential"*. Plume, New York, 1996.
（邦訳は『ザ・マインドマップ——脳の力を強化する思考技術』神田昌典 訳、ダイヤモンド社）

[Bec00] Kent Beck：*"Extreme Programming Explained: Embrace Change"*. Addison-Wesley, Reading, MA, 2000.
（邦訳は『XP エクストリーム・プログラミング入門——変化を受け入れる』長瀬嘉秀 監訳、テクノロジックアート 訳、ピアソン・エデュケーション）

[Bei91] Paul C. Beisenherz：Explore, invent, and apply. *"Science and Children"*, 28(4):30-32, Jan 1991.

[Ben01]　Patricia Benner : *"From Novice to Expert: Excellence and Power in Clinical Nursing Practice"*. Prentice Hall, Englewood Cliffs, NJ, commemorative edition, 2001.
（邦訳は『ベナー看護論――初心者から達人へ』井部俊子 訳、医学書院）

[Ber96]　Albert J. Bernstein : *"Dinosaur Brains: Dealing with All Those Impossible People at Work"*. Ballantine Books, New York, 1996.
（邦訳は『ディノザウルス脳考現学――エクセレントビジネスマンへの手ほどき』今泉佐枝子 訳、オーム社）

[Ber06]　Ivan Berger : The virtues of a second screen. *"New York Times"*, April 20 2006.

[Bre97]　Bill Breen : The 6 myths of creativity. *"Fast Company"*, Dec 19 1997.

[Bro86]　Frederick Brooks : No silver bullet――essence and accident in software engineering. *"Proceedings of the IFIP Tenth World Computing Conference"*, 1986.
（邦訳は『人月の神話――狼人間を撃つ銀の弾はない』、「銀の弾などない――ソフトウェアエンジニアリングの本質と偶有的事項」滝沢徹＋富沢昇＋牧野祐子 訳、アジソンウェスレイパブリッシャーズジャパン）

[BS85]　Benjamin Samuel Bloom, Lauren A. Sosniak : *"Developing Talent in Young People"*. Ballantine Books, New York, 1st edition, 1985.

[BW90]　H. Black, A. Wolf : Knowledge and competence: Current issues in education and training. *"Careers and Occupational Information Centre"*, 1990.

[Cam02]　Julia Cameron : *"The Artist's Way"*. Tarcher, New York, 2002.
（邦訳は『ずっとやりたかったことを、やりなさい。』菅靖彦 訳、サンマーク出版）

[CAS06]　Mark M. Churchland, Afsheen Afshar, Krishna V. Shenoy : A central source of movement variability. *"Neuron"*, 52:1085-1096, Dec 2006.

[Cia01]　Robert B. Cialdini : *"Influence: Science and Practice"*. Allyn and Bacon, Boston, MA, 4th ed edition, 2001.
（邦訳は『影響力の武器――なぜ、人は動かされるのか』社会行動研究会 訳、誠信書房）

[Cla00]　Guy Claxton : *"Hare Brain, Tortoise Mind: How Intelligence Increases When You Think Less"*. Harper Perennial, New York, 2000.

[Cla04]　Mike Clark : *"Pragmatic Project Automation. How to Build, Deploy, and Monitor Java Applications"*. The Pragmatic Programmers, LLC, Raleigh, NC, and Dallas, TX, 2004.
（邦訳は『達人プログラマー――ソフトウェア開発に不可欠な基礎知識』長瀬嘉秀 監訳、テクノロジックアート 訳、アスキー）

[Con01]　Hans Conkel：*"How to Open Locks with Improvised Tools"*. Level Four, Reno, NV, 2001.

[Csi91]　Mihaly Csikszentmihalyi：*"Flow: The Psychology of Optimal Experience"*. Harper Perennial, New York, NY, 1991.
（邦訳は『フロー体験——喜びの現象学』今村浩明 訳、世界思想社）

[Dan94]　M. Danesi：The neuroscientific perspective in second language acquisition research. *"International Review of Applied Linguistics"*, (22):201-228, 1994.

[DB72]　Edward De Bono：*"PO: a Device for Successful Thinking"*. Simon and Schuster, New York, 1972.
（邦訳は『デボノ博士のポー——第三の思考世界』下条邦弘 訳、実業之日本社）

[DB73]　J. M. Darley, C. D. Batson：From jerusalem to jericho: A study of situational and dispositional variables in helping behavior. *"Journal of Personality and Social Psychology"*, (27):100-108, 1973.

[DD79]　Hubert Dreyfus, Stuart Dreyfus：The scope, limits, and training implications of three models of aircraft pilot emergency response behavior. *"Unpublished"*, 1979.

[DD86]　Hubert Dreyfus, Stuart Dreyfus：*"Mind Over Machine: The Power of Human Intuition and Expertise in the Era of the Computer"*. Free Press, New York, 1986.
（邦訳は『純粋人工知能批判——コンピュータは思考を獲得できるか』椋田直子 訳、アスキー）

[Den93]　Daniel C. Dennett：*"Consciousness Explained"*. Penguin Books Ltd, New York, NY, 1993.
（邦訳は『解明される意識』山口泰司 訳、青土社）

[Doi07]　Norman Doidge：*"The Brain That Changes Itself: Stories of Personal Triumph from the Frontiers of Brain Science"*, Viking, New York, 2007.
（邦訳は『脳は奇跡を起こす』竹迫仁子 訳、講談社インターナショナル）

[Dru54]　Peter F. Drucker：*"The Practice of Management"*. Perennial Library, New York, 1st perennial library ed edition, 1954.
（邦訳は『新訳 現代の経営〈上・下〉（ドラッカー選書）』上田惇生 訳、ダイヤモンド社）

[DSZ07]　Rosemary D'Alesio, Maureen T. Scalia, Renee Zabel：Improving vocabulary acquisition with multisensory instruction. Master's thesis, Saint Xavier University, Chicago, 2007.

[Dwe08]　Carol S. Dweck：*"Mindset: The New Psychology of Success"*. Ballantine Books, New York, 2008 ballantine books trade pbk. ed edition, 2008.

(邦訳は『「やればできる！」の研究——能力を開花させるマインドセットの力』今西康子 訳、草思社)

[Edw01]　Betty Edwards："*The New Drawing on the Right Side of the Brain*". HarperCollins, New York, 2001.
(邦訳は『脳の右側で描け』北村孝一 訳、エルテ出版)

[FCF07]　Fitzsimons, Chartrand, Fitzsimons：Automatic effects of brand exposure on motivated behavior: How apple makes you "think different". http://faculty.fuqua.duke.edu/%7Egavan/GJF_articles/brand_exposure_JCR_inpress.pdf, 2007.

[Fow05]　Chad Fowler："*My Job Went To India: 52 Ways to Save Your Job*". The Pragmatic Programmers, LLC, Raleigh, NC, and Dallas, TX, 2005.
(邦訳は『My job went to India——オフショア時代のソフトウェア開発者サバイバルガイド』でびあんぐる 監訳、オーム社)

[Gal97]　W. Timothy Gallwey："*The Inner Game of Tennis*". Random House, New York, rev. ed edition, 1997.
(邦訳は『新インナーゲーム——心で勝つ！——集中の科学』後藤新弥 訳、日刊スポーツ出版社)

[Gar93]　Howard Gardner："*Frames of Mind: The Theory of Multiple Intelligences*". BasicBooks, New York, NY, 10th anniversary ed edition, 1993.

[GG86]　Barry Green, W. Timothy Gallwey："*The Inner Game of Music*". Anchor Press/Doubleday, Garden City, NY, 1st edition, 1986.
(邦訳は『演奏家のための「こころのレッスン」——あなたの音楽力を100%引き出す方法』辻秀一 監訳、丹野由美子＋池田並子 訳、音楽之友社)

[GHJV95]　Erich Gamma, Richard Helm, Ralph Johnson, John Vlissides："*Design Patterns: Elements of Reusable Object-Oriented Software*". Addison-Wesley, Reading, MA, 1995.
(邦訳は『オブジェクト指向における再利用のためのデザインパターン』本位田真一＋吉田和樹 監修、ソフトバンクパブリッシング)

[GP81]　William J. J. Gordon, Tony Poze：Conscious/subconscious interaction in a creative act. "*The Journal of Creative Behavior*", 15(1), 1981.

[Gra04]　Paul Graham："*Hackers and Painters: Big Ideas from the Computer Age*". O'Reilly & Associates, Inc, Sebastopol, CA, 2004.
(邦訳は『ハッカーと画家——コンピュータ時代の創造者たち』川合史朗 監訳、オーム社)

[Haw04]　Jeff Hawkins："*On Intelligence*". Times Books, New York, 2004.
(邦訳は『考える脳 考えるコンピューター』伊藤文英 訳、ランダムハウス講談社)

[Hay81] John R. Hayes：*"The Complete Problem Solver"*. Franklin Institute Press, Philadelphia, Pa., 1981.

[HCR94] Elaine Hatfield, John T. Cacioppo, Richard L. Rapson：*"Emotional Contagion"*. Cambridge University Press, Cambridge, 1994.

[HS97] J. T. Hackos, D. M. Stevens：*"Standards for Online Communication"*. John Wiley and Sons, Inc., New York, 1997.

[HS07] Neil Howe, William Strauss：The next 20 years: How customer and workforce attitudes will evolve. *"Harvard Business Review"*, July 2007.

[HT00] Andrew Hunt, David Thomas：*"The Pragmatic Programmer: From Journeyman to Master"*. Addison-Wesley, Reading, MA, 2000.
（邦訳は『達人プログラマー——システム開発の職人から名匠への道』村上雅章 訳、ピアソン・エデュケーション）

[HT03] Andrew Hunt, David Thomas：*"Pragmatic Unit Testing In Java with JUnit"*. The Pragmatic Programmers, LLC, Raleigh, NC, and Dallas, TX, 2003.

[HT04] Andrew Hunt, David Thomas：Imaginate. *"Software Construction"*, 21(5):96-97, Sep-Oct 2004.

[HwMH06] Andrew Hunt, David Thomas, Matt Hargett：*"Pragmatic Unit Testing In C# with NUnit, 2nd Ed"*. The Pragmatic Programmers, LLC, Raleigh, NC, and Dallas, TX, 2006.

[Jon07] Rachel Jones：Learning to pay attention. *"Public Library of Science: Biology"*, 5(6):166, June 2007.

[KB84] David Keirsey, Marilyn M. Bates：*"Please Understand Me: Character and Temperament Types"*. Distributed by Prometheus Nemesis Book Co., Del Mar, CA, 5th ed edition, 1984.
（邦訳は『カーシー博士の人間×人間（にんげんかんけい）セルフヘルプ術——自分は自分・あなたはあなた人間関係がうまくいく』沢田京子＋叶谷文秀 訳、小学館プロダクション）

[KD99] Justin Kruger, David Dunning. "unskilled and unaware of it: How difficulties in recognizing one's own incompetence lead to inflated self-assessments". *"Journal of Personality and Social Psychology"*, 77(6):1121-1134, 1999.

[Ker99] Joshua Kerievsky：Knowledge hydrant: a pattern language for study groups. http://www.industriallogic.com/papers/khdraft.pdf, 1999.

[KK95] M. Kurosu, K. Kashimura：Apparent usability vs. inherent usability: Experimental analysis on the determinants of the apparent usability. *"Conference companion on Human factors in computing systems"*, pages 292-293, May 7-11 1995.

[Kle04]　Gary Klein："The Power of Intuition: How to Use Your Gut Feelings to Make Better Decisions at Work". Doubleday Business, 2004.

[Kno90]　Malcolm S Knowles："The Adult Learner: a Neglected Species". Building blocks of human potential. Gulf Pub. Co, Houston, 4th ed edition, 1990.

[Kou06]　John Kounios：The prepared mind: Neural activity prior to problem presentation predicts subsequent solution by sudden insight. "Psychological Science", 17(10):882-890, 2006.

[KR08]　Jeffrey D. Karpicke, Henry L. Roediger, III：The critical importance of retrieval for learning. "Science", 319(5865):966-968, Feb 2008.

[Lak87]　George Lakoff："Women, Fire, and Dangerous Things: What Categories Reveal About the Mind". University of Chicago Press, Chicago, 1987.
（邦訳は『認知意味論──言語から見た人間の心』池上嘉彦＋河上誓作ほか 訳、紀伊國屋書店）

[Lev97]　David A. Levy："Tools of Critical Thinking: Metathoughts for Psychology". Allyn and Bacon, Boston, 1997.

[Lev06]　Daniel J. Levitin："This Is Your Brain on Music: The Science of a Human Obsession". Dutton, New York, NY, 2006.

[Lew88]　Pawel Lewicki：Acquisition of procedural knowledge about a pattern of stimuli that cannot be articulated. "Cognitive Psychology", 20(1):24-37, Jan 1988.

[Loh07]　Steve Lohr：Slow down, brave multitasker, and don't read this in traffic. "The New York Times", Mar 25 2007.

[Lut06]　Tom Lutz："Doing Nothing: A History of Loafers, Loungers, Slackers, and Bums in America". Farrar, Straus and Giroux, New York, 1st edition, 2006.
（邦訳は『働かない──「怠けもの」と呼ばれた人たち』小澤英実＋篠儀直子 訳、青土社）

[Mac00]　Michael Macrone："Brush Up Your Shakespeare! Harper-Resource", New York, 1st harperresource ed edition, 2000.
（邦訳は『シェイクスピアの名せりふ──英米人の教養』村上淑郎＋小田島雄志 訳、ジャパン タイムズ）

[Mas06]　Mike Mason："Pragmatic Version Control Using Subversion". The Pragmatic Programmers, LLC, Raleigh, NC, and Dallas, TX, second edition, 2006.
（邦訳は『Subversion 実践入門──達人プログラマに学ぶバージョン管理 第2版』でびあんぐる 監訳、オーム社）

[MR05]　Mary Lynn Manns, Linda Rising："Fearless Change: Patterns for Introducing New Ideas". Addison-Wesley, Boston, 2005.

[Mye98] Isabel Briggs Myers：*"MBTI Manual: A Guide to the Development and Use of the Myers-Briggs Type Indicator"*．Consulting Psychologists Press，Palo Alto, Calif.，3rd ed edition，1998．
（邦訳は『MBTIタイプ入門——Myers-Briggs Type Indicator（MBTI）受検結果理解のためのガイド』園田由紀 訳、金子書房）

[Neg94] Nicholas Negroponte：Don't dissect the frog, build it．"Wired"，2.07，July 1994．

[Nor04] Donald A Norman：*"Emotional Design: Why We Love (or Hate) Everyday Things"*，Basic Books，New York，2004．
（邦訳は『エモーショナル・デザイン——微笑を誘うモノたちのために』岡本明＋安村通晃＋伊賀聡一郎＋上野晶子 訳、新曜社）

[Nyg07] Michael T. Nygard：*"Release It!: Design and Deploy Production-Ready Software"*．The Pragmatic Programmers, LLC，Raleigh, NC，and Dallas, TX，2007．
（邦訳は『Release It!——本番用ソフトウェア製品の設計とデプロイのために』でびあんぐる 監訳、オーム社）

[Pap93] Seymour Papert：*"Mindstorms: Children, Computers, and Powerful Ideas"*．Basic Books，New York，2nd ed. edition，1993．
（邦訳は『マインドストーム——子供、コンピューター、そして強力なアイデア（新装版）』奥村貴世子 訳、未來社）

[PC85] George Pólya，John Horton Conway：*"How to Solve It: A New Aspect of Mathematical Method"*．Princeton University Press，Princeton，expanded princeton science library ed edition，1985．
（邦訳は『いかにして問題をとくか』柿内賢信 訳、丸善）

[Pie81] Paul Pietsch：*"Shufflebrain: The Quest for the Hologramic Mind"*．Houghton Mifflin，Boston，1981．

[Pin05] Daniel H. Pink：*"A Whole New Mind: Moving from the Information Age to the Conceptual Age"*．Penguin Group，New York，2005．
（邦訳は『ハイ・コンセプト——「新しいこと」を考え出す人の時代』大前研一 訳、三笠書房）

[Pol58] M. Polanyi：*"Personal Knowledge"*．Routledge and Kegan Paul，London，1958．
（邦訳は『個人的知識——脱批判哲学をめざして』長尾史郎 訳、ハーベスト社）

[Pre02] Steven Pressfield：*"The War of Art: Break Through the Blocks and Win Your Inner Creative Battles"*．Warner Books，New York，warner books ed edition，2002．
（邦訳は『やりとげる力』宇佐和通 訳、筑摩書房）

[Raw76]	G. E. Rawlinson：*"The Significance of Letter Position in Word Recognition"*. PhD thesis, University of Nottingham, Nottingham UK, 1976.
[Raw99]	G. E. Rawlinson：Reibadailty. *"New Scientist"*, (162):55, 1999.
[RB06]	C. Rosaen, R. Benn：The experience of transcendental meditation in middle school students: A qualitative report. *"Explore"*, 2(5):422-5, Sep-Oct 2006.
[RD05]	Johanna Rothman, Esther Derby：*"Behind Closed Doors: Secrets of Great Management"*. The Pragmatic Programmers, LLC, Raleigh, NC, and Dallas, TX, 2005.
[Rey08]	Garr Reynolds：*"Presentation Zen: Simple Ideas on Presentation Design and Delivery"*. New Riders, Berkeley, CA, 2008.
[RG05]	Jared Richardson, Will Gwaltney：*"Ship It! A Practical Guide to Successful Software Projects"*. The Pragmatic Programmers, LLC, Raleigh, NC, and Dallas, TX, 2005. （邦訳は『Ship It!――ソフトウェアプロジェクト成功のための達人式ガイドブック』でびあんぐる 監訳、オーム社）
[RH76]	Albert Rothenberg, Carl R. Hausman：*"The Creativity Question"*. Duke University Press, Durham, N.C., 1976.
[Rob70]	Francis Pleasent Robinson：*"Effective Study"*. Harpercollins College, New York, NY, fourth edition, 1970.
[RW98]	Linda S. Rising, Jack E. Watson：Improving quality and productivity in training: A new model for the hightech learning environment. *"Bell Labs Technical Journal"*, Jan 1998.
[Sac68]	Sackman：Exploratory experimental studies comparing online and offline. *"Communications of the ACM"*, pages 3-11, Jan 1968.
[SB72]	G. Spencer-Brown：*"Laws of Form"*. Julian Press, New York, 1972. （邦訳は『形式の法則』大澤真幸＋宮台真司 訳、朝日出版社）
[Sch95]	Daniel L. Schwartz：The emergence of abstract representations in dyad problem solving. *"Journal of the Learning Sciences"*, (4):321-354, 1995.
[Sen90]	Peter Senge：*"The Fifth Discipline: The Art and Practice of the Learning Organization"*. Currency/Doubleday, New York, 1990. （邦訳は『最強組織の法則――新時代のチームワークとは何か』守部信之 訳、徳間書店）
[SES90]	Jonathan Schooler, Tonya Engstler-Schooler：Verbal overshadowing of visual memories; some things are better left unsaid. *"Cognitive Psychology"*, 22, 1990.
[Sev04]	Richard Seven：Life interrupted. *"Seattle Times"*, Nov 28 2004.
[SH91]	William Strauss, Neil Howe：*"Generations: The History of America's

	Future, 1584 to 2069". Morrow, New York, 1st edition, 1991.
[SH06]	Venkat Subramaniam, Andy Hunt : "*Practices of an Agile Developer: Working in the Real World*". The Pragmatic Programmers, LLC, Raleigh, NC, and Dallas, TX, 2006. (邦訳は『アジャイルプラクティス――達人プログラマに学ぶ現場開発者の習慣』角谷信太郎＋木下史彦 監訳、オーム社)
[Smi04]	David Livingston Smith : "*Why We Lie: The Evolutionary Roots of Deception and the Unconscious Mind*". St. Martin's Press, New York, 1st edition, 2004. (邦訳は『うそつきの進化論――無意識にだまそうとする心』三宅真砂子 訳、日本放送出版協会)
[SMLR90]	C. Stasz, D. McArthur, M. Lewis, K. Ramsey : Teaching and learning generic skills for the workplace. "*RAND and the National Center for Research in Vocational Education*", November 1990.
[SO04]	H. Singh, M. W. O'Boyle : Interhemispheric interaction during global/local processing in mathematically gifted adolescents, average ability youth and college students. "*Neuropsychology*", 18(2), 2004.
[SQU84]	Edwin A. Abbott (A. SQUARE) : "*Flatland: A Romance of Many Dimensions*". Dover 2007 Reprint, New York, 1884. (邦訳は『フラットランド』冨永星 訳、日経BP社)
[Swi08]	Travis Swicegood : "*Pragmatic Version Control Using Git*". The Pragmatic Programmers, LLC, Raleigh, NC, and Dallas, TX, 2008.
[TABM03]	J. Gregory Trafton, Erik M. Altmann, Derek P. Brock, Farilee E. Mintz : Preparing to resume an interrupted task: Effects of prospective goal encoding and retrospective rehearsal. "*International Journal Human-Computer Studies*", (58), 2003.
[Tal07]	Nassim Nicholas Taleb : "*The Black Swan: The Impact of the Highly Improbable*". Random House, New York, 2007.
[TH03]	David Thomas, Andrew Hunt : "*Pragmatic Version Control Using CVS*". The Pragmatic Programmers, LLC, Raleigh, NC, and Dallas, TX, 2003.
[Tra97]	N. Tractinsky : Aesthetics and apparent usability: Empirically assessing cultural and methodological issues. "*CHI 97 Electronic Publications: Papers*", 1997.
[VF77]	Dyckman W. Vermilye, William Ferris : "*Relating Work and Education*", volume 1977 of "*The Jossey-Bass series in higher education*". Jossey-Bass Publishers, San Francisco, 1st edition, 1977.
[vO98]	Roger von Oech : "*A Whack on the Side of the Head*", Warner Business Books, New York, 1998.

	（邦訳は『頭脳を鍛える練習帳——もっと"柔軟な頭"をつくる！』川島隆太 訳、三笠書房）
[Wei85]	Gerald M. Weinberg：*"The Secrets of Consulting"*．Dorset House，New York，1985． （邦訳は『コンサルタントの秘密——技術アドバイスの人間学』木村泉 訳、共立出版）
[Wei86]	Gerald M. Weinberg：*"Becoming a Technical Leader: An Organic Problem-Solving Approach"*．Dorset House，New York，1986． （邦訳は『スーパーエンジニアへの道——技術リーダーシップの人間学』木村泉 訳、共立出版）
[Wei06]	Gerald M. Weinberg：*"Weinberg on Writing: The Fieldstone Method"*．Dorset House，New York，2006． （邦訳は『ワインバーグの文章読本——自然石構築法』伊豆原弓 訳、翔泳社）
[Whi58]	T. H. White：*"The Once and Future King"*．Putnam，New York，1958． （邦訳は『永遠の王——アーサーの書』森下弓子 訳、東京創元社）
[WN99]	Charles Weir，James Noble：Process patterns for personal practice: How to succeed in development without really trying．http://www.charlesweir.com/papers/ProcessPatterns.pdf，1999．
[WP96]	Win Wenger，Richard Poe：*"The Einstein Factor: A Proven New Method for Increasing Your Intelligence"*．Prima Pub.，Rocklin, CA，1996． （邦訳は『頭脳の果て：アインシュタイン・ファクター——驚異の加速学習法25年の集大成（復刊）』田中孝顕 訳、きこ書房）
[ZRF99]	Ron Zemke，Claire Raines，Bob Filipczak：*"Generations at Work: Managing the Clash of Veterans, Boomers, Xers, and Nexters in Your Workplace"*．AMACOM，New York，1999．

訳者あとがき

　8年ほど前のことになります。義母が脳腫瘍のために手術を受けました。腫瘍の手術自体はうまくいったらしいのですが、老齢の義母には麻酔などの負担が大きすぎたのか、それともアタマをいじったせいなのか、ひとりでは何もできなくなってしまいました。

　手術した病院から退院を迫られて転院先を探したものの、望むような病院が見つからず、義母を自宅に引き取ることにした我々家族は、何時間かおきに義母のオムツを替え、「いただきます」も言わずにエプロンに食べ物をボロボロこぼしながら食事をする母と生活をともにすることになりました。

　ある日、介護を家内（武舎るみ）と息子に託し、信州の実家に帰っていた私は、いつもとは違う局の朝のニュースをなんとはなしに見ていました。介護保険制度が始まったばかりで、我々家族のみならず、世の多くの人の関心事で、この日も介護の話題が取り上げられていました。

　そのニュースによれば、面白いことに、計算問題や漢字書き取りの練習をすると、失禁や身の回りの整理整頓など、多くの被介護者が持つ問題が改善するというではありませんか。ある介護施設で実験したところ、病状や問題に顕著な改善が見られたのだそうです。

　話はその時からさらに2年ほどさかのぼります。私は『プログラミングは難しくない！』というプログラミングの入門書を書いたのですが、そのときの例題として、小学校1年生用の計算問題を生成するプログラムを作りました。20問程度の足し算や引き算を自動的に生成して、ユーザーが解答を記入すると採点をしてくれるというものです。ボタンを押すたびに、乱数を使って違う問題が生成されます。誰でもピンと来るものになりそうだと考えて、その本の例題に採用したのです。

　ものは試し。すでに計算問題を自動的に作ってくれるプログラム（ウェブペー

ジ）があるので、ただ印刷するだけ。まずは、5、6枚、義母にやってみてもらいました。驚くなかれ、始めてから数日で、義母はオムツが不要になってしまったのです。プログラマーの卵向けに作ったはずの計算問題が思わぬところで役に立ちました。

　義母もリハビリを始めて、少しずついろいろな機能が回復してきていたことは間違いありません。しかし偶然というにはあまりにも偶然。回復の度合いも早すぎます。その後も義母は、娘が届ける計算練習をほぼ毎日続けています。当時は自分よりもずっと元気だった義父の冥土への旅立ちを見送り、80歳を過ぎても元気で暮らしています。義父がいなくなってしまってひとり暮らしは不安だからと、我々の家から歩いて数分の、自分で選んだ老人施設に住まいを移しはしましたが。

＊　＊　＊　＊　＊　＊　＊　＊

　脳というのは自分の体の一部であるにもかかわらず、まったく不思議な存在です。著者のアンドリュー（アンディー）・ハント氏は『達人プログラマー』をはじめとする数多くの著書で、ソフトウェア開発者の間では大変有名な方ですが、この本ではプログラミングそのものから少し離れて、脳をどう使えばよいのか、どう鍛えればよいのか、氏の思うところを紹介してくれています。

　紹介の基準は、あくまでもプラグマティックであるかどうか、実際に役に立つかどうかです。科学的に証明されていないものや、従来の考え方から見るとかなりアヤシイものも含まれています。

　しかし、義母の場合の計算問題のように、実生活で役に立つことは試す価値があると思いませんか。科学的な証明が今できないからといって、躊躇する必然性はありません。現に、いま書店の棚を見ると、高齢者向けの計算練習や漢字書き取り、音読用の文学作品などを題材にした本がたくさん並んでいます。その後の研究で、こういった作業が脳によい、特に認知症予防になるという認識が確立しつつあるようです。

　この「あとがき」まで到達した皆さんは、すでにハント氏の提案のいくつかを試された方も多いと思いますが†、興味を持ったものだけでなく、アヤしそうなものや、興味を引かなかったものも是非試してみてください。皆さんにとっての「計算問題」が見つかるかもしれません。

　もちろん、ハント氏も書いているように、どんなアドバイスであろうと盲従すべ

---

† 我々翻訳者は、訳書の「訳者あとがき」を最初に読むという習性を持っていますが、そういう方は少数でしょう。

きではありません。「内なる自分から聞こえてくる、ちっぽけで弱々しい存在の声に耳を傾け」ご自分の「直感」で判断をなさってください。きっと皆さんのウェットウェアのリファクタリングのお役に立てることと思います。

　最後になりますが、翻訳版の原稿を査読していただきました永和システムマネジメントの懸田剛氏、角谷信太郎氏、OGIS International, Inc.の山野裕司氏、また、この本の翻訳の機会を与えてくださったオライリー・ジャパンの宮川直樹氏、そして我々からの質問にていねいに答えてくださった著者のアンディー・ハント氏にも深く感謝いたします。

2009年3月

訳者代表　武舎広幸

索引

記号・A
.NET ·· 139, 150
Achievable ································ 144, 145
Acrobat Reader ······························· 238
ADHD ·· 109
agile methods ·································· xiv

B
BDUF ·· 108
best practice ····································· 14
bogeyman ······································ 105

C
C言語 ·· 183
C++ ······································· 183, 201
cell ·· 79
CMMプロセスモデル ··························· 27
CNN ··· 233
cortex ··· 45
CP/M ·· 226
CPU ·· 36
CRCカード ······································· 64
Crystal ··· xiv

D
d-モード ··· 48
D言語 ··· 162
debug ··· 105
deliberate ······································· 48
DeskTopple ··································· 227
Dictionary ······································ 180
Digg ······································· 229, 233

doing nothing ·································· 212
DRAM ·· 39
DSP ··· 37

E
E・L・ドクトロウ ······························· 145
Eclipse ··· 29
Education ······································ 140
Erlang ····························· 143, 150, 162, 183
ESFP ··· 128
exocortex ······································ 217

F
fMRI ·· 191
fun ··· 180
FXRuby ·· 151

G
GI世代 ·· 119
Git ··· 186
goal ··· 144
GTD ·· 228

H・I
Haskell ···································· 150, 183
IntelliJ ·· 29
INTJ ·· 128
iPhone ······································· 42, 150
iPhone SDK ··································· 139
iPod ··· 42, 54
iPod Touch ···································· 220
IQテスト ······································· 155

J・K

Java ································ 139, 150, 183
K・アンダーズ・エリクソン ················ 20

L

L モード ········· 37, 45, 46, 58, 63, 68, 70, 194
～の特徴 ································· 46
labyrinth ·································· 90
Linear mode ······························· 37
Logo ···································· 178

M

make a game of ························· 181
Mark II エイケン型リレー式計算機 ········ 105
maze ····································· 90
MBA ···································· xviii
MBTI ······························· 126, 157
MDA ····································· 27
Measurable ····························· 144
memory ·································· 79
Mercurial ······························· 186
metaphor ····························· 65, 77
MI 理論 ································· 155
MIT ···································· 178
MS-DOS ································ 226

N

NLP メタモデル ·························· 135
not doing anything ····················· 212
NovaMind ······························ 167
NPR ···································· 226

O

Oak ···································· 150
objective ······························· 144
OmniGraffle ···························· 238

P

Palm OS ································· 42
PDA ······························· 42, 220
PIP ································ 149, 244
PKMzeta ································· 39
play ···································· 178
playful behavior ························ 180
Po ······································· 78

Pocket PC ································ 42
pragmatic ································ xiv

Q

Question ······························· 161
Quicksilver ····························· 227
QuickTime ····························· 239

R

R モード ········· 37, 45, 46, 51, 58, 63, 70, 82,
  101, 194, 195
～の検索エンジン ······················· 40
～の動作 ································· 41
～の特徴 ································· 49
～の利用 ································· 66
Rails ··································· 143
RAM ···································· 39
Read ··································· 161
RealPlayer ····························· 239
Recite ·································· 161
Relevant ··························· 144, 146
Research & Development ················ 22
Review ···························· 161, 169
Rich mode ······························· 37
Rip off and Duplicate ···················· 22
root ······································ 4
Ruby ···················· 139, 150, 162, 183, 201
RUP ································ 27, 28

S

Scrum ·································· xiv
SideKick ······························· 227
Slashdot ······························· 233
SMART ····························· 143, 244
Specific ······························· 144
SQ3R ···························· 160, 169, 244
SuperMemo ···························· 164
Survey ································· 161

T

T・H・ホワイト ·························· 97
TextMate ··························· 29, 238
Think! ·································· 226
Time-boxed ························ 144, 146
ToDo ·························· 42, 221, 237

U

UML	27
undermind	48

V・W

vi	29
wetware	xv
Wiki	42, 218, 244
wizard	3
WordNet	82

X・Y・Z

XP	xiv, 11, 75, 79
YouTube	54
Zaurus	218, 226

あ行

アーカイブ機能	164
アーサー・ケストラー	77
愛	56
アイゼンハワー	149
アイディア	xii, 37, 43, 44, 73, 84
アイドリング	207
アイドルループ	36
アイフォン	42
アイポッド	42
アウターゲーム	188
アウトソーシング	26
アウトライン構造	165
足場	201
アジャイル	xiii, xiv, 10, 13, 23, 114, 172
遊び	97, 178
頭	
〜の回転の速さ	81
〜の体操	100
〜のよい人と悪い人	180
誤り	184
あり得ないパターン	98
アリスター・コーバーン	194
アルバート・アインシュタイン	1, 217
アルバート・バーンスタイン	130
アレスティ	173
案	158
アン・ラモット	74
アンカリング	107

安全	185
アンダーマインド	48
暗喩	77
アンリ・ポアンカレ	91, 137
移行	183
意識	214
意識的	143, 161
意志決定	106
意思疎通能力	xiii
一様性	113
一流	25
一般化	118
イテレーション	114
イテレータ	162
委任	228
イベント型理論	2, 118
イメージ	38
イメージストリーミング	85
色	167
因果	111
インスタントメッセージ	223, 234
インストラクター	190, 196
インスピレーション	96, 97
インタフェース	126, 227
インデックスカード	42, 64
インナーゲーム	188
ウィキ	42
ウィザード	3
ヴィパッサナー瞑想	209
ウィリアム・シェイクスピア	100
ウィリアム・ストロース	122
ウェットウェア	xi, xv, 39
ウォード・カニンガム	64
受け身	151
疑い	108
美しい	56
右脳	46, 65
運動的知能	156
絵	66
営業	25
エクストリームプログラミング	xiv, 11, 29, 75
エクソコーテクス	216, 228
エディタ	238
エドウィン・A・アボット	68

エドワード・デ・ボノ　78, 200
エリアス・ハウ　83
エリー・ハント　xxiii
エリザベス・グールド　57
応用　185
オーバーライド　79
教える　174
オタク　xi
オブジェクト　31
オブジェクト指向設計　64
面白さ　179
オラクル　98
音楽　239
音楽的知能　156
音響技師　96
音声メモ　42

か行

ガイ・クラクストン　48
海外委託　26
回帰　187
外向　126
階層文字　58
概念　xii
概念モデル　10
灰白質　45
開発工程中　186
外皮質　44
科学技術　140
画一化　29
格言　11
学習　xiii, 113, 140
学習型　153
学習機械　180
学習効率　189
学習能力　139
確証バイアス　108
覚醒状態　209
確率　115
過呼吸　231
画像　163
仮想デスクトップ　237, 244
価値　150
紙人形作り　214
亀　178

からかう　181
カリキュラム　179
カリフォルニア工科大学　66
カルテジアン劇場　214
カレンダー　237
考えている時間　212
感覚　63, 126
感覚同調　220
観察　108
観察者効果　xvii
干渉　189
感情　38, 127, 131
関数型プログラミング言語　183
眼閃　86
完璧主義　74
管理職　xi
記憶　38, 39, 79, 115, 164
記憶エンジン　39
記憶保持力　65
記憶力　13
幾何学　178
期限　144, 146, 193
危険信号　23
擬似体験　201
気質　128
技術　123
帰属誤り　107
既存知識　181
気天　94
気づき　190
機能　54
技能習得　17
機能推移　100
機能的核磁気共鳴画像法　191
技能分布　17
技能レベル　2
揮発性　39
キム・ウィンプセット　xxiv
客観性　31
キャッシュ機能　164
キャメルケース　218
キャロル・ドゥエック　60
休憩　233
教育　140
教育係　19

教会	26
共感	56
共感覚的	162
共同作業	170
虚偽記憶	108
挙動	136
議論	163
筋肉の記憶	45
金融	151
空間的知能	156
区切られた呼吸	210
具体的	144
〜な計画	149
クラーク・テリー	24
クリス・モリス	200
クリスタル	xiv
くりぬき器	38
クルーガー	15
クロスリンク	224
訓練	60
訓練法	94
計画	148, 149, 237, 242
経験	6, 24, 28, 38
形式化できない特徴	28
形式的手法	29
形式的モデル	27
形式モデル	27
計数的	48
携帯情報端末	42
ケイパーズ・ジョーンズ	xii
ゲオルギ・ロザノフ	72
けっして	112
ゲッターメソッド	11
決断	208
決定木	7
結末欲求	108
結論	113
原型	123
言語処理	36
言語的	47, 66
言語的知能	156
言語的要素	37
検索	37
検索エンジン	40
現実	28

現代社会	139
ケント・ベック	64, 79
現場	14, 25
後遺症	195
構成主義	178
酵素	39
行動的学習者	157
行動パターン	56
行動ルール	230
降霊会	72
コーダー	25
コーディング	238
コードプログレッション	191
ゴールを決めない	167
五感	197
呼吸	209
呼吸法	94
心	2
個人的気質	107
コスト	233
滑稽表現	xv
言葉	84
子取り鬼	105
コピー・ペースト・コーディング	18
コミュニケーション	xiii, 237
コメント	244
混合型	162
コンサルタント	25, 30
〜の三択の法則	215
コンストラクト型理論	2, 118, 126
コンテキスト	xv, 7, 12, 29-31, 117, 126, 206, 222, 233
大きな〜	235
コンテキストスイッチャ	236
コンテキストスイッチング	223
混乱状態	179

さ行

サー・ジョージ・ジェッセル	35
サーフィン	239
再帰的アルゴリズム	178
先延ばし	214
索引	40, 82
雑誌	111
サッチモ	24

左脳	46	システム思考	xvi, 17, 31
座標軸	77	システムメタファー	79
サブクラス	79	自然石構築法	90
サブ問題	91	シソーラス	82
サラ・リン・イーストラー	xxiii	シチュエーション・フィードバック	189
猿まね	131	実験的環境	185
三角法	178	実行計画	147
三部理論	155	実習	168
ジークムント・フロイト	85	実生活	179
シープディップ・トレーニング	140	実践外環境	185
シーモア・パパート	178	失敗	184, 188, 244
シェイクスピア	100	〜の許容	195
ジェイムズ・ジョイス	184	執筆	238
ジェームズ・ノーブル	106	質問	161, 162
ジェネレーションX	120	実用主義	124
ジェネレーションギャップ	123	実用性	73
ジェフリー・コルヴィン	25	自動操縦装置	246
ジェラルド・ワインバーグ	90, 193, 194	シナプス	39
ジェリー・レヴィ	46, 66	自分の理解	135
ジェレド・リチャードソン	169	ジャズ	24
ジェレミー・シディック	xxiii	シャルル=マリー・ウィドール	4
支援環境	187	ジャレッド・リチャードソン	xxiii
自覚	246, 247	ジャン・ピアジェ	178
視覚型学習者	152	守・破・離	24
視覚的	66	習慣	242
時間	149, 150	周期可変報酬反応	232
時間的	47	自由形式日記	87
時間的制約	195	集中力	94, 206
指揮管理系統	119	習得	32
色彩恒常	198	自由に試行	185
思考	127, 131	周辺視野	40
思考過程	51	ジューン・キム	xxiii, 20, 58, 76, 85,
思考態度表	119		90, 91, 94, 192, 195, 201
思考能力	xi, xiii	縮小誤り	109
自己組織化	217	熟練者	6, 10, 28
自己テスト	135	主題文	165
仕事	212	遵法闘争	16
自己認識	240	ジョアンナ・ロスマン	xxiii, 67, 147
自己評価	15, 18	上級管理者	25
自己奉仕バイアス	108	上級管理職	xviii
自己補正	11	上級者	10
思索	244	状況	7, 12, 31
自主性	28	状況判断	106
辞書	180, 238	常識	73
システム	64	象徴的	47

情熱	159	鈴木俊隆	245
商品化	54	スターターキット	186
情報	205	スタインベック	30
情報処理	106	スタック退避	223
ジョージ・スペンサー・ブラウン	92	スタック保存	234
ジョージ・ポリア	182	スタティックRAM	39
ジョージ・レイコフ	77	スタンフォード大学	60
ショーン・ハートストック	xxiii, 39	スチュアート・ドレイファス	5
所見	136	スティーブ・トンプソン	xxiii, 77, 213
初心	245	スティーブ・ピーター	xxiv
初心者	1, 3, 6, 28, 32	スティーブン・ライト	81
〜の教育係	19	ステレオタイプ	56
ジョニー・カーソン	119	頭脳	39
処理モード	45	スローガン化	29
序列	119	性格	125, 157
序列構造	124	正規表現	37
ジョン・アンソニー・チャルディ	205	成功	184, 199, 201
ジョン・スタインベック	30	成人学習	159
ジョン・スチュアート・ミル	140	精神操作	39
ジョン・フィルポット・カラン	247	正多面体	110
ジョン・ミューア	xvi	性能	55, 56
ジョン・ミルトン	132	世界一流	25
人格	107	責任	22, 243
シングルインヘリタンス	162	責任者	41
シングルタスク	227	世代	116, 123
神経	60	世代原型	122
神経科学	xi	積極的	151
神経系統	131	セッターメソッド	11
神経細胞	39, 48	説明	28
神経配線	132	禅	98
箴言集	98	遷移	183
人件費	26	前意識的領域	5
人工知能	1	線形	36
人工知能研究所	178	線形的	48
信条	131	先生	19
身体感覚型学習者	152	全体像	9, 10
神託	98	選択	56
進展	186	善と悪	131
シンボル	68	千年紀世代	121
シンボル化	109	専門技能	20, 24, 25
心理学	xi	専門知識	5
スクラブル	98	洗羊槽	140
スクラム	xiv	相関	111
スクリーンキャスト	173	造語	100
スケジュール管理	237	草稿	74

創造性 ...... xiii, 30, 37, 58, 73, 76, 96, 195, 212
想像力 197
双連性 78
ソースコード 42, 93
属性値 11
測定可能 144
組織的改変 242
ソフトウェア xii
ソフトウェア開発 186
ソフトウェア製品 xiii
ソフトウェアパターン 12
ゾンビプロセス 77

た行

ターゲット 54, 115
タートル 178
ターミナルウィンドウ 238
ダイアグラムエディタ 238
帯域幅 207
太極拳 94
対人的知能 156
体制順応派 119
態度 131
ダイナミックなRAM 39
大脳皮質 45
タイムカプセル 111
多角的知能 155
多感覚 72, 163
多感覚的 64
ダグラス・アダムズ 116, 134
多元的草稿 213
多重継承 162
多重知能理論 155
達人 1, 3, 12, 19
　　～の特徴 19
　　～の判断力 32
　　～の技 14
達成可能 144, 145
多動性障害 109
ダニエル・デネット 213
ダニング 15
束 228
多面体 110
多様性 125, 150
ダライ・ラマ 145

戯れる 167
ダン・ピンク 48, 53
単一継承 162
探求 185
探検 185
単純化 28
単体テスト 187, 197
知覚の態度 127
知覚能力 38
知識 139, 206
　　～の活用 181
　　～の管理 216
　　～のポートフォリオ 148
　　～への投資 150
知的外部記憶装置 44
知的コスト 233
知的渋滞 97
知的処理能力 63
知的労働者 .... xi, xviii
知能 155
チャールズ・ウィアー 106
チャールズ・ダーウィン 15
チャット 237
チャド・ファウラー 200
注意喚起 234
注意欠陥 109
注意力 205, 206
　　～の不足 207
中央演算処理装置 36
中級者 9
抽象的 47
抽象的認識 75
中心視野 40
忠誠心 121
聴覚型学習者 152
長期記憶 37
調査 161, 162
調和 56
直線的 48
直感 12, 19, 37, 49, 126, 127, 134
　　～の視覚化 163
直感力 30
沈黙世代 119
ツール .... xii, 27
デイヴ・トーマス 96

ディエルク・ケーニヒ ……… xxiii, 75, 94, 172
定期的 ……………………………………… 151
ティク・ナット・ハン ………………… 187
低呼吸 ……………………………………… 231
ディシジョンツリー …………………………… 7
ティモシー・ガルウェイ ……………… 188
ディルバート …………………………… 119
手書き …………………………………… 167
適切 ……………………………… 144, 146
デザイン ………………………………… 54, 56
デザインパターン ………………………… 13
デジタルシグナルプロセッサ …………… 37
手順 ……………………………………… 162
テスト ……………………………………… 11
テスト駆動型学習 ……………………… 164
テストファースト手法 ………………… 192
手続き型言語 …………………………… 183
手詰まり状態 …………………………… 214
デバッグ ………………………… 105, 184
デビッド・アレン ……………………… 228
デビッド・ガリン ………………………… 73
デビッド・デラノ ………………………… 67
デビッド・トーマス …………… 11, 148, 186
デボラ・ゴードン ………………………… 27
デューク大学 ……………………………… 56
テレサ・アマビル ……………………… 195
電源 ………………………………………… 39
電話 ……………………………………… 223
道具 ……………………………………… xii, 27
統計的分析 ……………………………… 111
統合 ………………………………………… 52
洞察 ………………………………………… 41
同僚との勉強会 ………………………… 158
トーマス・エジソン ……………………… 88
トーマス・ジェファーソン …………… 217
トカゲの論理 …………………………… 130
ドキュメント …………………………… 172
読書 ……………………………… 161, 162
トッカータ ………………………………… 4
トニー・ブザン ………………………… 163
トピックエリア …………………………… 77
トピックセンテンス …………………… 165
トム・ルッツ …………………………… 212
ドライバー激怒症 ……………………… 129
努力 ……………………………………… 212

ドルコスト平均法 ……………………… 151
ドレイファスモデル … 1, 2, 5, 14, 31, 165, 180
　〜の効果的利用 ………………………… 21
トレードオフ …………………………… 136
ドン・グレイ ……………………… xxiii, 135

な行

内向 ……………………………………… 126
内省的知能 ……………………………… 156
何もしていない ………………………… 212
難問 ………………………………………… 91
ニール・ハウ …………………………… 122
ニクラス・ニルソン ………………… xxiii
ニコラス・ネグロポンテ ………………… 52
二次無能力 ………………………… 15, 18
日記 ………………………………………… 87
ニュースサイト ………………………… 223
入力 ………………………………………… 82
入力キュー ……………………………… 228
ニューロン ………………… 39, 48, 57, 59
人間
　〜の行動 ……………………………… 107
　〜の心 …………………………………… 2
　〜の思考 …………………………… xv, xix
　〜の認識 ……………………………… xix
　〜の脳 …………………… 39, 57, 60, 93, 108
認識 ……………………………………… 199
認識力 …………………………………… 193
認知科学 …………………………………… xi
認知思考 ………………………………… 131
認知的過負荷 …………………………… 224
認知的干渉 ……………………………… 66
認知転換 ………………………………… 69
認知能力 ………………………………… 66
認知バイアス …………………… 107, 116
認知モード ……………………………… 37
ネガティブ・ムービー ………………… 132
熱意 ……………………………………… 142
脳 ……… xi, 2, 35, 39, 43, 59, 64, 164, 177, 197
脳細胞 ……………………………………… 57
ノート …………………………… 42, 167
ノード …………………………………… 165

は行

バージョンコントロール ……………… 186
バート・ベイツ ……………………… xxiii, 165
ハードウェア的バグ ……………………… 129
パームオーエス ……………………………… 42
配線 ……………………………………………… 60
ハイゼンベルク ……………………………… xvii
バイソシエーション ……………………… 78
配置 …………………………………………… 166
ハイリスク …………………………………… 150
配慮不足 ……………………………………… 29
バカにする …………………………………… 181
バグ …………………………………………… xii, 192
バス ………………………………………… 36, 37
パスツール …………………………………… 172
外れ値 ………………………………………… 113
パターン ………………………………… 19, 93
パターン認識 ………………………………… 19
パターンマッチング …………… 37, 58, 75
ハッシュ ………………………………………… 40
パット・メセニー ………………………… 200
発明 ……………………………………… xiii, 185
パトリシア・ベナー ……………………… xxiii
パニック ……………………………………… 193
パブロ・ピカソ ……………………………… 49
ハワード・ガードナー ………………… 155
パンくずリスト …………………………… 235
反射的学習者 ……………………………… 157
判断的態度 ………………………………… 127
判断力 …………………… xix, 12, 13, 30, 32
反復 …………………………………………… 114
反復子 ………………………………………… 162
美 ………………………………………………… 56
ピアニスト ……………………………………… 45
美意識 …………………………………………… 53
ピーター・センゲ ………………………… xvi
ビート・ローズ …………………………… 119
ビートルズ ……………………………………… 20
ピカソ …………………………………………… 49
非言語的 ……………………………………… 49
非合理的 ……………………………………… 51
皮質 ……………………………………………… 60
ピッキング ……………………………………… 31
必要 ……………………………………………… 97
批判的思考法 ……………………………… xiii

暇な時間 …………………………………… 149
比喩 ………………………… 65, 76, 77, 79, 163
ヒューバート・ドレイファス ……………… 5
比喩的思考 …………………………………… 79
評価 ……………………………………………… 28
標語化 ………………………………………… 29
ピョトル・ヴォジニャク ……………… 164
フィードバック ……… 12, 64, 134, 143, 151, 186, 188
フィードバックギャップ ……………… 190
フォン・ノイマン型 CPU ………………… 36
不確実性 ……………………………… 108, 113
不確定性原理 ……………………………… xvii
複雑状況 ……………………………………… 28
副次的クラス ………………………………… 79
復唱 …………………………………… 161, 162
武術 ……………………………………………… 94
付箋 …………………………………………… 170
物理的コスト ……………………………… 233
負の足場 …………………………………… 201
ブライアン・イーノ ……………………… 98
ブラウザ …………………………………… 239
プラグマティック ………………………… xiv
プラグマティック投資計画 ……… 148, 244
ブラック・スワン ………………………… 112
フラッシュカード ………………………… 164
フラッシュメモリ ………………………… 39
プラトンの立体、甕 ……………………… 110
フランク・ザッパ ………………………… 105
フリーサイズ ………………………………… 32
ふりかえり …………………………………… 12
プルタルコス …………………………… 139, 142
振る舞い …………………………………… 131
ブレインストーミング …………… 170, 196
プレッシャー ……………………………… 193
ブレッドクラム …………………………… 235
フレデリック・ブルックス ……… xiii, 236
ブログ …………………………………… 42, 89
プログラマー ………………………… xi, 25, 191
プログラミング ……………………………… xi
プログラミング言語 …………………… 162
プロジェクト ……………………… 113, 230
プロジェクト管理 ……………………… 237
プロジェクト自動化 …………………… 186
プロテインキナーゼ M ゼータ …………… 39
分散効果 …………………………………… 164

分散認知	217
分析的	47, 66
分析的プロセス	73
分離脳	46, 66
分類整理	224
ペアプログラミング	75
ペーター・シュミット	98
ベストプラクティス	14
ベティ・エドワーズ	xxiii, 48, 66, 69, 198
ヘニー・ヤングマン	81
ベビーブーム世代	120
ベロイト思考態度表	119
ペン	41
変化	101, 241
勉強会	158
ベンジャミン・ディズレーリ	136
変動因子	111
ボイスメール	42
報酬	25
報賞	127
暴徒	131
ポー	78
ホーソン効果	108
ポール・オークス	xxiii, 147
ポール・グレアム	207
ポール・フォード	226
ポケット・モッド	42
ポケット Wiki	220
ポケットピーシー	42
ポッドキャスト	173
ボビー・G・ボーデンハマー	153
ボブ・バインダー	xii
ポメラ	226
ポルフュリオス	163
ホログラム	38
ホワイトボード	170
本	159

ま行

マーカー	170
マーク・トウェイン	177
マーサ・スチュワート	54
マービン・ミンスキー	178
マイケル・グレイヴス	54
マイケル・ナイガード	112
マイヤーズ・ブリッグス・タイプ指標	126
マイルス・デイヴィス	200
マインドストーム	178
マインドセットリスト	119
マインドマップ	163, 169, 170, 179, 218, 244
〜の改良	167
マインドマップ作成ソフトウェア	167
マスク可能割り込み	234
まとめ	161, 162, 169
丸暗記	140, 164
マルコム・ノウルズ	159
マルセル・プルースト	241
マルチタスク処理	223
マルチプルインヘリタンス	162
マルチモニタ	237
マンネリ化	101
マンネリ状態	96
ミキシング	96
未熟な結末	108
醜い	55
ミラーニューロン	200
魅力的	55, 56
無為無策	242
無限後退	9
無呼吸	231
メイズ	90
瞑想	94, 208, 209
瞑想法	xviii
命名誤り	109
迷路	90
メール	223, 237
〜の制限	230
メール無呼吸	231
メタ認知力	18
メタファー	65, 79
めったに	112
メモ	115, 163, 167, 169, 170
メモ用紙	41
メモリ	37
メロンボーラー	38
メンタルトレーニング	208
メンタルモデル	135, 177
モーツァルト	20
モーニングページ	87
目的	27, 143, 144, 147

目標 ……………………………… 115, 144, 147
モデリング ……………………………………… 27
モデル ……………………………………… 27, 28
モデル駆動型アーキテクチャ …………… 27
物まね ……………………………………… 200
モレスキン …………………………………… 44
問題 …………………………………………… 96
問題解決 …………………… xi, 10, 28, 37, 182
問題設定 …………………………………… 111

や行

融合 ………………………………………… 183
ユーチューブ ……………………………… 54
ユーモア ……………………………… 80, 179
ユニットテスト …………………………… 186
夢 ……………………………………………… 38
葉 ……………………………………………… 48
要求仕様 …………………………………… 200
ヨガ …………………………… xviii, 94, 208
ヨギ・ベラ ………………………………… 143
予想 ………………………………………… 136
予測 …………………………………… 109, 199
ヨハン・ヴォルフガング・フォン・ゲーテ
 ………………………………………… 243

ら行

楽天主義 …………………………………… 120
ラビリンス …………………………………… 90
ラルフ・ワルド・エマソン ……………… 63
ランダム性 ………………………………… 113
ランダム並置 ……………………………… 78
ランチミーティング …………………… 159
リーダー …………………………… 105, 159
リーナス・トーバルズ ………………… 200
理解力 ……………………………………… 65
リグレッション ………………………… 187
リサーチ …………………………………… 239
リスク ………………………………… 125, 150
リターン …………………………………… 150
リッチモード ………………………… 37, 46
リニア ……………………………………… 36
リニアモード ………………………… 37, 46
リファクタリング …………………… xi, 217
リフレクション …………………………… 12
リフレッシュ ……………………………… 39

リラックス ………………………………… 208
　〜した覚醒状態 ………………………… 209
理論 ………………………………………… 136
臨機応変 …………………………………… 11
リンダ・ライジング …………… xxiii, 67, 88
ルイ・アームストロング ………………… 24
類語辞典 ……………………………… 82, 238
類似性 ………………………………… 76, 183
ルイス・カーン …………………………… 56
類推的プロセス …………………………… 73
ルート ………………………………………… 4
ルール ………………………… 7, 14, 27, 29, 230
留守番電話 ………………………………… 234
レオナルド・ダ・ヴィンチ …………… 246
レゴ・マインドストーム ……………… 178
レゴブロック ……………………………… 64
レシピ ………………………………… 7, 13
練習 …………………………………… 242, 244
連絡路 ……………………………………… 37
ロールプレイング ………………………… 67
録音 ………………………………………… 96
ロゴ ………………………………………… 56
ロジャー・スペリー ………………… 46, 66
ロジャー・フォン・イーク ……………… 97
露出効果 …………………………………… 108
ロッククライミング ……………………… 71
ロバート・スタンバーグ ……………… 155
ロバート・ルッツ ………………………… 53
ロン・グリーン ……………………… xxiii
論理数学的知能 ………………………… 156
論理的 ………………………………… 47, 48
論理的思考 ………………………………… 36

わ行

ワーキングセット ……………………… 206
ワークスペース ………………………… 237
ワードゲーム ……………………………… 98
ワードプロセッサ ……………………… 226
ワイヤ ……………………………………… 203
わからない ……………………………… 184
話題 ………………………………………… 159
割り込み ……………………………… 229, 234
割り込みルール ………………………… 230
割れた窓理論 ……………………………… 56

●著者紹介

Andy Hunt (アンディー・ハント)
元プログラマー。現在はコンサルタントであり、著者であり、出版者でもある。ベストセラー書 "The Pragmatic Programmer"（邦訳は『達人プログラマー』）の共著者としても有名。Agile Alliance を設立した 17 人のうちのひとりであり、Jolt Awards に幾度もノミネートされるなどソフトウェア開発関連の書籍で高く評価されるタイトルを数多く出版している出版社 Pragmatic Bookshelf の共同創立者のひとりでもある。andy@pragprog.com が彼のメールアドレス。

●訳者紹介

武舎 広幸 (むしゃ ひろゆき)
国際基督教大学、山梨大学大学院を経て、1989 年東京工業大学大学院理工学研究科博士後期課程修了。在学中、米国オハイオ州立大およびカーネギーメロン大学に留学。現在、マーリンアームズ株式会社 (http://www.marlin-arms.co.jp) 代表取締役。自動翻訳システムなどの言語処理関連ソフトウェアの開発、主にコンピュータ・科学技術関連の翻訳および著作、オンライン翻訳講座 (http://www.dhc-online.com) の運営などを手掛ける。http://www.musha.com にウェブページ。高校時代に腰を痛めて以来、その治療のためさまざまな健康法を試し、気功師養成講座も修了したが、ヨガのインストラクターの経験をもつ妻の武舎るみとの試行錯誤の結果、現在は気功、体幹呼吸法、武道系のストレッチ、早朝の散歩に収束した。著書に『プログラミングは難しくない！』（チューリング）など、訳書に『マッキントッシュ物語』（翔泳社）、『Java 言語入門』（ピアソン・エデュケーション）、『ハイパフォーマンス Web サイト』『Google Maps Hacks 第 2 版』（以上オライリー・ジャパン）、『海洋大図鑑―OCEAN―』（ネコ・パブリッシング）など多数がある。

武舎るみ (むしゃ るみ)
1980 年学習院大文学部英米文学科卒。現在、マーリンアームズ株式会社取締役。主に心理学およびコンピュータ関連のノンフィクションなどの翻訳、オンライン翻訳講座 (http://www.dhc-online.com) の運営などを行っている。大学卒業後、ヨガのインストラクターをしていたこともあり、それがひとつのきっかけとなって武舎広幸と結婚、試行錯誤の結果、夫とほぼ同じ健康法を実践しているが、子供の頃からのアレルギー症状の改善のために、「日野式食養法」も実践している。訳書に『神話がわたしたちに語ること』『野に雁の飛ぶとき』『生きるよすがとしての神話』（以上角川書店）、『暴走する帝国―インターネットをめぐるマイクロソフトの終わりなき闘い』（翔泳社）、『戦争の世界史 大図鑑』（河出書房新社）、『ザ・ホエールウォッチング』（昭文社）など多数がある。http://www.musha.com にウェブページ。

リファクタリング・ウェットウェア
―― 達人プログラマーの思考法と学習法

2009年4月22日　初版第1刷発行

著　者	Andy Hunt（アンディー・ハント）
訳　者	武舎 広幸（むしゃ ひろゆき）
	武舎 るみ（むしゃ るみ）
発行人	ティム・オライリー
制　作	有限会社はるにれ
印刷・製本	株式会社平河工業社
発行所	株式会社オライリー・ジャパン
	〒160-0002　東京都新宿区坂町26番地27 インテリジェントプラザビル 1F
	TEL　　　（03）3356-5227
	FAX　　　（03）3356-5263
	電子メール　japan@oreilly.co.jp
発売元	株式会社オーム社
	〒101-8460　東京都千代田区神田錦町 3-1
	TEL　　　（03）3233-0641（代表）
	FAX　　　（03）3233-3440

Printed in Japan（ISBN978-4-87311-403-3）
落丁、乱丁の際はお取り替えいたします。

本書は著作権上の保護を受けています。本書の一部あるいは全部について、株式会社オライリー・ジャパンから文書による許諾を得ずに、いかなる方法においても無断で複写、複製することは禁じられています。

Mind Map: Learning

- **MANAGE KNOWLEDGE**
  - Wiki Gardening
  - MARINATE
  - Fun
  - Play to Learn
    - Mind-size Bites

- **MANAGE FOCUS**
  - Meditate
  - Defocus to Focus
  - Embed Failing
  - Permission to FAIL
  - Fast
  - Pressure Kills Cognition
  - Inner Game
  - KEEP BIG CONTEXT
  - Manage Interruptions
  - D.N.D

- **OPTIMIZE CONTEXT**
  - Begin.
  - Beginner's Mind
  - What if?

- **GAIN EXPERIENCE**
  - FEEDBACK
  - Neuro plasticity
  - Grooving
  - overrides

- **PRACTICE** (partial: TH... LE...)

- **MIND MAPS**

- **Study Groups**
  - document writing
  - Blog
  - Podcast
  - Screencast
  - SQ3R
  - TEACH

- **LEARN DELIBERATELY**
  - Best Learning Mode
  - P.I.P
    - Plan
    - Diversify
    - Active Review
    - Regularly
  - S.M.A.R.T.
  - Generational Affinity
    - Prophet
    - Hero
    - Nomad
    - Artist

- **DEBUG**
  - Cognitive Biases
  - Personality Tendencies

- **PATTERNS**

© 2008 ANDY HUNT